丛书主编：陈平原

"十二五"国家重点图书出版规划项目

· 文学史研究丛书 ·

物质技术视阈中的文学景观
近代出版与小说研究

潘建国 著

图书在版编目(CIP)数据

物质技术视阈中的文学景观：近代出版与小说研究/潘建国著．—北京：北京大学出版社，2016.3
（文学史研究丛书）
ISBN 978-7-301-26827-8

Ⅰ.①物… Ⅱ.①潘… Ⅲ.①出版业—关系—小说—出版工作—研究—中国—近代 Ⅳ.①G239.2

中国版本图书馆 CIP 数据核字(2016)第 025120 号

书　　名	物质技术视阈中的文学景观：近代出版与小说研究
著作责任者	潘建国　著
责任编辑	徐丹丽
标准书号	ISBN 978-7-301-26827-8
出版发行	北京大学出版社
地　　址	北京市海淀区成府路 205 号　100871
网　　址	http://www.pup.cn　新浪微博：@北京大学出版社
电子信箱	pkuwsz@126.com
电　　话	邮购部 62752015　发行部 62750672　编辑部 62752022
印刷者	北京中科印刷有限公司
经销者	新华书店
	880 毫米 × 1230 毫米　A5　11 印张　277 千字
	2016 年 3 月第 1 版　2016 年 3 月第 1 次印刷
定　　价	48.00 元

未经许可，不得以任何方式复制或抄袭本书之部分或全部内容。
版权所有，侵权必究
举报电话：010-62752024　电子信箱：fd@pup.pku.edu.cn
图书如有印装质量问题，请与出版部联系，电话：010-62756370

"文学史研究丛书"总序

陈平原

中国学界之选择"文学史"而不是"文苑传"或"诗文评",作为文学研究的主要体式,明显得益于西学东渐大潮。从文学观念的转变、文类位置的偏移,到教育体制的改革与课程设置的更新,"文学史"逐渐成为中国人耳熟能详的知识体系。作为一种兼及教育与研究的著述形式,"文学史"在20世纪的中国,产量之高,传播之广,蔚为奇观。

从晚清学制改革到"五四"新文化运动展开,提倡新知与整理国故终于齐头并进,文学史研究也因而得到迅速发展。在此过程中,北大课堂曾走出不少名著:林传甲的《中国文学史》(1904)还只是首开记录,接踵而来者更见精彩,如姚永朴的《文学研究法》、刘师培的《中国中古文学史》和《汉魏六朝专家文研究》、黄侃的《文心雕龙札记》、吴梅的《词余讲义》(后改为《曲学通论》)、鲁迅的《中国小说史略》、胡适的《五十年来中国之文学》和《白话文学史》、周作人的《欧洲文学史》和《中国新文学的源流》,以及俞平伯的《红楼梦辨》、游国恩的《楚辞概论》等。这些著作,思路不一,体式各异,却共同支撑起创立期的文学史大厦。

强调早年北大学人的贡献,并无"惟我独尊"的妄想,更不会将眼下这套丛书的作者局限在区区燕园;作为一种开放且持久的学术探求,本丛书希望容纳国内外学者各具特色的著述。就像北大学者有责任继续先贤遗志,不断冲击新的学术高度一样,北大出版社也有义务在文学史研究等诸领域,为北大向世界一流大学迈进呐喊助阵。

在很长时间里,人们习惯于将"文学史研究"理解为配合课堂讲授而编撰教材(或教材式的"文学通史"),其实,"海阔凭鱼跃,天高任鸟飞",此乃学者挥洒学识与才情的大好舞台,尽可不必画地为牢。上述草创期的文学史著,虽多与课堂讲授有关,也都各具面目,并无日后千人一腔的通病。

那是一个"开天辟地"的时代,固然也有其盲点与失误,但生气淋漓,至今令人神往。鲁迅撰《〈中国小说史略〉序言》,劈头就是:"中国之小说自来无史";后世学者恰如其分地添上一句:"有之,自鲁迅先生始。"当初的处女地,如今已"人满为患",可是否真的没有继续拓展的可能性?胡适撰《〈国学季刊〉发刊宣言》,以历史眼光、系统整理、比较研究作为整理国故的方法论,希望兼及材料的发现与理论的更新。今日中国学界,理论框架与研究方法,早就超越胡适的"三原则",又焉知不能开辟出新天地?

当初鲁迅、胡适等新文化人"整理国故"时之所以慷慨激昂,乃意识到新的学术时代来临。今日中国,能否有此迹象,不敢过于自信,但"新世纪"的诱惑依然存在。单看近年学界之热心于总结百年学术兴衰,不难明白其抱负与期待。

在本世纪的最后一年推出这套丛书,与其说是为了总结过去,不如说是为了面向未来。在20世纪中国,相对于传统文论,"文学史"曾经代表着新的学术范式。面对即将来临的新世纪,文学史研究究竟该向何处去,如何洗心革面、奋发有为,值得认真反省。

反省之后呢?当然是必不可少的重建——我们期待着学界同仁的积极参与。

1999年2月8日于西三旗

目 录

"文学史研究丛书"总序 …………………………… 陈平原/1
引　言 …………………………………………………………… /1

清代后期上海地区印刷文化的输入与输出 …………………… 1
档案所见 1906 年上海地区的书局与书庄 …………………… 34
晚清上海五彩石印考 …………………………………………… 51
清末上海地区的书局与晚清小说 ……………………………… 65
铅石印刷术与明清通俗小说的近代传播
　　——以上海(1874—1911)为考察中心 ………………… 91
西洋照相石印术与中国古典小说图像本的近代复兴 ………… 116
近代海上画家与通俗小说图像的绘制 ………………………… 129
晚清时期小说征文活动考论 …………………………………… 155
晚清上海的报馆与《野叟曝言》小说 ………………………… 177
晚清上海地区小说版权的转让与保护
　　——以汪康年出版《巴黎茶花女遗事》为例 ………… 198
《松荫庵漫录》与《申报》所载晚清笔记小说 ……………… 218
民国时期上海地区侦探小说期刊述略 ………………………… 231
商务版冯梦龙《古今小说》印行始末考
　　——以王古鲁、张元济、朱经农诸人书札为史料 …… 264

清末民初文人的小说阅读与研究
　　——以常熟徐兆玮为学术个案 ……………………… 285
近代小说的研究现状与学术空间 …………………………… 316

后　记 ……………………………………………………… 322

引 言

古代小说史的演进动力,概而言之,主要源于三个方面:一是历史文化和社会生活的发展变迁,二是文学观念和文体的破立消长,三是物质技术的更新换代。三股动力,相辅相成,综合运作,但在不同的时间节点或者不同的文体发展史中,其作用的方式和力度,又有所侧重。此处,我想专就第三个方面略加展述。所谓"物质技术",具体是指文学作品的物质载体(即书写材料)以及书籍的生产方式(即印刷技术)。众所周知,中国的书写材料依次经历了从甲骨、金石到缣帛、简牍、纸张的变化;而书籍的生产方式,则主要有传抄和印刷两种。那么,在这个漫长的物质技术变迁过程之中,作为叙事文学的小说又是如何随之发展演进呢?

与世界各民族的情况类似,中国叙事文学起源于远古时期的神话和历史传说,其源头甚至早于文字的发明。在甲骨金石时代(约战国之前),文字镂刻不易,能够进入书写领域的内容,皆为战争、祭祀、政权更替等经国大事,迄未发现称得上叙事文学的作品(即具有一定叙事长度和若干人物的文学作品),难以想象,有人会在青铜器上艰难地镂刻一个故事。这个时期的叙事文学,大概只能存在于人们的口耳相传之中。进入简帛时代(约战国至三国前期),书写相对便利,于是,人们开始把存留在头脑中的各类知识,记录整理,阐述发明,并且书写下来,形成物质形态的书籍,中国的知识谱系遂完成了从口说到笔写的系统转换。目前所知最早的书目,是汉代刘向、刘歆父子等人校理宫廷藏书而成的《别录》《七略》。据研究①,刘向主持校书活动,约始于汉成帝河平三年(前26),止于绥和元年(前8),前后有18年,刘向去世后,其子刘歆奉诏继续校理,大概在绥和二年(前7)或建平元年(前6),刘歆上奏《七略》,因此,《七略》大体上反映了西汉成帝时期宫廷藏书的情况。可惜《七略》未得完整传世,幸好东汉史学家班固(32—92)编纂《汉书》时,将此目略加增删调整,编为《汉书·艺文志》,为后世保留下这份弥足珍贵的古书目录。从《汉书·艺文志》来看,西汉时期宫廷藏书十分丰富,内容广博,涵盖"六艺""诸子""诗赋""兵书""术数""方技"等领域。其中《诸子略·小说家》著录有《伊尹说》《黄帝说》《虞初周说》《待诏臣饶心术》《待诏臣安成未央术》等15部作品。尽管《汉书·艺文志》所称"小说"与后世文体学层面的"小说"并非同一概念,但这15部小说中存在一定数量的叙事作品,应该没有疑问。而最为重要的是,它们都实有其书。按照汉人应劭《风俗通》的记载,刘向父子的校书流程为:"皆先竹书,改易刊定,可缮写者,以上素也。"换言之,这些小说在校勘完成之后,曾被誊写于缣帛之上,成为豪华贵重的帛书本。《虞初周说》有943篇,篇幅可谓庞大,费去的缣帛想来也不在少数,当时之所以不计成本地誊抄下来,可能是因为此书记录了诸多前代的野史轶闻。

  缣帛成本昂贵,无法推广普及,因此,汉代通行的书写材料是简牍。目前出土的简牍文献非常丰富,其内容则以经史、方技及行政文书为主,但也有令人惊喜的叙事作品。1993年,江苏连云港东海县尹湾村西汉晚期6号墓出土了一篇《神乌赋》②,它书写于20枚宽简之上,以四言韵文叙写了一个黄雀占据乌巢

---

  ① 参阅邓骏捷《刘向校书考论》第三、四章"刘向领校群书综论",人民出版社2012年版,第88—228页。
  ② 参阅《尹湾汉墓简牍概述》《尹湾汉墓简牍释文选》,《文物》1996年第8期;裘锡圭《〈神乌赋〉初探》,《文物》1997年第1期。

的故事。无独有偶,近闻北京大学所藏汉简中,也有一篇叫作《妄稽》的作品,残存约2700字,根据其编连形制以及每简抄写字数推测,其总字数可能多达3400余,作品也是四言韵文,叙述了发生在西汉士人周春家中的"丑妻虐妾"故事。学术界将《神乌赋》这样的四言韵文叙事作品称为俗赋,认为它们与《汉书·艺文志》所载"杂赋"以及敦煌所存《燕子赋》《韩鹏赋》等俗文学作品共同构成了汉唐四言俗赋的发展脉络①。实际上,汉代简牍中还有以散体文字撰写的叙事作品,据裘锡圭考辨②,敦煌西北马遂湾出土的编号为496的汉简,所书就是关于韩朋故事的一句残文,文字采用散体,可惜由于仅存一简,无从知道该故事文本在汉代的完整面貌。但此枚残简的存在,表明韩朋故事起源很早,大概在西汉时期就有流传,裘锡圭因之推想:

> 从《神乌赋》和韩朋故事残简来看,汉代俗文学的发达程度恐怕是超出我们的预料的。敦煌俗文学作品中有不少是讲汉代故事的,如《季布骂阵词文》(即《捉季布传文》)、《王陵变》以及讲王昭君的和讲董永的变文等。我怀疑它们大都是有从汉代传下来的民间传说作为底子的。说不定将来还会发现记叙这些民间传说的汉简呢!

此一推想颇合情理,值得关注。《汉书·枚皋传》载:"皋不通经术,诙笑类俳倡,为赋颂好嫚戏","又言为赋乃俳,见视如倡","凡可读者百二十篇,其尤嫚戏不可读者,尚数十篇"。《汉书·

---

① 参阅扬之水《〈神乌赋〉谫论》,《中国文化》1996年第14期;伏俊连《从新出土的〈神乌赋〉看民间故事赋的产生、特征及在文学史上的意义》,《西北师大学报》1997年第6期;宗明华《论"赋"之俗 与"俗赋"——兼论尹湾汉简〈神乌赋〉文体上的承传及性质》,《烟台大学学报》2002年第1期;踪凡《两汉故事赋探论:以〈神乌赋〉为中心》,《中国俗文化研究》2004年总第2辑。
② 裘锡圭《汉简中所见韩朋故事的新资料》,《复旦学报》1999年第3期。

东方朔传》说:"朔口谐倡辞,不能持论,喜为庸人诵说。"《三国志·魏书》卷二十一裴注引《典略》云,曹植曾在暑日为来宾"诵俳优小说数千言"。上述文献也从一个侧面透露出汉魏时期叙事文艺活跃的信息。只不过,限于物质技术因素,它们大多仍留存于口头诵说之中,像《神乌赋》那样书之于简牍的,稀若星凤。

如前所述,甲骨金石镂刻不易,缣帛成本高昂,简牍则较为笨重,不便展阅和存藏。因此,古人开始探索制造一种更为简便的书写材料,这就是纸张。纸张发明的时间,尚难确考,根据考古发掘所获古纸,其出现时间至少可以上溯到西汉。纸张发明之后,并未直接替代缣帛简牍,而是经过了一个较长的并用时期,大概在汉末三国时期,纸张才正式成为通行的书写材料,中国书籍史从此迈入辉煌的纸本时代。纸张制作成本低廉,易于书写和修改,纸书也极便于流播和存藏,因此,极大地刺激了知识传播和著述编撰,尤其是文学作品的创作①。比较《汉书·艺文志》和《隋书·经籍志》《旧唐书·经籍志》《新唐书·艺文志》,集部书籍增长迅速,还出现了《文选》《玉台新咏》等文学总集。以小说为代表的叙事文学,也得益于这一物质技术因素的变革,兼之佛道思想的广泛流传以及社会生活的日渐丰富,其编创空间大为拓展,篇幅也较前有了显著增长,具体表现为:一方面,涌现出诸如《搜神记》《世说新语》《幽明录》《启颜录》《冥报记》等一批小说集。干宝《搜神记》多达 343 篇②,内容驳杂,涵盖古今,他在《搜神记序》中说:"群言百家,不可胜览;耳目所受,不可胜载。"可知其资料来源主要依靠书籍阅读和口头采访,干宝时任著作郎,正有机会遍览内府藏书,换言之,没有纸书的丰富与流通,大概也不可能产生《搜神记》这样的小说专集。

---

① 参阅查屏球《纸简替代与汉魏晋初文学新变》,《中国社会科学》2005 年第 5 期。

② 这一数字采自李剑国《新辑搜神记》,中华书局 2007 年版。

另一方面,单篇小说的篇幅越来越长。《搜神记》中绝大部分作品均在数十字至数百字之间,罕有超过千字者,而唐人传奇小说则动辄数千字,其中《游仙窟》更多至近9000字。导致小说篇幅大幅增长的诸多因素,固然有来自文学内部的,但物质载体的支持也极为重要。同是纸本时代,干宝生活的晋代,纸张生产能力有限,供应仍不富余,身为史官的他在编撰《搜神记》的过程中,竟遭遇纸张短缺的困扰,不得不向皇帝上奏请纸,虽然后来朝廷赐纸二百枚①,帮助他完成了全书编创,但这一困扰,无疑会对干宝的小说编撰产生一定的限制;而至隋唐时期,造纸技术有了改进和提高,纸张供应较为充裕,因此,即便是普通的文人小说家也可以放开手脚,纵笔骋才,自由编创。不仅如此,唐人对于口头说唱表演内容的记录和整理,也因纸张的普及和充裕变得更为容易,敦煌遗书中所存数量可观的俗文学作品,大多是民间纸质抄本,若干作品还有多种不同的抄本,譬如《韩朋赋》有6个抄卷,《孔子项托相问书》竟有11个抄卷,这些恐怕都是干宝那个年代难以发生的事情。

这里,不妨再来看看纸本时代小说文本的流播问题。在印刷术发明普及之前,书籍流播主要依靠传抄方式,编撰者借助传抄复制文本,扩大流传;读书者通过传抄,阅读文本,获取知识;而公私藏书者也借助传抄,丰富收藏。早在汉魏六朝时期,社会上就已出现了商业性质的"佣书"活动和职业的"抄书人"②,隋唐时期,抄书活动更趋繁盛,文献中多有名篇佳作问世之后,即有好事者加以传抄的记载,可惜这些记载没有明确交代一部书籍被传抄的次数和份数,而且,它们记录的基本上都是经史、诗

---

① 干宝《撰搜神记请纸表》云:"臣前聊欲撰记古今怪异非常之事,会聚散逸,使自一贯,博访知古者。片纸残行,事事各异。又乏纸笔,或书故纸。"(诏答云:"今赐纸二百枚。")见《新辑搜神记》,上册第17页。
② 徐枬《论中国古代"抄书人"的演变及其历史地位》,《郑州大学学报》2011年第4期。

文以及宗教类书籍的传抄情况。至于唐代小说文本的传抄情况,则罕有载及,我们只能通过一些旁证材料来窥其大略。譬如《新唐书·艺文志》及《崇文总目》,反映了北宋时宫廷图书馆的藏书情况,其中就有包括唐传奇在内的诸多小说作品,它们很有可能是从前代流传下来的古抄本;宋赵彦卫《云麓漫钞》卷八载及《幽明录》《传奇》等小说集,曾用于士人温卷,这也是小说抄本流播的例证;此外,编撰于日本宽平年间(889—897)的《日本国见在书目》,著录有十卷本《世说》、三十卷本《搜神记》、十卷本《冥报记》、一卷本《游仙窟》等古抄本小说,日本至今仍保存有唐抄本《世说新书》残卷、古抄本《冥报记》《游仙窟》等书籍:凡此,皆表明唐代小说曾以抄本形式有过一定范围的流播,若干作品甚至远传海外。但与此同时,我们也不宜过高估计小说抄本流播的广度,以唐传奇为例,传世的唐人笔记野史以及诗文典籍,罕有提及《莺莺传》《霍小玉传》《李娃传》等传奇小说的,而敦煌遗书中也没有发现此类作品的存在,这似乎说明它们在唐代社会中的影响是相当有限的。作为唐代小说之杰出代表的唐传奇,其文本真正得以广泛传播和接受,大概要迟至印刷业发达的明代中后期。总之,纸张的普及曾经作为一个外因,推动了唐传奇文学空间和文字篇幅的扩增,但抄本流传的方式又对其文本流播构成了限制,这一现象,恰好从正反两个方向显示了物质技术因素对于叙事文学演进的多重意义。

中国书籍以抄本方式流通的历史,从汉魏之际一直延续到北宋时期,前后长达八九百年。实际上,雕版印刷技术至晚在唐代中期已经发明,存世较早的唐代印刷品为8世纪初(约704—751)印本《无垢净光大陀罗尼经》(韩国藏)、敦煌所见唐咸通九年(868)刊本《金刚经》等。早期的雕版印刷术主要运用于印制佛教经文图像、历书、字书等,之后逐渐扩展到传统经史书籍。与纸张替代简牍成为主要书写材料一样,印本书籍完全替代抄本书籍也经过了一个漫长的过程,这一革命性的变化,大概完成于两宋之交。早在印本书籍兴起之初,习惯了抄本的宋代文人,便对印本心怀忧虑,颇多批评,认为印本书籍文字舛误较多,不如抄本精善,又担心士子在印本时代得书容易,"读书苟简"①,而不像抄本时代,"以传录之艰,故其诵读亦精详"②。然而,历史的潮流终究不可阻挡,印本书籍以其强大的"定本"效应以及化身千万的复制能力,最终结束了抄本时代,开启了印本新时代,这一转换,具有重要的历史意义③。其一,它极大地扩增了整个社会的书籍生产能量,引发了旧知识的大整理和新知识的大爆发,诸如四书五经、诸子百家、《史记》《汉书》《诗经》《文选》、唐人别集,林林总总,皆在宋代得到整理和刊刻,而所谓宋代四大类书——《册府元龟》1000卷、《太平御览》1000卷、《文苑英华》1000卷及《太平广记》500卷的编撰出版,更成为印本时代的标志性产物。其二,印本书籍的发售流通,改变了抄本时代书籍主要由宫廷官府或贵族世家所垄断的基本格局,普通士子也可较为容易地购置图书,真正实现了知识的下移和普及化。这些出版文化的新特点,也对宋代小说的发展产生了潜在的影响。譬如《太平广记》500卷收录了大量志怪和传奇小说,它的编刊行世,不仅是对宋前文言小说的一次大集结,也是后来者采

---

① 宋黎靖德辑《朱子语类》卷十《读书法上》载:"今缘文字印本多,人不着心读","今人所以读书苟简者,缘书皆有印本多了","古人无本,除非首尾熟背得,方得","今人连写也自厌烦了,所以读书苟简"。清康熙吕氏天盖楼刻本,北京大学图书馆藏。

② 宋叶梦得(1077—1148)《石林燕语》卷八载:"唐以前,凡书籍皆写本,未有模印之法,人以藏书为贵。人不多有,而藏者精于雠对,故往往皆有善本。学者以传录之艰,故其诵读亦精详。五代时,冯道始奏请官镂《六经》板印行。国朝淳化中,复以《史记》、《前后汉》付有司摹印,自是书籍刊镂者益多,士大夫不复以藏书为意。学者易于得书,其诵读亦因灭裂,然板本初不是正,不无讹误。世既一以板本为正,而藏本日亡,其讹谬者遂不可正,甚可惜也。"中华书局1984年版,第116页。

③ 参阅拙文《〈世说新语〉在宋代的流播及其书籍史意义》,《文学评论》2015年第4期。

摘汇辑的小说渊薮,并直接推动了宋代洪迈《夷坚志》等汇编型小说专集的编撰。而更值得注意的是,《太平广记》《类说》《夷坚志》《绿窗新话》《青琐高议》诸书,又成为宋代民间说唱技艺的必备参考书,宋末元初罗烨《醉翁谈录·小说开辟》云:

> 夫小说者,虽为末学,尤务多闻。非庸常浅识之流,有博览该通之理。幼习《太平广记》,长攻历代史书。烟粉奇传,素蕴胸次之间;风月须知,只在唇吻之上。《夷坚志》无有不览,《琇莹集》所载皆通。动哨中哨,莫非《东山笑林》;引倬底倬,须还《绿窗新话》。论才词,有欧、苏、黄、陈佳句;说古诗,是李、杜、韩、柳篇章。

宋代(尤其是南宋)是中国说唱技艺兴盛的时期,研究者多从城市发展、市民阶层壮大等角度探讨其兴盛原因,但是,如果没有建立在雕版印刷技术基础之上的各类书籍,尤其是小说资料汇编的编撰刊行和流通普及,恐怕也很难形成这样的局面。这里,还要提及一个有意思的问题:宋代说唱故事是否被刊刻出版?《醉翁谈录·小说开辟》著录了百余种小说名目,它们究竟是演出的节目,还是印刷出版的文本,目前学术界尚有争议。南宋说唱技艺的中心在都城临安,《武林旧事》和《西湖老人繁胜录》对此有十分详尽的记载,而临安城内官私出版机构众多,特别是民间书坊,据《中国印刷史》辑录,就有"陈宅书籍铺""尹家书籍铺""中瓦子张家""橘园亭文籍书房""钱塘俞宅书塾"等20家[①],这些以刻印书籍谋利的商业性书坊,既然三教九流书籍无所不刻,似乎没有理由眼睁睁看着说唱故事大受欢迎而不去整编出版。况且,明代嘉靖时期杭州书坊洪楩的清平山堂搜罗宋

---

① 参阅张秀民著,韩琦增订《插图珍藏增订版中国印刷史》,浙江古籍出版社2006年版,上册第53—56页。

元明初旧本小说,汇刻为《六十家小说》,我们也很难相信洪氏所依据的底本中没有若干宋代刊本。或许只是由于这类俗文学的刊本不为后世所重,大部分都遗失不传了,故目前所存只有宋刻本《大唐三藏取经诗话》和《大宋宣和遗事》等数种而已。

《中国印刷史》将元代定为"刻书衰落"期,这是相对于宋代和明代而言的。从现存元刊本书籍的数量和种类来看,元代书籍出版仍然维持在一个比较繁盛的状态,尤其是以建阳为中心的坊刻,较之宋代不仅没有衰落,反而还有增长的态势,而且与俗文学的结合更为紧密。元代刊印的小说文本,既有《世说新语》、《江湖纪闻》前后集、《湖海新闻夷坚续志》等新旧文言小说专集,也有新产生的"平话"。据学者研究①,平话是在元代文人以通俗白话为皇室贵族讲解汉族传统经史典籍(如《直说通略》《孝敬直解》等)的启发影响下,融合宋代以来的讲唱技艺因素而形成的一种小说新文体,在其形成和流播过程中,福建书坊发挥了颇为重要的作用。建安虞氏书坊刊刻的"全相平话"系列,目前所知存世有 5 种,即《至治新刊全相平话三国志》《新刊全相平话武王伐纣书》《新刊全相平话乐毅图齐七国春秋后集》《新刊全相秦并六国平话》《新刊全相平话前汉书续集》。就书名而言,既然有"七国春秋后集",则应有"七国春秋前集";既然有"前汉书续集",则应有"前汉书正集";既然有"前汉书",也当有"后汉书",才能相接于三国。因此,虞氏书坊当年刊印的讲史平话,应该不止现存的 5 种。检阅现存的这 5 种作品,均未题署编撰者姓名,版式均为上图下文,字体也是元代闽版书籍典型的变形颜体,我们不免怀疑,这实际上是虞氏书坊精心筹划的一套讲史系列平话,其编撰者也很可能就是虞氏书坊主或者他聘请的文人编辑。除了上述讲史平话之外,元代福建书坊还刊刻了烟粉灵怪题材的《新编红白蜘蛛传小说》,此书残存一叶,字

---

① 参阅徐大军《元代平话文本的生成》,《文学遗产》2014 年第 2 期。

体也是闽刻本的典型字体;而编撰于高丽末期(相当于中国元末)的汉语教材《朴通事》,另曾提及两部元代平话《唐僧西游记》和《赵太祖飞龙记》。元代出版的白话小说数量和覆盖的题材类型,可能远超过我们今天所知道的规模。不仅如此,建安虞氏编刊全相平话的方式也表明,元代书坊已为白话小说的编撰和出版探索、建立了一个行之有效的操作模式。

令人遗憾的是,元代书坊对于白话小说的关注和出版,因为元末的战乱动荡而被迫中断。明初社会经济凋敝,文教颓废,出版业也随之萧条,导致书籍匮乏,连儒家经典也不易获取,遑论其他。明人陆容(1436—1494)《菽园杂记》卷十载:"国初书版,惟国子监有之,外郡县疑未有","宣德、正统间,书籍印版尚未广"。当时有限的出版资源,大多被运用于《性理大全》之类书籍的刊刻,自然无暇顾及小说,虽也曾有过零星的出版,譬如正统时刊印了瞿佑的《剪灯新话》,成化时刊印了《新刊全相唐薛仁贵跨海征辽故事》《新刊说唱包龙图断曹国舅公案传》等说唱词话系列,弘治时刊印了中篇文言传奇小说《钟情丽集》,但小说出版的春天,却要等到明代嘉靖时期才姗姗到来。嘉靖元年(1522),《三国志通俗演义》24卷240则刊印问世,这部皇皇巨著版式疏朗,字体精美,与明代内府抄本的馆阁字体十分接近,有可能就是嘉靖间藏书家周弘祖《古今书刻》中所著录的都察院刻本,此书存世颇多,想来当年印刷的数量也不在少数。嘉靖本《三国志通俗演义》卷首有一篇庸愚子撰写于弘治七年(1494)的序文,考虑到小说的编撰者是生活于元末明初的罗贯中,可知小说文本大概经历过一段以抄本流播并逐步丰满的历史。刊刻这部庞大篇幅的小说,需要投入可观的经济成本和出版资源,这在明代前期的出版资源匮乏的环境中,显然是无法实现的。

嘉靖本《三国志通俗演义》的华美亮相,拉开了明代中晚期小说编撰出版的序幕。明代的出版业主要集中在两大中心,一个是福建的建阳地区,另一个是以南京、苏州、杭州为代表的江南地区。较早跟进的是建阳书坊,他们敏锐地捕捉到了嘉靖本《三国志通俗演义》所引发的市场效应,推出了历史演义小说系列,嘉靖二十七年(1548)叶逢春刊刻了有插图的《新刊通俗演义三国志史传》,该书采用上图下文版式,这意味着中断了二百余年的元代建安虞氏书堂所建立的小说出版模式又得以重启;嘉靖三十一年(1552)、三十二年(1553),杨氏清江堂分别出版了熊大木所编《大宋中兴通俗演义》8卷74则和《唐书志传通俗演义》8卷89节。而处于另一个中心的江南书坊,则利用该地区丰富的藏书资源,热衷于前代小说文献的整理汇刻,其中最引人注目的,是苏州刻印的唐人传奇集《三十家小说》(后冠名《虞初志》)、笔记志怪集《四十家小说》以及杭州洪楩清平山堂刻印的宋元话本集《六十家小说》,时间均在嘉靖晚期。

迨万历以降,白话小说编撰出版渐趋于高潮,建阳和江南两大中心相互竞争,也相互影响,共同推动着小说出版业向前狂飙突进。这里,我想强调的是,明代书坊对于白话小说来说,并非只是一个外在的出版者,而是渗透甚至直接参与小说文本的编撰环节。以熊大木、余邵鱼、余象斗、杨尔曾、陆云龙、陆人龙为代表的书坊主,以及以邓志谟、吴还初、朱鼎臣等为代表的书坊编辑,皆曾亲自操觚,编撰出版了数量可观的白话小说。由于他们身处书林,熟悉市场动向和读者口味,又掌握着文人所缺乏的出版资源,因此,他们的作品往往能够在短时间内,现编现刊现售,风行一时。但商业化的创作动机,浅薄的文学素养以及仓促的编创过程,又严重制约了此类作品的艺术质量。这些作品的编创方式一般包括以下三种:或者依据普及类史籍(即所谓"按鉴"),半文半白,演绎成篇;或者杂采戏曲、词话、宝卷、道情等民间文艺文本,稍加敷衍,拼凑新书;或者直接将他人之书改头换面,增补删削,窃为己作。显然,此类创作本质上是一种商业化写作,其追求的首要目标是经济利益而非文学品质。事实上,商业化写作的色彩,即便在冯梦龙、凌濛初这样的著名小说家身上,也隐约存在,他们在自序中都曾明确提及自己应贾人之请而编撰"三言二拍"的事实。

自明代万历中后期至天启、崇祯朝,小说出版业的商业竞争达到白热化程度,这种竞争既发生在两大出版中心(即建阳地区和江南地区)之间,也发生在同一地区的不同书坊之间。其竞争的焦点,一方面落在小说文本的形式变化上,南北书坊竞相推出了图像本、注音释义本、评点本、删减本、合刊本、汇选本等多种样式,炫人耳目,以利销售;另一方面,则落在小说稿源的组织开发上,这是最令书坊感到焦虑的问题,为此费尽心机。譬如为了能够在已经饱和的历史演义小说出版市场中分得一杯羹,明末建阳书坊主余季岳筹划了一套十分庞大的《帝王御世志传》,从盘古开天一直演绎到"当代"(即明朝),一代编为一传,合而观之,不啻一部中国通史,可惜这套小说丛书大概只出版了一两种,就无疾而终了。譬如为了能够在《三国志演义》《水浒传》这样的小说名著出版中凸显自己与众不同的"亮点",书坊编辑们甚至不惜拿原著文字开刀,在《三国志演义》中塞入"关索"或"花关索"情节,在《水浒传》中插增宋江征讨田虎、王庆情节,以号称"全本""足本""古本",吸引读者眼球,他们的草率行为,严重扰乱了小说文本的原始文貌,给后世小说研究者平添了诸多麻烦。

上述种种情形,令人清晰地感受到明代书坊对于小说编刊的深度介入和强烈干预,也促使我们思考一个问题,即如何评估物质技术因素与明代小说之间的学术关系。我认为,可从如下三个方面进行解读:

其一,与诗文辞赋等文体相比,白话小说的流播对于物质技术因素存在更为显著的依赖性。明代中晚期既是中国雕版印刷的黄金时代,同时也是长篇章回小说的编刊高潮期,这绝非偶然。正是雕版印刷技术的发达、书坊的繁盛以及商业竞争的剧烈,共同催生了白话小说编刊的繁荣局面,客观上壮大了白话小说的社会声势和流播空间,使其成为有明一代最具生命力的文学品种。

其二,掌握物质技术资源的书坊,本应只是书籍的生产者和流通者,但白话小说的俗文学特性,却给明代书坊提供了"越界"的机会,书坊主和书坊编辑的谋划、组织、干预乃至亲自操觚,使得明代白话小说的编撰呈现出浓厚的商业化色彩,这不可避免地限制和削弱了小说的艺术成就,在繁荣背后预先埋下了衰微的种子。目前存世的大部分明代白话小说,假如剔除了附载其中的文化史和文学史意义,其作品本身具有的文学艺术价值往往颇为有限。这也直接影响到明代小说的学术研究格局,明代小说除了数量有限的优秀作品之外,单篇作品的学术容量大多不够宽厚,因此,类型化或者集群化成为明代小说研究的主要方式。

其三,明代小说史上存在一个有意思的现象,即某种类型小说总是首先出现一个优秀的作品,随后产生一批同类作品,作品数量呈递增之态,而艺术质量却呈递减之势,首先出现的那个作品,如同一座孤峰,耸立在前,我称之为"先峰现象",譬如历史演义小说中的《三国志演义》、英雄传奇小说中的《水浒传》、神魔小说中的《西游记》、世情家庭小说中的《金瓶梅》、短篇白话小说集中的"三言二拍"等等,莫不如此。导致这一现象产生的根本原因,就在于明代书坊跟风仿作、趁势牟利的小说商业化运作模式。而这一事实恰好证明:叙事文学尤其是长篇小说的发展演进,虽然对于物质技术有较大依赖性,但决定其艺术价值的最重要因素,却并非物质技术,而是创作者本身。

需要指出的是,明代小说编刊过程中所形成的运作模式以及存在的种种现象,很好地诠释了雕版印刷时代物质技术与小说演进之间的复杂关系,因此,其作为学术个案的启示意义,并不局限于明代,也适用于同处雕版印刷时代的清代小说出版。

考察清代中前期的小说出版情形,与明代大致相同。然自嘉庆、道光以降,小说创作和出版开始陷入一个发展的瓶颈。在创作层面,历史演义、英雄传奇、神魔、世情、公案等各种类型小说的编撰似乎均已饱和,情节设置也多落入俗套,难以走出模式化的窠臼;在出版层面,随着国力衰微,民间书坊出版物品质持续下降,历来被视为不登大雅之堂的小说刊本,更是等而下之,它们往往采用巾箱小本,字体也是呆板的"匠体字",刊刻粗率,特别是明清小说引以为傲的图像,也因版画技术的衰落,不仅无力绘刻图景繁复的情节插图,大多改为简单的人物绣像,而且人物肖像服饰的绘刻千人一面,线条僵硬,其末流更是令人"惨不忍睹"。小说编创和小说出版,似乎都在等待和呼唤一场变革的到来。

恰在此时,中国社会进入由古代向近现代转型的历史时期。推动小说演进的三大动因,都因出现了新的变化而焕发出新的力量。首先,道光以后的咸丰、同治、光绪、宣统四朝,中国社会内忧外患,东西方列强以坚船利炮打开了古老中国的大门,一系列战争的失败和丧权辱国条约的签订,使得各种矛盾空前激化,天下动荡,变故丛生,新旧交替,光怪陆离,凡此,皆为小说创作提供了无穷无尽的叙写素材。其次,随着国门打开,包括小说在内的东西方文化蜂拥而入,意识到积贫积弱现状的中国知识分子,开始思考如何救国强国,他们受到西方文艺观的启发,将小说等俗文学作为开启民智的工具,梁启超倡导的"小说界革命",虽然其最初的动机仍在于文学之外的政治,但客观上却极大地提高了小说的社会地位,并进而抬升了小说的文学地位。于是,小说创作的动机、主旨和方式,都发生了很大的变化,呈现出新的面貌。再次,以机器生产为核心的铅石印刷术,此时也陆续传入中国,并逐渐普及,打破了已经延续了七八百年雕版印刷一统天下的格局。在得风气之先的上海地区,书局报馆林立,小说流播的形式除了传统的书籍样式之外,还可以在报刊等公共传媒上加以连载,新技术所蕴含的巨大的出版能量,已为小说的繁荣奠定了坚实的物质基础。不难想象,上述三大动因联袂启动,层叠累加,将会迸发出何等巨大的文学推动力!

那么,在这种背景之下,小说将如何随之翩翩起舞,又会呈现出怎样的新面貌和新现象呢?这正是本书想要考察和探讨的中心问题。收入书稿的15篇文章,大概主要围绕如下六个方面展开论述:其一,西方先进的印刷文化如何进入以上海为中心的中国,又是如何从上海输出,辐射到周边的江南地区乃至整个中国?其二,近代书局如何利用新的出版技术以及新的经营模式,推动乃至调控晚清新小说的发生与发展?其三,传统的明清章回小说如何实现其文本传播技术的近代升级?其四,作为中国古代小说文本特色的图像,如何借助新技术完成它的近代复兴之路?其五,近现代书局如何在出版新理念的指引下,开展小说征文、小说版权转让以及善本小说整理等活动,这些创新之举又具有什么样的小说史及出版史意义?其六,面对编刊两盛、区域分布不均衡、成就与弊端并存的近代小说,清末民初的文人如何进行小说的阅读与研究?今天我们又该如何调整和深化这一研究课题?由于受到文献资料及本人学识的限制,书稿对于上述学术问题的考述,可能还有许多未惬人意甚至错漏讹误之处,恳请读者给予批评赐正。假如因此而引发诸君对于本课题的兴趣和关注,则吾愿足也。

最后,我还想说的是,在中国书籍史上曾经发生过两次重大的物质技术变革,一次是书写材料由纸张取代简帛,一次是雕版印本取代抄本,这两次变革都对中国的学术文化和文学创作产生了非常深刻的影响。而近代以来,物质技术变革的步伐大大加速了,晚清时期从海外传入的石印技术实际仅仅使用了数十年便退出了历史舞台,另外一种铅印技术,也在20世纪八九十年代被更为先进的激光照排技术所淘汰。时至今日,随着计算机技术的日新月异,我们正在经历着一次更具革命性的物质技术变革,即由有形的纸质书籍向网络化、数字化的电子书籍转变,此次汇聚了书写材料和书籍生产方式双重蜕变的技术革命,又将对包括小说在内的文学带来怎样的新变?尽管人们目前对于网络化和数字化仍存在种种疑虑和批评,这一态度和宋代文人对于印本取代抄本的感受何其相似!但历史已经昭示我们,如同印本最终取代抄本一样,纸质书籍被电子书籍所取代,恐怕也是一个无法更改、迟早要到来的事实。想象在那个虚拟世界中,小说将会如何存在?如何流播?而未来的研究者,又如何来考察和评估物质技术与小说演进的学术关系?这真是一个充满了诱惑的问题。我期待着有生之年能够看到这一变革的彻底实现,并且可以再写若干篇论文来作为这部小书的补编。

清代后期上海地区
印刷文化的输入与输出

一、清代后期上海地区印刷文化的输入

明胡应麟《少室山房笔丛》卷四《经籍会通四》载:"今海内书凡聚之地有四,燕市也,金陵也,阊阖也,临安也",这说的虽然是明代的事情,但亦大致概括出了明清以降我国出版业分布的主要情形①。书业坊肆,乃古今典籍的聚散地,雅俗文化的传播体,以此为桥梁,它联系着难以计数的文人学者、藏书家、书生及书贾等形形色色的人物,承载着文明资源与学术薪火的积聚与传送。坊肆的繁荣或凋零,折射出社会经济与时代文化的盛衰变幻,而其分布迁移,则又与该地区的经济条件、文化水准及印刷技术等诸多因素息息相关。

晚清以降,一个新兴的城市——上海,逐渐取代北京、南京、苏州、福建等地区,成为中国的印刷中心和出版重镇:朱联保《近现代上海出版业印象记》所记大大小小的出版机构,竟多达500余家;近代中国著名的大型出版机构,如商务、中华、世界、开明等,其总部均设在上海。而上述出版机构出版的各类书刊

---

① 关于明清时期南北书肆的变迁、功能及其与通俗小说的关系,请参拙文《南北书肆与古代通俗小说》,载北京大学传统文化研究中心《国学研究》第7卷,北京大学出版社2000年版。

报章,其数量更是惊人:据统计,1900年前出版西书567种,其中434种由上海出版,约占总数的77%;1902—1904年出版西书529种,其中360种由上海出版,约占总数的68%;1899—1911年国内出版中文期刊165种,其中69种由上海出版,约占总数的42%弱;1815—1911年,海内外出版中文报刊1753种,其中460种由上海出版,约占总数的26%①;《民国时期总书目》"语言文字"分册共收书3861种,其中2500余种由上海出版,约占总数的65%②,由此可见一斑。

作为一个19世纪后期才刚崛起的城市,上海印刷文化的形成是快速的、非常态的,其依靠的主要是外来输入,而非传统积累。

(一) 从欧美、日本等国输入印刷技术、机器设备及相关材料

1. 通过西人开设出版机构,被动输入印刷文化

近代上海印刷文化的核心,是对以铅、石印刷为代表的近代印刷技术的吸收与实践。最早将近代印刷术带入中国的,是西方的传教士,为传道及牟利之需,他们在上海设立了设备先进的印刷机构,其中最为重要者,当数墨海书馆、美华书馆与徐家汇土山湾印刷所三家。

墨海书馆③,由伦敦会教士麦都思(W. H. Medhurst)1844年设立于上海,初租房于县城东门外,后迁英租界山东路,史称

---

① 统计数字转引自邹振环《上海出版业百年历程》,《档案与史学》2001年第2期。

② 邱崇丙《民国时期图书出版调查》,《出版史研究》第2辑,中国书籍出版社1994年版。

③ 关于墨海书馆的研究,请参胡道静《印刷术"反馈"与西方科学第二期东传的头一个据点:上海墨海书馆》,《出版史料》1987年第4期、1988年第1期;熊月之《西学东渐与晚清社会》第三章,上海人民出版社1994年版;叶斌《上海墨海书馆的运作及其衰落》,《学术月刊》1999年第11期。

"麦家圈"。这是一家"由伦敦会传教士主办、以出版宗教读物为主、兼出一些科学知识书刊的出版机构"①,从1844年至1860年,墨海书馆共出版各类书刊171种,其中《圣经》《福音书》《使徒行传》等有关基督教义、教史、教诗、教礼的书籍138种,约占总数的81%弱;《数学启蒙》《几何原本》《重学》《谈天》等科学知识书籍33种,约占总数的19%强。墨海书馆的印刷机器与铅字,一部分由麦都思从南洋带来,一部分在上海刻制,一部分则向伦敦教会申请运抵,如1845年12月17日,麦都思致函教会,申请新式印刷机器②:

> 我们现在迫切需要一台新的印刷机。因此我们请求理事们,用利物浦到上海的第一班直达轮船,送来一台构造最好的滚筒印刷机,也就是考铂(Cowper)氏或者纳皮(Napier)氏的双滚筒印刷机。

1846年4月,麦都思再次致函教会,申请一副新的金属活字:

> 我们需要一副小的中文活字,也就是你在1844年4月4日信中提及的瓦茨先生正在制作的那副。我们认为那副活字除了个别字以外,笔画清楚,结构合理,比例协调,其尺寸正好是印刷《圣经》所需要,跟我们在上海已经刻好的那副活字也正好配备。上海刻好的那副活字是伦敦教会的财产,目前正用于印刷《英华字典》以及《古代中国的历史典籍》。它有30000个活字,3000千个不同汉字,除了常用字

---

① 熊月之《西学东渐与晚清社会》,第188页。
② 以下两函,均为英国伦敦大学亚非学院图书馆藏麦都思档案(简称 C. W. M. 档案),转引自叶斌《上海墨海书馆的运作及其衰落》。

之外，几乎包括所有罕见以及废弃的字。

滚筒印刷机于1847年秋天运抵上海，年底投入运行，它一天可以印刷50000张相当于中国传统线装书的双面页，其动力则使用牛力，这一切都令申城的中国文人大感惊奇，叹为观止，墨海书馆因此成为上海的一道人文景观。王韬《瀛壖杂志》卷六载：

> （墨海书馆）以铁制印书车床，长一丈数尺，广三尺许，旁置有齿重轮二，一旁以二人司理印事，用牛旋转，推送出入。悬大空轴二，以皮条为之经，用以递纸。每转一过，则两面皆印，甚简而速。一日可印四万余纸。字用活板，以铅浇制。墨用明胶、煤油合搅煎成。印床两头有墨槽，以铁轴转之，运墨于平板，旁则联以数墨轴，相间排列，又揩平板之墨，于运于字板，自无浓淡之异。墨匀则字迹清楚，乃非麻沙之本。印书车床，重约一牛之力。其所以用牛者，乃以代水火二气之用耳。

时上海文人吟咏之诗词甚多，兹不赘引。1860年之后，墨海书馆迅速衰落，但它对于上海出版业的影响，却并没有随之消失，详见下文。

美华书馆[①]，其前身为美国长老会开设于宁波的华花圣经书房，1860年迁至上海，负责人为传教士姜别利。在美国即从事印刷出版工作的姜别利，对中文印刷的贡献主要有两个：其一，发明了中文字模的电镀法，即以黄杨木镌刻阳文汉字，镀制紫铜阴文，再镶入黄铜壳子，制成从一号至七号大小不等的铅字

---

① 参《上海美华书馆七十年简史》，《中华基督教会年鉴》（1914年），中国基督教三自爱运动委员会图书馆藏书。

七套，其字形体优美，笔锋清晰，畅销于上海、北京的报馆及日本、英美等国，俗称"美华字"，印刷史专家张秀民称："过去雕刻字模均需手工，既麻烦，又费钱费时，姜氏电镀法的成功，在造华文铅活字上可说是一次革命。"①其二，改进了中文铅字的排字工具，建造出元宝式字架，将中文铅字按使用频率，分为常用、备用、罕用三类，字架正面设24盘，中8盘为常用字，上下各8盘为备用字，两边设64盘，皆为罕用字，每类铅字则以《康熙字典》部首检字法排列，排字工只需站立中间，就架取字，殊为便利，工作效率大大提高。美华书馆的印刷机器，在当时的上海亦首屈一指。开设之初，书馆就拥有5台印刷机，1862年又安装了一台滚筒印刷机，至1903年扩增至5架大型滚筒印刷机、2架小型滚筒印刷机、3架平台印刷机和6架手动印刷机，共16架；整个书馆的中国雇员多达206人。1890—1895年，美华书馆每年的印刷量为40316350页，圣经会、圣教书会、广学会等教会机构出版的报刊书籍，大多由其印刷，成为墨海书馆后最具规模的教会出版机构。

土山湾印刷所②，原为天主教会设立的孤儿院实习工场，1864年前后迁址徐家汇耶稣会会院土山湾。初为雕版印刷，1870年左右盘进一家西人印刷所，始成立铅印部。1874—1875年间，增置石印设备，聘请法国修士翁寿祺担任技师，乃上海最早的石印机构③。土山湾印刷所还是上海最早使用照相制版技术的机构，由该所夏修士、蔡修士、范神父、安修士等人，在1900—1901间经反复试验而成。土山湾印刷所，是天主教会在

---

① 张秀民《中国印刷史》，上海人民出版社1989年版，第585页。
② 参范慕韩主编《中国印刷近代史》，印刷工业出版社1995年版，第97—98页；《土山湾》，《申江服务导报》1999年12月29日。
③ 贺圣鼐《三十五年来中国之印刷术》称："吾国之有石印术，发轫于上海徐家汇土山湾印刷所"，"然其所印者，仅限于天主教之宣教印刷品"。张静庐辑《中国近代出版史料初编》，上杂出版社1953年版，第269页。

上海设立的最大印刷所,出版书刊甚多,如1875年出书180种,1889年出书221种,1890年出书293种,其内容绝大部分为教会读物,亦有《西学关键》《透物电光机图说》《轮舶溯源》等少量介绍西方科学文化的书籍。

除墨海书馆、美华书馆、土山湾印刷所之外,晚清时期,由英、美、日等国开设在上海的印刷机构十分繁多,其中属于教会机构者有清心书馆、格致书室、同文书会(广学会)印刷所、青年会书局等;属于报馆者有北华捷报馆、字林西报馆、上海新报馆、晋源报馆、文汇报馆、捷报馆、申报馆、字林沪报馆等;属于普通书局者有同治印书馆、别发印书馆、点石斋石印局、图书集成局、申昌书局、鸿文五彩书局、修文书馆、乐善堂书药局、青云堂、五岳堂等。这些由西人(或日人)直接开设的印刷出版机构,对于上海近代印刷文化的形成,意义非凡。

首先,它们是近代东西洋先进印刷文化,在上海的登陆地与示范场。

从手摇印刷机到滚筒印刷机,从中文铅字到元宝式字架,从石印术到照相制版术,这一切都曾极大地开拓了上海乃至中国文人及出版界人士的眼界,当王韬、郭嵩焘等人不厌其烦地记录下墨海书馆的书籍生产情形时,当孙次公、黄韵珊、宋书卿以诸如"车翻墨海转轮圈,百种其编宇内传"①"多恐秘书人未见,文章光焰借牵牛"②"铅字编成殊不紊,铜文铸就洵堪传"③等诗句,写下自己对先进印刷术的惊叹与羡慕时,中国与世界之间的印刷距离一下子拉近了许多。

其次,也是更为重要的是,上述出版机构,还为近代上海培

---

① 孙次公《洋泾浜杂诗》,引自王韬《瀛壖杂志》,上海古籍出版社1989年版,第119页。
② 黄韵珊《海上蜃楼词》,引自王韬《瀛壖杂志》,第119页。
③ 宋书卿《送美国姜先生回国诗并序》,《教会新报》第2卷第55册,1869年10月2日出版。

养了一批优秀的出版印刷从业人员。

譬如,被研究者称为"新出版第一人"①的王韬创设香港"中华印务总局"(1873)、上海韬园书局(1885),主办《循环日报》,印行《英粤字典》《日本杂事诗》等书籍60余种,这些出版事业的开展与成功,很大程度上应当归功于他在墨海书馆的13年工作经验。土山湾印刷所则培养出了邱子昂、顾掌全、许康德三位早期华人印刷技师,后邱子昂担任著名的石印书局点石斋的石印技师;光绪二十三年(1897),顾掌全受聘进入上海中国图书公司,负责摄制铜锌版;光绪三十四年(1908),许康德受聘进入商务印书馆,负责摄制教科书照相锌版。近代中国最负盛名的商务印书馆,其创始人大多曾在教会机构从事过印刷工作,如夏瑞芳、高凤池、鲍咸恩、鲍咸昌四人,均曾就读于美国北美长老会所办清心堂,其学业之一便是印刷,毕业后,夏瑞芳和鲍咸恩入捷报馆做排字工,高凤池入美华书馆,后升任经理之职,鲍咸昌亦入美华书馆,先学雕刻铜版,后当西文排字工。而就职于申报馆的买办席裕福(子佩),于1909年5月斥巨资从西人手中购下报馆股权,更是书写了上海近代出版史上的一段佳话。

2. 国人主动引入先进印刷文化

通过西人开设出版机构,引入先进印刷技术与设备,乃是近代上海印刷文化输入的途径之一,即被动输入。在我看来,另一种途径,即国人的主动引入,也许更为可贵,也更值得关注与研究。具体而言,它又可分为如下三个块面:

(1)国人自办书局,以购买方式输入外国的印刷设备与原料。

自1843年上海开埠至1912年中华民国成立,上海地区由

---

① 参汪家榕《新出版第一人——王韬》,《汪家榕出版史研究文集》,中国书籍出版社1998年版。

国人自己开办的各类书局不下数百家,这构成了上海印刷文化的主流。其通常的开办方式为:筹集资金,购买一定数量的印刷机器与原料,再招募若干技术工人,便可开机印书,列于申城出版业之林了。《申报》曾刊载过许多书局的开业广告,其最常见的广告用语是"本局不惜巨资,自购外洋印书机器"云云,《申报》又曾刊载过许多洋行的货物告白,其中印刷设备与原料,则是非常显眼的名目,诸如福利洋行、新泰兴行、丰裕洋行、升泰洋行、隆茂洋行、天祥洋行、茂盛洋行、厚隆洋行、信发洋行等均曾销售过印刷机器及纸墨原料,甚至连大成烟店、乐善堂老药房、中法大药房等,也兼营此类业务。兹略举数则:

光绪十二年(1886)七月十二日,《申报》载上海外洋泾桥北堍大英医院内麦利洋行广告:

> 英国名厂许士耿博,专制各种石印书画机器,工精料坚,灵巧无匹,向托小行在中国经理专办,历承同文等各书局定购,俱各合式无误。现在该厂制造益精,新出汽机印架,可装置煤气火力,一日能印七千余张,较之旧式,不啻事半工倍。所有印书油墨、照相药水,一切应需之物,均可随时定寄,限期到货。

光绪二十二年(1896)五月二十八日,《申报》载中法大药房"石印墨、铅印墨"广告:

> 本药房自向英国运到石印粉墨、铅印油墨料,品高价廉,屡买格外克己。计开石印每听二磅,洋二元;铅印每听廿五磅,洋五元。

光绪二十五年十二月十九日(1900年1月19日),《申报》载"中井洋行专运日本各式纸料"广告:

本行向设日本西京、东京、名古屋、大阪等处,已历多年,曾与日本各造纸厂,订有专承销售之约,凡机器连史、新闻纸、料张及刷印书籍各件,并糊盒包物,所有各色纸张,统由本行运销。其机器连史,自出售以来,楼修五凤,名重三都,已早蒙贵客欣赏。今特在上洋英大马路同乐里开设分行,专运一切纸张,非但花色齐全,抑且价廉物美。

洋行之外,部分西人出版机构,往往也兼营销售印刷设备的业务,特别是印刷机器与铅字,如同治印书馆、乐善堂、修文书馆等,尤以英国人美查所设申报馆为最:同治十三年(1874)三月初四日,《申报》载美查启事《发卖印书各器》云:

　　夫西法印书,最为时尚,省料惜工,灵敏捷速,价廉物美,奚啻倍蓰?今新法渐次通行,不数十年而刻板之旧制将无所用矣。兹本馆与英国制造印字器具者,恒有交接,凡欲取用新法,皆可代为购办其机器、铅字、大锤等物,并为代购油墨、铅胚、小种铅字并铅笏胚子等物,皆至本馆,随要随卖可也。

部分较有实力且与外洋联系紧密的中国书局,也拓展起经营印刷设备的业务,如善善堂、精一阁、珍艺书局、著易堂书局、文明书局等,其中以商务印书馆最为突出:光绪二十五年(1899)九月十七日,《申报》载商务印书馆"专售各种印书机器、活字铜模、洋纸"告白:

　　本馆专售印书机器、大小活字、铜模,并代印中西书籍、报章,价廉物美,早经海内驰名。今有唐林老牌四十磅、四十五磅及五、六、七、八十磅新文纸并各种夫士纸出售,赐顾者请至上海北京路。

光绪三十一年(1905)九月九日,《申报》载"上海商务印书馆专售铅字、铜模、印书机、洋纸广告":

> 本馆开设上海棋盘街中市,专售各种印书机器及头、二、三、四、五、六、七号全副活字,并精制铜模、铅板,印书器件一应俱全,发兑各色洋纸,译行华英读本字典、学校课本、各料实学新书,精印中西书报、各项文件。又延请日本东京名手,专制电气照相铜版、五彩石印。工料精美,中外驰名。如欲办机器、铜模、铅字及托印书报,批购书记、洋纸等,价目克己,以广招徕。

而那些因经营不善倒闭的中西出版机构,其原有设备也构成申城印刷生产资料市场的一部分,譬如英国人所办《晋源报》之晋源印书馆,倒闭后即在《申报》(1875)登载"印字家伙出售"广告;修文书馆倒闭后,其设备悉数转售给商务印书馆;在石印业兴盛的1888年前后,《申报》上登载的"拍卖石印书局"广告,更是不绝于版。总之,由于购售渠道的畅通,晚清上海地区新开书局的硬件设备,基本上已接近于当时的世界先进水平,它奠定了上海作为近代中国出版重镇的物质基础。

(2)国人赴海外考察、学习先进的印刷技术。

晚清中国赴东西洋考察、留学者甚众,其中即有不少人专学印刷技术。从我们掌握的资料来看,时间最早者似为岭南人卢海灵,曾至英国学习五彩石印法,学成后归国开设上海第一家五彩石印书局——富文阁,光绪十四年(1888)五月二十八日,《申报》载"上海富文阁专印中西颜色仿单、图画、新样铅板、石印书籍画谱法帖"广告,全文如下:

> 启者,英国伦敦拔兰公司所印各种书画、仿单、舆图,色分五彩,光艳如生,精妙无伦。余曾游泰西,从学有年,经大

书院啊山打先生考验,奖给头等凭据纸,又从卡嗲儿先生传授用药水刻成铅板之法,此板质地与铜相类,厚可刻出招牌、像印、图章,薄可刻书画、法帖,无论粗细,计一尺方大小,约四点时候可成,其字迹显分阴阳,文毫发无差,即古今墨宝,一经印就,可与原本无毫厘之失。如印时文时赋,可加朱评,红黑分明,较套板更觉精生。代印各种石印书籍、画谱、法帖,敦请时彦名宿,校对精详,装潢印订诸工,务求尽善尽美。并售自运英国各厂各种纸料,零趸俱可出售,定价格外从廉。倘蒙绅商赐顾,请到六马路格致书院西首本阁面订可也。

富文阁开业之后,生意颇佳,从1889年5月至1890年4月,一年之内,营业额就高达银四千四百二十九两三钱五分,除去成本银三千另八十九两四钱五分,利润为银一千三百三十九两九钱①。虽然富文阁仅经营了两年多,即悉数盘与他人,但由其开启的上海五彩石印之风,却方兴未艾②。

其后,元和王肇铉于光绪十四(1888)年赴日本研习铜板刻印之法,贺圣鼐《三十五年来中国之印刷术·雕刻铜版》称:"华人首先习得此术者,当推元和王肇铉。王君游学日本,专习地舆之学,光绪十四年,因将其所绘之地图,付镌于日本某印刷局,知日本有雕刻铜版之法,当即考求而精习之,尽得其法。翌年著《铜刻小记》,详说雕刻铜版之方法,惟是时注意此道者极少。"王氏《铜刻小记》,张静庐辑入《中国近代出版史资料初编》,前有"总论",概述铜刻之法,次为雕刻铜版各器具的图案,次分"磨版""上蜡""钩图""上版""刻蜡""烂铜""修版""烂铜药水""融蜡""留药""藏版""薄纸上版""缩刻""刷印"等工序,

---

① 光绪十六年(1890)六月十八日《申报》广告"五彩画印有限公司"。
② 参拙文《晚清上海五彩石印考》,《上海师范大学学报》2001年第1期。

逐一详细介绍铜版雕刻的全过程,图文并茂,洵为初学者之指南。

此外,尚知有黄子秀于光绪年间赴日本学习珂罗版技术,上海人张廷桂亦曾于光绪三十四年(1908)赴日本各地考察印刷情况,《申报》1908年11月9日载"大日本国各地印刷、造纸、制墨同印刷附属诸大会社、局、厂公鉴",称:"仆游贵邦,考察印刷事情,承诸贵社厂优为招待,陪往各处,详示一切,受惠良多。今已考察事毕,业经归国,前因行期匆促,未及走辞,特此道歉,并申谢悃。大清国上海小东门外张廷桂启。"张廷桂或为最早对日本印刷业予以全面考察的中国人。

(3)聘请外国技师来沪指导,借此汲取东西洋最为先进之印刷技术。

与出洋求学相比较,聘请外国技师来沪传授印刷技术,自是既经济又简便,故颇为国人自办书局所采用。光绪十二年(1886)二月十九日,王冶梅东璧山房①在《申报》登载"东洋刻铜板书局"广告,声称:"本号雇日本上等精刻紫铜板工人来上海,专刻缩本书籍画谱及银钱票等板,字画端正,愈小愈精,并包印刷。"光绪时,有正书局聘请日本人龙田来华教授珂罗版技术,局主狄楚卿亲自参与学习,珂罗版书画遂成为该局的拳头产品。光绪三十年(1904),文明书局亦聘请日人来沪传授五彩石印术,使申城五彩石印产品的质量大为提高。

这里,最值得关注的是商务印书馆。1903年,无论是资金还是技术均处于幼年时期的商务印书馆,为了壮大自己的力量,在激烈的竞争中立于不败之地,毅然决定与日人合资经营,双方各出资10万元,各占一半股份。十年之后,成效卓著,不仅在利润方面获得高额回报,中方共得利润金428923.1元,年平均利

---

① 参拙文《晚清上海书坊东璧山房与〈今古奇闻〉小说》,《中国典籍与文化》1999年第3期。

润率为 41.85%①；而且，商务印书馆中方人员的编辑、印刷水平，均有了较大的飞跃。高凤池在《本馆创业史》中写道："自从与日人合股后，于印刷技术方面，确得到不少的帮助。关于照相落石、图版雕刻（铜版雕刻、黄杨木雕等）、五色石印，日本都有技师派来传授"（参见表 1），"几年之中，果然印刷技术进步得很快，事业发展极速"②，商务印书馆从此奠定了其在出版界的龙头地位，这无疑远比经济方面的收益更为宝贵。

表1　商务印书馆所聘外方印刷技师（1903—1923）

时　间	姓　名	指导技术项目
1903	日本前田乙吉、大野茂雄	照相网目铜版
1904	日本柴田	雕刻黄杨版
1905	日本和田满太郎、三品福三郎、角田秋成等	雕刻铜版
1905	日本和田满太郎、细川玄三、冈野、松冈、吉田、武松、村田、丰室等八人	五彩石印
1908	日本木村今朝男	平版印刷
1909	美国斯塔福德（Stafford）	改良照相铜版、试制三色照相网目铜版
1915	美国魏拔（Webel）	胶版印刷
1918	日本木村今朝男	马口铁印刷
1923	德国海尼格（Heinicker）	影写版印刷

本表资料来源：贺圣鼐《三十五年来中国之印刷术》《夏粹芳请外国技师革新商务印刷技术》，《出版史料》1986 年总第 6 辑。

聘请外国技师的费用，今颇难详考。光绪十六年（1890）六月，五彩画印有限公司在上海成立，这是一家较具规模的股份制

---

① 参汪家榕《1903—1913 年商务印书馆的中日合资》《商务印书馆日人投资时的日本股东》，《汪家榕出版史研究文集》。
② 《商务印书馆九十五年》，商务印书馆 1987 年版，第 8—9 页。

公司,共筹集资本银五万两,其中"聘请英国头等绘师雕匠"一项,即费银五千两,包括船费银五百两、一年薪金四千五百两,占去总数的10%,而整个公司租地造屋也不过费银六千两,当时外国技师身价之不菲,可见一斑。不过,来华的外国技师,他们不仅亲自动手制版,而且往往还能教出一批中国徒弟,上海彩印业资深职员徐志放,曾在《近代彩色平印制版的发展历程》中回忆道:"我师傅一辈,很多人都是日本人,如津金、渊上等的徒弟。"①两相权衡,自是物超所值,得多于失的。

(二) 从江浙等地区输入出版从业人员与资金

与上海毗邻的江浙地区,明清以来一直是中国的经济文化中心,蕴涵着极其丰厚的资源。然咸、同以降,该地区战乱频繁,特别是太平天国与清军的多次大战,给经济文化造成了很大的破坏,各种资源(包括人口、资金、文化等)急速外流;而开埠以后的上海,却保持着相对稳定的态势,租界的设立形形色色,西方先进物质与精神文化产品的大量涌入,使她充满着某种神秘的魅力,太平军攻占上海的失败,更使其成为江南唯一的安全避难所。可以毫不夸张地说,是历史将上海安置在一个千载难逢的绝佳位置上,使她可以轻易地吸纳江浙及其他地区积累了数百年的各种资源,于是,江南文化的格局发生了颇具戏剧性的变化。于醒民《上海,1862年》②从人口流动的角度,描述了上海成为江南经济文化中心的神奇过程:

> 1853年春,太平军攻克安庆、芜湖、南京,来自长江两岸的难民流开始进入上海,从此,难民流持续不断地注入……1860年3月发起的太平军东征战役,骤然又使上海

---

① 《中国印刷史学术研讨会文集》,印刷工业出版社1996年版,第435页。
② 于醒民《上海,1862年》,上海人民出版社1991年版,第13—22页。

的难民人数激增。1861年间其注入量仍直线上升。1962年初,在"长毛来啦"的喊声中,旬日之间,一百万左右的难民如激潮般涌进上海市区……除近距离的郊县、苏南、杭嘉湖等地来的难民,宁波及浙江其他各县来的难民,路途遥远的安徽、江西、福建、山东等地的难民也转辗来沪。其高峰之际,市区人口保持在三百万左右的峰尖上……要晓得,十年前上海县的全部人口为五十四万四千余名……也有另一类型的难民——不那么很苦的难民,他们在上海全部难民中所占的比例不大,然而绝对数量亦颇可观,他们中间甚至有可以称得上富翁大亨的难民。其时中国烽火遍地,上海、上海的租界几乎被视为唯一的确保安全的避难所,被视为"长毛"不会闯入的化外之地……从小有家私的中等殷实之户到财溢万贯的大商大绅,各地害怕"长毛"的财主向上海这块宝地集中。据说,苏州大部分有钱人逃到上海,宁波的有钱人情况也差不多,来自湖南、贵州的巨富也不罕见……这些高等难民对上海的社会生活、经济生活产生了不可轻估的影响。他们大量消费,大批购置,大笔投资,仅各种货币带到上海的就以百万计……是难民,是穷的、富的难民使租界改观,使上海改观。上海就这样莫名其妙地登上了四海都市之冠的宝座,上海蓦地超过了千百年来她一直在羡慕、模仿的苏州。难民为城市建设提供了庞大的超廉价劳动大军,提供了庞大的资金。你要知道超廉价劳动力与资本两者在一起会产生多大的作用,只要考察一下1862年的上海就可明白。人类历史上数以万计的城市都撞不上的好运气被上海碰到了……从此上海还一跃为全国最发达、最有生气的城市。

当然,我们关注的是江浙地区书坊、藏书及文人的流动情况。资料表明:庚申(1860)之乱,曾使江南藏书蒙受了严重损失,"在太平军与清军的拉锯战中,江南不少市镇屡经焚烧","文人避走他乡不跌,书籍藏板流失,学校书院纷纷关闭。太平天国对古籍多取烧毁政策,不少江南士族需要几个世纪才能积累起来的文化资本一晌之间付诸一炬"①。今将毁于庚申之乱的江南藏书情况列表如下:

表2 毁于庚申之乱的江南藏书

藏书者	藏书毁散情形	文献出处
孙星衍	庚申书散	《前尘梦影录》
黄澄量	咸丰十一年太平军进浙东,五桂楼藏书遭部分损失。	《浙江第二藏书楼——五桂楼考略》
李宗传	金陵沦陷,举家逃难,书尽散失。	《碑集传补·李君家传》卷十七
许宗彦	太平天国时,左文襄公悉捆载而去	《浙江藏书家·藏书楼》
马泰荣	洪秀全攻占浙江,其书流散于战火中	《中国藏书家辞典》
瞿镛	咸丰庚申,瞿氏之书,一劫于菰里,再劫于香唐角	《知退斋稿·虹月归来图记》卷二
汪士钟	粤寇至……宋元善本悉为邻家携去	《清朝野史大观》卷十
张镇	秘册甚夥,太平军攻苏州,多散失	《民国无棣县志》卷十二
韩应陛	太平军陷松江,楼与书俱毁	《艺风堂文漫存》卷三
罗以智	庚申之劫,书被劫	《武林藏书录》卷六
顾沅	庚申之劫,藏书尽为丁日昌捆载而去	《藏书纪事诗》卷二
王兆杏	藏书在太平军攻占杭州时损失不少	《近代藏书三十家》
潘遵祁	香雪草堂书,在洪杨之役损失几尽	《近代藏书三十家》
胡珽	庚申冬,避乱沪城,劫余之书,斥卖几尽	《杭郡诗三辑》
朱绪曾	粤寇陷江宁,藏书灰烬	《开有益斋读书志跋》
吴昆田	庚申之乱,藏书及著述皆为灰烬	《吴家轩墓表》
邵懿辰	杭城之变(1861),遗书散失殆尽	《四库简明目录标注跋》
蒋光煦	咸丰庚申,别下焉	《澂山检书图文》
徐时栋	太平军战争时,藏书被偷去不少	《徐时栋和烟屿楼》
瞿世瑛	汗牛充栋之藏,惜失于庚申之乱	《武林藏书录》
张敬谓	太平军之乱,园毁书烬	《杭郡诗三辑》卷二十八

---

① 孟悦《商务印书馆创办人与上海近代印刷文化的社会构成》,《学人》总第9辑,江苏文艺出版社1996年版。

(续　表)

藏书者	藏书毁散情形	文献出处
汪曾学	辛酉(1861)冬杭城陷,吾家藏书数十万卷,大半化为灰烬	《江月松风集·题识》
姚仰云	好聚书册,遭太平军之乱,尽毁于兵矣	《姚海槎先生年谱》
唐仁寿	咸丰八年(1857)太平陷浙中,藏书荡然	《杭州府志》卷一四六
缪荃孙	申浦老屋,存书四大橱,庚申之难,只字不存	《艺风藏书记缘起》
李　恕	积十万卷,毁于太平天国时期	《近代藏书三十家》

本表资料来源:范凤书《中国私家藏书史》第五章第十节"清代私家藏书的毁散",大象出版社2001年版,第477—481页。

素受尊崇的藏书楼尚且如此,普通的民间书业坊肆,更是难逃一劫,譬如苏州著名的老牌书坊扫叶山房,在太平军攻占苏城后,损毁惨重,光绪八年(1882)七月二十一日,《申报》载"席氏扫叶山房善本印行"广告,称:"余家先世藏版甚富,除校刊外,复不惜重赀购求,最古者为汲古阁《十七史》原版,续成《二十四史》。惜庚申之乱,未克迁移被毁,存者惟横云山人《明史稿》",另外《唐诗百名家》《元诗选癸集》诸版,亦皆"残毁过半",书坊因此元气大伤。在这样的背景之下,将书坊迁入相对安定的上海,无疑是最佳的选择。大约在1862年左右,扫叶山房迁入上海城内彩衣街,后又在城外抛球场南首(后迁至棋盘街513号)、松江西门外里仁街设立分店,"于上海重整规模","烬余板片修补重刊,不遗余力,虽未遽复旧规,而精华略备"①。虽然苏州城里仍然保留字号,但其主要精力、资金均已移入申城,成为上海出版界的常青树,直至民国时期,依然出书不断。

当时和扫叶山房命运相似且作出同样选择的书坊,实不为少数:开设在无锡的文瑞楼,于光绪六年(1880)迁入上海;开设在宁波又新街的文玉山房,于光绪七年(1881)迁入上海的五马

---

① 光绪八年二月初八日《申报》所载"扫叶山房告白"。

路,两年后又在老北门外法大马路开设分店①;开设苏州已历二百余年的绿荫堂,于光绪八年(1882)迁入上海北市宝善街东口②;开设在常熟的抱芳阁书庄,于光绪八年十二月(1883)迁入上海棋盘街③;开设在宁波又新街的绸瑛阁书坊,于光绪十年(1884)迁入上海棋盘街中市④;开设在湖南省城的璪文书局,于光绪十一年(1885)迁入上海棋盘街北首⑤……兹不赘举。书坊的迁移,自然也引发了书业人员的流动,若再加上江浙地区因书坊倒闭而失业的人员,涌入上海的出版从业人员,实难以确计,上海的出版界,到处充斥着洋人和外地人的身影。这里,我们可以举出两组较有说服力的数据:

1906年,新成立的上海书业公所对属下119家书局⑥,进行了调查登记,在标明籍贯的店东或经理中,浙江人38名,江苏人46名,合计84名,约占总数的68.9%,而上海本地人仅8名,只占6.6%;

1907年,上海书业商会选出正董、副董等职员15人,其中江、浙两省之人9名,占总数的60%,而上海仅5名,占33.3%,乃是少数派。

由此不难看出,外来人员,尤其是江浙地区的书业人员,是晚清上海印刷业的主体。欧美及日本的印刷技术与设备、江浙地区的出版从业人员、上海得天独厚的地理优势与社会环境,这三者的完美结合,孕育出辉煌灿烂的近代上海印刷文化。有的研究者认为:"上海印刷文化的兴起与其说是西式文化中心取代了苏州杭州等旧的文化中心,不如说是刻书要地和文化重镇

---

① 光绪九年(1883)二月十五日《申报》所载"新开书坊"广告。
② 光绪八年三月初二日《申报》所载"新开书坊"广告。
③ 光绪八年十二月十二日《申报》所载"新开抱芳阁书庄"广告。
④ 光绪十年二月十一日《申报》所载"新开绸瑛阁书坊"广告。
⑤ 光绪十一年十一月七日《申报》所载"新开璪文书局告白"广告。
⑥ 参拙文《档案所见1906年上海地区的书局》,《档案与史学》2001年第6期。

由江南城市向上海发生迁移的结果。"①此言虽不无道理,却有以偏概全之嫌。

二、清代后期上海地区印刷文化的输出

成为印刷重镇之后的上海,并没有自我封闭,而是充分利用其特殊的经济、地理和文化优势,迅速将印刷文化传播给周边地区,并向全国辐射,成功地扮演了一位文化二传手的角色。

(一) 输出技术工人,普及印刷技术

晚清时期的上海,聚集着数量可观的印刷技术人才,《申报》上时常可以见到外埠招聘上海印刷技工的广告,譬如:光绪二十一年(1895)十月十六日,《申报》载"招雇排字人"广告:"今有外埠欲雇用一排字人,须知英话,熟悉排各项零单情形。如有技术精明者,工资加重。倘愿承斯乏,望缮一英文信,信内说明曾在何处就业,需工资若干,固封后信面书 PRINTER 字交申报馆转送可也。"光绪二十一年三月二十三日,《申报》载"招匠刻书"广告:"本宅有书数部,约三百万字,拟招名匠到温州写刻,每月须刻三四万字,轮船盘川,本宅照付。如愿办者,即取刻样,开名工价,交信局寄温州瑞安城内孙资政第酌订可也。"

资料表明,南起福州,北至哈尔滨,均曾留下过上海排字、印字、铸字、照印等类技工的身影。譬如:光绪二十一年,英美传教士在福州设立第一家铅字印刷所——美华印刷所,就从上海招聘了4名排字工及印刷技工,并在当地招收学徒,将铅印技术引入福州②。1906年,俄国人在哈尔滨开设远东华字报馆,即函托

---

① 孟悦《商务印书馆创办人与上海近代印刷文化的社会构成》,《学人》第9辑。
② 参谢永顺等《福建古代刻书》第五章"西方印刷术传入与福建刻书业结束",福建人民出版社1997年版,第524页。

上海招雇技术工人,11月19日《申载》刊载《印刷人乘轮赴北》的新闻报道云:"有俄人在哈尔滨开设远东华字报馆,函托上海西报馆雇用排字、印字、铸字等人,兹已雇就十七人,于昨日趁宝隆洋行过罗奴轮船启行。"他们不仅是所在书局的技术骨干,而且还带教当地学徒,为近代印刷术的推广普及,发挥了重要作用。

(二) 印刷设备与纸墨原料的集散基地

如前所述,晚清时期,东西方先进的印刷机器、配件及纸墨原料等物,曾依靠洋行及部分书局(如申报馆、商务印书馆等)的贸易,大量输入上海。而印刷设备与原料的国产化过程,最早也是在上海完成的,如上海虹口顺成机器厂生产的印刷机器、上海机器造纸局生产的各类纸张等。因此,上海一隅,遂成为全国印刷生产资料的集散基地。

同治十二年(1873)五月廿六日,《申报》载《京都设西法印书馆》,云:

> 现闻京师已开设西法印书馆,其馆在武英殿衙门前,由香港英华书院置大小铅字两副,其价值二千余金,黄君平甫亲赍之,至京师呈于总理衙门。兹者总税务司赫公、丁君韪良先生,又在上海美华书馆代办第一号正体铅字暨字盘、字架一切物件及机器印书架两架,已由轮船寄送至京,想不日可以开工。

同年十月廿四日,《申报》载《铅字印书宜用机器论》,云:

> 近日上海、香港等处中西诸人,以此法印书籍者,实属不少。其功加倍,其费减半,而且成事较易,收效较速,岂非大有益世之举哉。项闻苏杭等处来申购买铅字者,接踵而

至,购买印书机器者,未闻有人。不知铅字集成之板,若无机器,仅用人工,诸多不便。倘能以数百金购一机器,则发逆焚毁诸书,可以次第集印,多则五年,少则三载,诸书如不齐全,我不信也。

实际上,有更多的交易并未被载入文献。然而,只要随手翻开《申报》《时报》《东方杂志》或《月月小说》等上海地区的报纸杂志,我们就能找到许多有关印刷机器、铅字、油墨及纸张等印刷生产资料的广告。不难想象,当时大江南北的书局、报馆及相关人员,也一定可以轻轻松松地按图索骥,从上海购得各自需要的印刷设备与原料。

(三) 输出书籍报刊,传播旧学新知

晚清时期的上海,不仅是印刷生产资料的集散基地,还是印刷产品的批售中心,正如扫叶山房所云:"良由海通以来,上海一隅几为全国之中心点,淹通之儒,博雅之士,与夫豪贾巨商,凡欲购贩书籍者,无不以沪渎为挹注之资。故本坊每年销行各书,北至奉吉,南迄闽广,西则滇黔边东则鲁、皖、浙各省,远而至于东西洋诸名国,邮筒往来,日必数十起,轮轨交驰,寄运灵捷。"① 正是在如此畅通的渠道中,旧学新知,广为传播。具体而言,上海向外埠输出书籍报刊的方式主要有四种:

1. 设立外埠分局或代售处,实行连锁经营

开设外埠分局,以广书籍之销售流传,这在申城出版业中是十分普遍的现象:譬如简玉山房在宁波税关前设立分店,"运售铜、铅、石印及近时新出各种名书"②;文渊堂则在汉镇鲍家巷正

---

① 《扫叶山房书目》篇首启文,时间未详,上海辞书出版社图书馆藏本。
② 光绪十三年(1887)三月十四日《申报》所载简玉山房广告。

街设立分堂,发兑书籍,"其价概照上洋之例"①。那些实力雄厚的书局,则往往设有多个分局,以建立自己独立的销售网络。如光绪十五年(1889)六月廿四日,《申报》载"点石斋各省分庄售书告白",称:"机器印书,创自本斋,日渐恢扩,极盛于斯,历计十余年来,自印、代印书籍,凡书房习用者,花名应有尽有。兹于戊子、己丑两年间各省皆设分庄,以便士商就近购取。"其所设分庄有:京都琉璃厂点石、汉口黄陂街点石、广东双门底点石、福建鼓楼前点石、苏州元妙观前点石、金陵东牌楼点石、杭州青云街点石、湖北三道街点石、湖南省府正街点石、四川重庆府陕西街点石、成都省城学道街点石、江西省城点石、山东省城点石、山西省城点石、河南省城鸿影庵街点石、陕西省城点石、云南省城点石、甘肃省城点石、广西省城点石、贵州省城点石等20家。再如商务印书馆,光绪二十九年(1903)在汉口设立第一个分馆,之后一发不可收,光绪三十年(1904),已设有京师、奉天、天津、济南、汉口、成都、重庆、广州、福州、开封、长沙等11个分馆,宣统元年(1909)增加到18个,至1914年已多达20个,较1904年新增的9个分馆为龙江、太原、西安、泸州、常德、南昌、杭州、潮州、芜湖。这些分馆,交织成一张无形的网络,基本上覆盖了整个中国东西南北的重要城市,沪版各种图书可以快捷地在其中流通。

  当然,开设外埠分局,需要有相当的经济实力做支持,对于那些规模不大的书局来说,设立代售处,无疑更为经济实用。譬如出版新小说十分积极的改良小说社,虽然没有开设自己的分社,但在上海设立了棋盘街南洋官书局、点石斋、江左书林、中国图书公司等4个分售处,在外埠设立了北京官书局、保定官书局、天津官书局,奉天商务印书馆,震东书社,广东文盛书局、两广官书局,汉口六艺书局、中国图书公司,南京南洋官书局,苏州

---

① 光绪十年(1884)六月八日《申报》所载"汉镇文渊堂书局"广告。

文怡福记、广智书室、杭州务本堂、崇实斋、成都粹记书局、重庆二酉山房、厦门新民书社、江西文盛书局、绍兴墨润堂、奎照楼、云南崇正书局、山西书业昌记、宁波汲绠斋、徽州屯溪经香阁书社等24个经售处①，这种由代售处联合而成的销售网络，其能量亦不容忽视。

值得注意的是，为能最大限度地提高自己的影响，增加书刊的销售量，书局往往双管齐下，既建立自己独立的分局，也辅之以代售处，其最终构成的销售网络，颇为惊人。《东方杂志》第4年第1期（1907年5月25日出版）开列有商务印书馆外埠分局及代售处的名录，计有：

  京都：商务印书馆分馆、各书局；
  天津：商务印书馆分馆、各书局；
  保定：直隶官书局、文林堂、学界博品馆、萃英山房、籀雅堂书坊、大有山房、启文书局；
  广州：商务印书馆分馆、各书局；
  嘉应：启新书局、焕文阁、务本公司；
  揭阳：邢万顺；
  琼州：琼芝馆；
  汕头：启新书局、应时书局；
  香港：聚文阁、聚珍书楼、裕文堂、锦福书坊、英华书局；
  汉口：商务印书馆分馆、各书局；
  武昌：新学界、启新书局、普通书局、震亚书社、鼎鼎书社、中东书室、劝学图书社、同文信记；
  沙市：集成书局；
  宜昌：令原室；
  长沙：商务印书馆分馆、集益书社、普通书局、群治社、

---

① 1909年8月17日，《申报》载"改良小说社新小说出版广告"。

作民译社、江左汉记、开智书局、鸿文书局、同文译社；

永州：美新书局；

开封：商务印书馆分馆、各书局；

吉林：省城文合堂；

奉天：省城商务印书馆分馆、各书局；

海城：官书局、启明书局、文艺轩、九思堂；

锦州：天禄阁、三元堂；

营口：承文信书局、成文厚、文胜堂；

济南：全省官书局、书业德、书业公司、艺德堂、聚和堂、同文真记书局、京都翰文斋、鸿雪楼、维新书局；

宁阳：教科书馆；

沂州：汇文堂、友林堂；

曹州：南华书社；

莱州：三盛堂；

潍县：翰文斋、振兴书局、泰盛堂、敬文堂；

烟台：诚文信书局、文胜堂；

太原：大学堂、书业昌记、书业德、德源堂、晋新书社、义成书局、鸿文书局；

西安：官书局、新智识图书社、通泰堂、树德堂、义兴堂、公益书局；

甘肃：省城庆春堂；

云南：省城官书局、务本堂、德兴隆；

贵州：贵阳通志书局、崇学书局；

四川：省城商务印书馆分馆、官报局、广学会分局、二酉山房、英美会书室、善成堂、翰文社；

重庆：商务印书馆分馆、二酉山房、中西书屋、广益书局、实学书局；

江西：省城开智书局、文盛堂、养正书局、尊业公司；

吉安:开智书局;
赣州:开智书局、日新书报公司、蔡文彬堂书坊;
九江:点石斋;
安徽:省城正谊书局、萃新社、万卷楼、芸香阁;
屯溪:三元书局;
颍州:普通阅报馆;
芜湖:震华社、科学图书社、汇海书局、新亚公司;
庐州:大启堂;
定远:文辅堂;
寿州:最新书局;
南京:南洋官书局、启新书局、新智书局、泰西书局、新学仪器馆、远山洋行、大昌书局、启明书局;
苏州:公益会社、广智书室、拥百堂书庄、玛瑙经房、来青阁、文仪福记;
通州:翰墨林、厚生图书社;
徐州:劝学社;
镇江:文成堂、复春办馆、开智书社;
丹阳:春记书庄;
清江:金声堂、燮记书庄;
淮安:普及官书局、开化书局;
扬州:小琅环书局、宝文阁、立成科学仪器馆、华瀛公社;
兴化:文明转轮处;
海门:云程阁、中英药房;
常州:晋升山房、新群社、宛委山庄、饷华书社、撷新书社;
宜兴:亿和成;
常熟:海虞图书馆;
无锡:日升山房、经纶堂书坊;

江阴:广孟义馆;

松江:益智社、明新书局;

浏河:怡记书庄;

青浦:鼎新书社、昌明书局;

洙泾:两宜斋、益群书社;

杭州:官学局、史学斋、崇实斋、德记书庄、问经堂、知新书局、务本堂、锦文堂;

海宁:源顺昶记;

硖石:文魁堂、新新书室;

宁波:汲绠斋、新学会社、奎元堂、倪新记、长丰书庄;

定海:公泰纸号;

绍兴:教育馆、墨润堂、奎照楼、聚奎堂;

余姚:玉海楼;

黄岩:万兴源纸号;

鹭桥:王源丰号;

兰溪:开智书局;

温州:点石斋介记、日新书局;

嘉兴:群记图书仪器公司、缀云阁、同源祥书庄;

平胡:绮春阁;

福州:商务印书馆分馆、各书局;

泉州:耶稣圣教书局;

厦门:倍文斋、时务书局、开新世界图书社、文奇斋、尔炽号;

广西:省城麟经阁;

日本东京:金港堂书店、大华书局、古今图书局、广兴隆号;

旧金山:开智书局、中西日报馆;

槟榔屿:维新书室;

安南:广兴隆号;

河内:广兴隆号;
仰光:集发号;
哈尔滨:广吉印务局。

这230余家书局、报馆、图书馆、商栈,遍及海内外90多个省市地区,构筑成一个空前庞大的销售网络,无论是晚清小说,还是报纸杂志、教科书本,只要进入其中,就能流通全国,无远弗届,甚至可以远渡重洋,传播到日本、美国。

2. 临时赴外,设铺销售

所谓外出销书,主要就是做赶考生意,即大比之年,赴外埠设铺于考棚前,兜售以时文制艺为主的书籍。譬如扫叶山房,"每逢大比之年,届时分往金陵、浙江等处发售"①,光绪八年(1882)九月九日,《申报》载"武昌扫叶山房谨白",称"本坊分设湖北省考棚店,发兑书籍,诸蒙博雅惠顾,源源而来,惜未带足为歉。现适鄂省虎榜报捷之后,仍回上海。如诸君子添置各种书籍,请函致抛球场本坊购取,当班寄奉,庶不致误"云云。

光绪二十八(1902)、二十九(1903)年,开明书店赴金陵、开封两地售书,王维泰《汴梁卖书记》记录了临时书铺的开设情形:"金陵卖书后,同人相约作汴梁之游,藉开风气。于正月梢,载书二十余箱,为数计二百余种,趁轮启行","十八抵汴城,复有友人代为安寓,赁考棚街屋设肆,大书'开明书店专售新书'布牌,并写'广开风气,输布文明'招帖,遍帖通衢,以招同志","先将各书编分门类,写一总目,贴之壁间,旁书'定价从廉,划一不二,送货记账,概不应酬'十六字"②。开明书店赴金陵、汴

---

① 光绪八年五月十六日《申报》所载"扫叶山房分设湖北书坊"广告。
② 详参公奴《金陵卖书记》、王维泰《汴梁卖书记》两文,张静庐辑《中国现代出版史料甲编》,中华书局1954年版。

梁卖书,虽也是做赶考生意,但此时科举已经变革,改八股帖试为策论实学,故所售之书与扫叶山房不同,其销售情况亦颇为令人满意,详参表3。

表3　1902年开明书店金陵书展销售统计

书籍种类	书籍种数	销售数量(部)
历　史	38	893
地　理	19	337
政　法	27	533
经　济	6	168
教　育	7	94
科　学	28	427
报　章	5	189
文　编	9	282
科场书	5	46
合　计	144	3113

本表资料来源:公奴《金陵卖书记》,张静庐《中国现代出版史料甲编》,中华书局1954年版。

3. 外埠来沪采购

所谓"外埠来沪采购",是指外地书局或文化机构赴沪批量采购书籍,并不包括个人旅沪时的购书行为。光绪七年(1881)七月二十七日,《申报》载"群玉山房精刊书籍"广告,称"本号在宁城又新街开张,今至申地采办书籍,随带精刊各书发售",另"寄售浙宁铅板书,如蒙赐顾者,请至宝善街荣锦里大发椿记栈内购取可也"。既采购沪地之书,又发售浙宁之书,一举两得,获利一定甚夥。实际上,像群玉山房这种设在栈房里的外地书局采购处或采购员,在晚清时期的上海绝非少数,申城的书局为了争夺生意,专门派出人员到栈房中拉客,流弊所及甚至"多方笼络,妓院酒楼,马车烟馆,投其所好,以为交易之术。一或入其彀中,轻则亏拆资本,重则身败名裂"①。为了协调好申城书业与外埠采购同行之间的关系,上海书业公所还专门就书籍折扣、银洋结算等问题,制定过若干规章制度。

外埠文化机构赴沪采购,最为典型的例子,莫过于奉天图书馆。光绪三十四年(1908)三月十七日,《申报》载"奉天图书馆总理陈炳焕敬告沪上书业诸君子大鉴"启事:

> 本馆奉前将军赵、钦帅徐、抚宪唐、提学使张命令,为辅助教育、广开民智起见,组建图书馆于奉天大南门内西式楼房数十椽,刻已竣工,约四月间即可择时开办。炳焕不学无状,谬承总理馆事,去□回南,专购江浙湘鄂图书。昨来沪上,即蒙文明书局、商务印书馆、无锡译书公会、小说林、宏文馆、广智书局、普及书局、科学仪器馆、文盛书局、集成图书公司、中国图书公司、先后惠赠出版图书及仪器各一份,又蒙有正书局惠赠石印名人碑帖九十六种,属为本馆陈列品。拜领之余,殊深感谢沪上各大书肆主人热心教育,如有表同情者,即乞检送自行出版新书各一份,暂作样本,俾得略事浏览,酌情选购,如愿作陈列品者,收领后即登报申谢。不愿者,乞于送书时声明,以便如数奉还,或照付书价。再本馆另辟图书发卖所,凡有裨学业图籍,均拟购运,竭力提倡平价发卖,为学界谋便利,为书业谋交通,区区私愿,如蒙赞成,即于三月十八日以前,惠临二洋泾桥长春栈三十六号,面商一切,或与棋盘街中国图书公司唐孜权君接洽。专此布闻,敬颂发达。

四月二日,《申报》再次登载陈炳焕的感谢启事,开列沪上各书局赠书种数如下:文明书局168种、商务印书馆340种、广

---

① 光绪十六年(1890)六月十八日《申报》所载书坊告白。

智书局147种、科学仪器馆书8种、普及书局45种、有正书局碑帖96种、集成图书公司94种、无锡译书公会25种、小说林93种、宏文馆9种、文盛书局14种、彪蒙书室68种、松江益智社44种、群学社11种、兰陵社12种、时中书局52种、会文学社49种、新学会社59种、月月小说社1种、昌明公司70种、沈君叔达1种、宋君镜澄百科全书1种、世界社6种、鸿文书局13种、美生书馆10种、严君贻庭1种、商学公会1种、南洋官书局88种、预备立宪公会4种、江苏教育总会1种、科学普及社5种、中华学社3种、通学报社5种、夏君琅云2种、均益图书公司23种、群益书社10种、江左书林10种、汪君仲良1种、澄衷学堂9种、邮传部高等实业学堂27种、明强书局1种、中国图书公司45种,共计1672种。

在短短半个月时间中,奉天图书馆竟获赠免费图书1672种,自当心满意足;而上海各书局,不仅为国家的文化事业建设奉献了爱心,同时,也借此在东三省为自己做了免费广告,可谓名利双收,堪称是一则双赢的书林佳话。

4. 推出函购服务,以广流通

书籍函购业务,是伴随着近代交通、运输、邮政事业的发展而逐步兴盛起来的。晚清时期的上海,河、海、陆交通洵称便利,信局、邮局、商栈林立,这为书局开展函售业务,提供了物质保证。商务印书馆、改良小说社、鸿文书局等书局,均在其书刊广告中列有"外埠函购,原班回件"之类的承诺。《东方杂志》第六年第四期(1909年3月25日出版)载《商务印书馆通信购书章程》,具体介绍了该馆书籍函购业务的细则:

> 本馆总发行所设在上海,各省分馆现已设有一十八处,贩卖所数百处,以便采购。惟我邦幅员广大,势难遍及。兹定通信购书章程,条列如下:

一 采购图书者,务将名目及书价、寄费径寄本馆,得信后立即照信配齐,原局寄奉,断不致误。

一 图书概照定价核算,若为数较多,可酌量折扣,临时函商定夺。

一 寄递款项,或由信局兑寄现银,或由邮局购买汇票,均随尊便。惟必须挂号,或取收据,以免遗失,其兑费、汇费,由购书人自理。

一 欲托本馆选择图书者,可将种类、部数及用书者之程度,详函见示,本馆当代为慎选,以副雅意。

一 僻远之地,信局、邮局不能汇兑款项者,其书价及寄费,可用邮票代之,办法如下:(甲)邮票以一角二角者为限,如有零数,可将一二分者合足,三角以上者不收。(乙)邮票抵实洋,以九折计算,如寄邮票一元,仅能购书九角(因本馆将邮票售出时,均须折扣,故以九折计算,以少赔累)。(丙)邮票有污损及不能揭开者不收,寄时务须用原来蜡纸分别衬隔,俾免胶液粘着,致难揭开。(丁)不收之邮票,当即寄还原主,其邮费即由所寄邮票中取用。

一 书籍寄费,邮局、信局各自不同,本馆特定折中,办法如下:(甲)寄费照书价加一成,如购书一元者,应加寄费一角。(乙)邮局寄费至少须五分。(丙)信局寄费至少须一角。(丁)此项寄费如本馆用剩有余,是当照数寄还,以昭信实。

一 欲得本馆书目者,请专函示知,当即寄奉。

透过此章程可知:当时函购的费用,包括书价与寄费两块,书价"概照定价核算,若为数较多,可酌量折扣,临时函商定夺";而寄费则"邮局、信局各自不同",商务印书馆的标准是收取书价的一成,即10%,但最低信局不低于五分,邮局不低于一角。那么,商务的收费标准在当时是否具有代表性呢?

光绪三十年(1904),清朝邮政部门曾颁布过重新修定的邮寄费用清单,其中专门列有"刷印物及书籍"一项,参见表4。不过,它是按照书籍的重量和投寄地区来确定资费的,计算颇为麻烦。所以,各书局通常与商务印书馆一样,采用按书价计算邮费的办法。至于收取的百分比,则多寡不一,譬如改良小说社的广告称"外埠函购,原班回件,邮费加一成,远省倍之"①;鸿文书局出版的《最近绘图女界现形记》小说,定价五元,"外埠函购,邮费加二"②。当然,有时候,书局为了促销,也会特别免收函购的邮费,如1909年8月22日,鸿文书局在《申报》登载广告,列出《新野叟曝言》《新儿女英雄》《新官场现形记》等小说26种,声称"合购半价,另售七折,外埠邮费奉送,本月底截止";而沪上各书局推出的购书赠物、发送折价券等促销活动,函购者也能同等享受,唯所赠书籍的邮寄费,须购者自理。函售邮购,乃是晚清沪版书籍十分便捷的传播方式,特别是对于边远、内地的读者来说,更是至关重要,甚至是唯一的得书渠道。

---

① 1911年6月18日《申报》所载改良小说社小说广告。
② 1910年11月19日《申报》所载鸿文书局小说广告。

表4　晚清时期印刷品及书籍类邮资表(1904)

重量	中国境内						外洋各国			
	第一等口岸界即系轮船火车以通之处		第二等腹地界即系轮船火车未通之处		第三等口岸腹地互相来往之合资		第四等	第五等	第六等	第七等
	附近邮局指定之处	往来各局	每省本境	绕越他省	每省本境	绕越他省	香港澳门青岛	已入邮会各国	日本	未入邮会各国
每重三两	一分	一分	二分	四分	三分	六分	每重二两	每重二两	每重三两四分之三	每重二两
三两至八两	一分半	二分	四分	八分	六分	一角二				
八两至一磅	三分	四分	八分	一角六	一角二	二角四				
一磅至二磅	五分	八分	每重一磅							
二磅至四磅重至此止	一角	一角五	八分	一角六	一角二	二角四	二分	二分	二分	五分

本表资料来源:《总邮政司新定寄费清单》,《东方杂志》第1年(1904)第2期。

(原载《中华文史论丛》[上海]2003年总第73辑)

档案所见 1906 年上海地区的书局与书庄

光绪十二年(1886),经著名书坊扫叶山房执事朱槐庐等人倡导,依照苏州书业旧例,上海地区成立了首个书业同业组织——崇德公所,至光绪三十一年(1905),重组为"上海书业公所",会员以经营木刻及墨色石印业为主。公所对于协调各会员之间的利益、增强其行业竞争力,乃至推动整个申城出版事业的发展,均曾发挥过十分积极的意义。1906 年 3 月 21 日,上海书业公所在《申报》首版刊登了一则"紧要广告",云:

> 本公所接准商务总会来函,嘱将各同业牌号、经手人大名、台篆以及开设地址、门牌号数、有无德律风,详细查明,分别开单呈报总会,以便汇报商部察核,并由总会随时保护等因,为特登报广告。凡我同业各店,请照以上所开各节详细抄录,于每日午后两点钟后、四点钟前,送交英大马路泥城桥东首 52 号洋房本公所暂时办事处查收,以便汇报商务总会转详商部,俾得同受保护之利益。限三月十五日截止,届期不报,恕不再俟。

广告登出之后,申城的书局纷纷将有关材料送交公所,这些原始材料后被装订成册,保存于上海市档案馆,档号为 S313-1-76,卷宗名为《清朝书业公所同业挂号原函汇存簿》,共收录书局及书庄 119 家。本文即据原档整理而成,次序亦按原档排列,聊供晚清上海出版史及印刷史研究之用。

1. 理文轩书庄

光绪十八(1891)年设立,位于英租界山西路宇字1号,店东戎宾儒,字文彬,三十五岁,浙江慈溪人;经理刘春江。

2. 鼎新书局

光绪三十一年(1904)设立,位于英租界山东路85号,店东戎宾儒,经理梁海山。

3. 新民丛报社(支店)

位于福州路辰字585号,总经理冯岳超,号镜如,兼任广智书局名誉总理。

4. 源记书庄

位于西门外树兴里40号,店东程培明,江苏新阳人;经理平杏生,江苏吴县人。

5. 有益斋书庄

位于新衙后高寿里2弄。

6. 江左书林

位于英租界河南路457号,店东谢铉,号企之,江苏吴县人;执事徐兴镒,号鸿云,江苏丹徒人。

7. 久敬斋书庄

位于北京路通德里秋字241号,店东王翼亭。

8. 可寿斋书坊

位于四马路跑马厅343号石库门内,店东管斯骏,号秋初,江苏吴县人。

9. 育文书局

位于铁马路天后宫后恒庆里七浦路朝字34、35号,店东夏毓芝,江苏江都人;经理陈小湖,江都人。

10. 科学会编译部总发行所

位于四马路惠福里26号,代表人陈文,号桂生,福建连江人。

11. 美华宾记石印局

位于美租界武昌路2124号,局东杜鸣绥。

12. 文明书局

位于福州路辰字354号,经理俞仲还,江苏金匮人。

13. 环地福书局

位于北河南路丁字423号,店东赵金寿,江西安福人;执事徐渭,字惠甫,江苏丹徒人。

14. 新学界图书社

位于河南路元字529号,属股份制,执事徐渭,江苏丹徒人。

15. 商业图书部

位于梅白路何字73号,属合资,经理陈立炎。

16. 炼石斋石印书局

位于靶子路春暄里589号,经理李东生,宁波鄞县人。

17. 华兴石印书局

位于靶子路春暄里76号,经理张紫珍,浙江镇海人。

18. 锦章石印书局

位于宁波路仁美里果字2号,店东许鉴清,字锦明,上海人;副经理吴祥斋,江苏震泽人。

19. 纬文阁书局

位于四马路福州路辰字12、13号,店东邰善贞,经理俞誉汉。

20. 上洋鸿文兴记书局

位于英租界云南路恩庆里来字196号,局东凌培卿,浙江钱塘人。

21. 文宜书局

位于福州路辰字88号,店东程光裕,江苏新阳人;经理程□夜,新阳人。

22. 宏文阁

位于三马路西升里列字394号,店东、经理葛绳忠,号直卿,江苏吴县人。

23. 铸记书栈

位于牯岭路余庆里494号,店东阙念乔,江苏金匮人。

24. 申江著易堂书局

位于河南路523、524号,店东涂子巢,江宁府上元人,代表徐幼梅,苏州吴县人。

25. 鸿裁书庄

位于虹口铁马路同昌里3弄3号,店东潘汝镛,镇江府丹阳县人。

26. 广明书局

位于望平街黄字158号,由东湖王慕陶、浦溪奚桂生合股,总经理奚祥福,浦溪人。

27. 申昌书局

位于三马路汉口路18号,店东席裕福,经理张桂初。

28. 汇新书局

位于大马路南京路92号,属合资,经理贾渭川,浙江上虞人。

29. 上洋崇新春记书局

位于爱文义路卫字484号,属股份制,经理李逸卿,江苏江宁人。

30. 上洋词源阁书庄

店东康祝三,江苏江宁人;经理许元亮,江宁人。

31. 慰记书庄

位于新闸路三益里内肇庆里第1弄扬字269号,店东田慰麓,苏州吴县人。

32．兰陵社

位于三马路太平坊口372号,店东江绍墀,号趋丹,上海人;经理周耀辰,号翰臣,上海人。

33．永记书庄

位于贵州路冬字79号,店东姚永路,江苏江宁人;执事陈善康。

34．文瑞楼

位于九江路列字16号,店东浦锡龄,字鉴庭,常州金匮人;经理华畦焘,字心斋,金匮人。

35．鸿宝斋分局

位于河南路元字91号,局东何瑞堂,浙江定海人;经理乌仁甫,镇海人。

36．千顷堂

位于英租界九江路28、29号,属合资,经理鲍兴华,字德本,浙江镇海人。

37．新说林

位于福州路辰字114号,属合资,经理傅丰和,宁波人。

38．上海虹口顺成书局

位于铁马路钱业会馆背后海宁路鸣字1380号,局东招信庭,广东南海人;经理徐瑞芝,广东香山人。

39．上海鸿宝斋书局

位于梅白路何字647号,局东、经理何良栋,字瑞棠。

40．上海国文新泽书局

位于大东门外岁字592号,局东、经理吴仲山,浙江湖州人。

41．中西石印五彩书局

位于苏州河铁大桥下35号,局东魏天生,浙江人。

42．广益书局

位于河南路50号,属合资,局东为魏天生等人,经理魏炳荣。

43．上海会文学社总发行所

位于棋盘街南首元字37号,属合资,经理沈玉霖。

44．通时书局

位于派克路福海里褚字550号,由常州金匮人浦鉴庭、扬州江都人严丙钜合营。

45．逊记书庄

位于平桥路进仁里李字483号,经理李逊斋。

46．紫来阁节记书庄

位于中泥城桥文远里孙字127号,经理李节斋。

47．中新译印书局

位于派克路蒋字1718号,属合股,经理吴金龙,浙江余姚人;赵瑞和,宁波鄞县人。

48. 上海科学会社发行所

位于河南路元字495号,属合资,经理毛伯如,苏州长洲人。

49. 玉麟石印书局

位于伯顿路鸿安里臣字574号,经理龚镜湖,宁波鄞县人。

50. 上洋章福记书局

位于牯岭路德华里卫字536号,局东章宸荫,江苏阳湖人;副经理眭炳荣,江苏丹徒人;丁云亭,无锡人。

51. 广学会

主人为英、德、美三国人士。

52. 扫叶山房南北号

位于河南路407号,店东席孟则,上海青浦人;经理陈申甫,浙江秀水人。

53. 上洋日新书庄

位于四马路W第133号,店东蔡葆馥,经理乃其子蔡和郙,宁波鄞县人。

54. 上海周月记书局

创设于光绪十年(1883),位于东唐家弄中,局东周寿康,字仁卿,浙江嘉兴人;经理周长康,字霁山,嘉兴人。

55. 醉六堂书庄

店东吴鹤琴,湖州乌程人;经理江兰斋,乌程人。

56. 上洋慎记书局

位于山西路宇字第 169 号,店东李维之,丹徒人,经理夏育之,江都人。

57. 琳记书庄

位于伯顿路臣字 22 号,负责人王永礼,丹阳人。

58. 上洋观澜阁书局

位于大东门外里咸瓜街天字 68 号,店东殷清祥,号润生,元和人。

59. 上洋鸿文堂书庄

位于新北门内天主堂街口,店主朱永林,嘉兴人。

60. 公兴铅板书局

位于浙江路博经里第 24、26 号,属合股性质,总经理为赵荣熙。

61. 文新书局

位于派克路福海里 510 号,属合资经营,经理吴镛州。

62. 广百宋斋

位于北苏州路坐字 983 号,局东徐雨之,香山人,理事陈炳辉,休宁人。

63. 鸿美公司

属合股性质,经理邬锦庭。

64. 文成堂书庄

位于新闸路同昌里70号,店东殷庠生,苏州吴县人。

65. 文运书局

位于北泥城桥鸿兴里秋字881号,店东李经毓,吴县人。

66. 新世界小说社

位于棋盘街元字498号,属合资经营,经理凌佩青。

67. 灌文编译书社

位于酱园弄严字22号,属合资经营,经理凌仲莘。

68. 启明书局

位于小东门内四牌楼冈家弄,经理洪巧生,宁波慈溪人。

69. 韵记书庄

位于老北门内吴家弄,店东金韵笙,吴县人。

70. 藜光阁书庄

位于铁马路钱庄会馆西首文监师路戌字2001号,经理王安仰,宁波鄞县人。

71. 文池堂书坊

位于大东门外大街,店东朱掌泉,上海县人。

72. 文宝书局

位于西福海里,经理张竹堂。

73．南昌普益书局

位于四马路中 107 号,店东谢实光,江西南康人;经理汤少庭,江苏震泽人。

74．上海华亮记

位于美租界老唐家弄中垂字 76 号,店东华亮卿,40 岁,江苏常州金匮荡口镇人。

75．上海萃文斋

位于中旺弄积福里 372 号,店东阮云章,47 岁,江苏吴县人。

76．经香阁书庄

位于梅百克路何字 532 号,店东郜甘甫,安徽休宁人。

77．文海阁

位于山东路 58 号,经理袁志才,浙江仁和人。

78．启新书局

负责人黄补勤,江苏金匮人。

79．支那新书局

位于棋盘街河南路元字 31 号,店东、经理董宁葆,字玉书,宁波鄞县人。

80．古香阁

位于福州路辰字 90 号,店东袁春洲,浙江上虞人。

81. 文兴石印书局

位于吴淞路春椿里4号,负责人陈润生,宁波慈溪人。

82. 锦文堂

位于英租界福建路洪字78号,店东、经理李锦文,常州金匮人。

83. 上洋龙文书局

位于美租界武昌路广兴里,经理杜鸿高,余姚人。

84. 上海正记新学书局

位于北京路秋字1279号,店东宋鹤林,余姚人。

85. 中明书局

位于福州路辰字9号,店东陈云生。

86. 彪蒙书室

位于山东路黄字155号,店东、经理施锡轩。

87. 民任书社

位于北浙江路育字443号,光绪三十一年开设,店东、经理吴梼,字丹初,安徽徽州府休宁人,杭州府学生员。

88. 坤记书庄

位于英租界劳合路418号,店东杨九皋,松江府娄县人。

89. 文苑阁书庄

前设昼锦里,现移西门内,负责人陆锦云,苏州人。

90．吴桂记书庄

位于七浦路塘街弄吉顺里朝字790号,店东、经理吴桂芬,松江府金山人。

91．上洋玉叶山房鲸记书庄

位于北海路律字48号,店东陈鲸江,浙江嘉兴人。

92．洽记书庄

位于耗岭路余庆里卫字498号,负责人钱纪堂,浙江南浔人。

93．秀记书庄

位于派克路修德里676号,店东何秀夫,字瑞瀛,江苏上元人;代表张新钰,安徽含山县人。

94．镜海楼

位于九江路芹桂里玉字1号,店东郑启占,宁波慈溪人。

95．紫文阁书庄

东尚仁口343号,店东汪芝恒,安徽徽州绩溪人。

96．时新书局

位于小东门平安里内,经理人洪巧生,宁波慈溪人。

97．燮记书庄

位于新垃圾桥北留行里西首合泰南货店隔壁,经理成燮春,淮安府盐城人。

98. 藻文连记石印书局

位于东棋盘街 79 号,店东倪庆甫,绍兴府余姚人。书籍经理人倪献廷,副经理陈冠三,均为余姚人。

99. 文会书社

位于福州路辰字 10 号,店东傅子卿,浙江鄞县人。

100. 文明书局

位于棋盘街河南路 88、89 号,经理俞仲还。

101. 商务印书馆

位于棋盘街河南路 454 号,经理夏粹芳。

102. 新学会社

位于棋盘街河南路元字 79 号,经理庄景仲。

103. 点石斋

位于棋盘街河南路 515、516 号,经理席子佩。

104. 广智书局

位于棋盘街河南路 499 号,经理何澄一。

105. 科学会社

位于棋盘街河南路 495 号,经理毛伯如。

106. 群学会社

位于棋盘街河南路 101 号,经理沈继先。

107. 小说林社

位于棋盘街河南路513、514号,经理邹仲宽。

108. 中国教育机械馆

位于棋盘街河南路58、59号,经理包文信。

109. 会文堂

位于棋盘街河南路37、38号,经理沈玉林。

110. 东亚公司新书局

位于北河南路133号,经理张金城。

111. 通社

位于五马路弄内633号,经理应季审。

112. 开明书店

位于四马路辰字15号,经理夏颂莱。

113. 新智社

位于四马路25号,经理吴秋枰。

114. 有正书局

位于四马路83号,经理狄楚青。

115. 昌明公司

位于四马路惠福里30号,经理陆伯虹。

116. 时中书局

位于望平街 163 号,经理顾子安。

117. 启文社

位于望平街 156、157 号,经理楼卓儒。

118. 乐群书局

位于棋盘街 536 号,经理汪维甫。

119. 普及书局

位于三马路昼锦里宿字 30 号,经理陶甲三。

需要略作说明的是,上述档案所录,并未包括上海书业公会的全部成员。1905 年 8 月 5 日,《申报》载有一篇题为"书业签允不买卖美货"的报道,记录上海书业公会在四马路文明小学堂集会,商议抵制美国货之事,篇末云"兹将书业各号代表到会者列下",凡列书局、书庄 81 家,详细名单与上述档案所载互有出入,正可补其遗阙,今一并转录如左:

古香阁、文宜书局、广智书局、文明书局、商务印书馆、美华书馆、开明书店、申昌、点石斋恒记老局、点石斋恒记分局、校经山房、汉读楼、龙文书局、咏记书庄、江左书林、慰记书庄、文新书局、美记、义生、裕和、务本书庄、晏文威、新昌、崇新书局、新智社、启文社、嘉惠书林、鸿宾分局、鸿宾书局、祥记书庄、扫叶山房、新民支店、通州翰墨林书局、小说林、理文轩、管可寿斋、观澜阁、绿荫堂、时中书局、慎记、福记、会文社、经香阁、南扫叶山房、格致书室、千顷堂、日新书庄、扫叶北号、周月记局、兰陵社、美华鉴字、藻文局、纬文阁、通社、群学社、文海阁、久源庄、德记书庄、顺成书局、有正书局、同文书社、焕文书局、一新书局、同文升记、文宝书局、文会书局、飞鸿阁、山左书林、交通书局、文渊山房、支那新书局、美生书馆、宝善斋、醉六堂、六艺书局、新学会社、崇实书局、文成书局、点石斋合记、广明书局、新民书局。

(原载《档案与史学》2001 年第 6 期)

晚清上海五彩石印考

一、五彩石印技术考

据研究①,至迟在元代,中国就已发明彩印术,至元六年(1340)资福寺所刊朱墨两色《金刚经注解》,乃是目前所知最早的木刻套色印本。到明代末期,套印术获得长足发展,不仅所套色彩增至四色、五色,而且还出现了更为先进的"饾版""拱花"技术,印制出了一批十分精美的彩色书籍,其中有湖州凌闵两氏的套色印本、江宁吴发祥的《萝轩变古笺谱》及休宁胡正言的《十竹斋笺谱》等代表之作。其后,木刻彩印术流传不断,直至20世纪晚叶的荣宝斋、朵云轩,依旧在使用这一技术复制古代书画、笺谱。然而,必须要指出的是,由于木刻彩印具有工序复杂、技术难度大、成本高等诸多不足,其传播和普及受到极大限制,很难适应社会日益蓬勃的出版需求。晚清以降,随着西方现代印刷术的传入,一种操作较为简便、投资相对低廉的彩印技术——五彩石印术,遂开始传入我国。

五彩石印术传入我国的确切时间,今难详考,综合前人所述,主要有三种说法:①王念航《彩印业创建史话》云:"后有鸿文五彩书局,为西洋人所创设,华经理为邬金亭,有石印机一部

---

① 参顾廷龙、冀淑英《套印和彩色印刷的发明与发展》,《装订源流和补遗》,中国书籍出版社1993年版,第169页;张秀民《中国印刷史》第二章"明代"之"湖州套印""南京彩印"等节,上海人民出版社1989年版,第448、451页;马孟晶《文人雅趣与商业书坊——十竹斋书画谱和笺谱的刊印与胡正言的出版事业》,《新史学》1999年第10卷第3期。

专印彩色钱票等。又有中西五彩书局,备石印机二部,系购自同文书局,西洋制造,较旧制已有进步,创办者为魏允文、魏天生,时在一八八二年,专印钱票及月份牌等。"①②贺圣鼐《三十五年来中国之印刷术》谓:"当时上海无彩色石印,市上发行之彩色石印月份牌,悉由英商云锦公司以原画稿送至英国彩色石印局代为印刷。迨富文阁、藻文书局及宏文书局等出,上海乃有五彩石印。"②③范慕韩主编《中国印刷近代史初稿》第七章第二节"平版印刷工艺"则称:"1904年,上海文明书局聘请日本技师,始办彩色印刷。"③

就现有资料来看,贺氏之说,似较为可信。笔者查阅晚清时期的《申报》,找到了富文阁的开业广告,时在光绪十四年(1888)五月二十八日,题为"上海富文阁专印中西颜色仿单、图画、新样铅板、石印书籍谱法帖",广告提及岭南人卢海灵,曾远赴英国伦敦跟随"大书院啊山打先生"学习五彩石印技术,归国后在上海创办富文阁彩印书局,开业一年,即赢利一千三百余两白银。可惜不知何故,富文阁仅经营了两年多,就倒闭了。

富文阁时期的五彩石印品,"色彩无浅深之分,单调粗浊,所谓平色版而已"④。至光绪三十年(1904),两家较具经济实力

---

① 原载上海市彩印工业同业公会会刊《彩印工业》1951年创刊号,后经节录收入张静庐辑注《中国现代出版史料》丙编,中华书局1956年版,第449页。

② 原载商务印书馆1931年版《最近三十五年之中国教育》,后收入张静庐辑注《中国近代出版史料》初编,中华书局1957年版,第257页。因贺氏曾任商务印书馆印股总厂彩印职员,故其说颇为人所重,净雨《清代印刷史小纪》、张秀民《中国印刷史》等均沿用之。

③ 印刷工业出版社1995年版,第564页。

④ 贺圣鼐《三十五年来中国之印刷术》,张静庐辑注《中国近代出版史料》初编,中华书局1957年版,第257页。另外,贺文称商务印书馆聘用日本技师在光绪三十一年(1905),实误,《申报》光绪三十年五月二十一日登载商务印书馆广告"欲印五彩地图、银钱票、月份牌及照相铜版者鉴",云:"本馆现从日本东京聘到精致做五彩石印、照相铜版工师十余人,制出各件,极袤大雅嘉许,各省官商,如有欲做以上所件者,务请光临,无不价廉物美,以副雅意。"

的书局——文明书局和商务印书馆,斥资雇用日本五彩石印技师来华工作,上海地区的五彩石印技术始有明显提高,"色彩能分明暗,深淡各如其度","仿印山水花卉人物等古画,其设色能与原底无异"①。当时来华的日本技师著名者有和田满太郎、细川玄三、冈野、松冈、吉田、武松、村田、丰室等多人,他们不仅亲自动手制版,还带教了一批中国徒弟,上海彩印业资深职员徐志放,曾在《近代彩色平印制版的发展历程》中回忆道:"我师傅一辈,很多人都是日本人,如津金、渊上等的徒弟。"②

据贺圣鼐文,日本所传彩色石印制版方法,有所谓"光石"与"毛石"两种。光石法,可细分为二:"一为汽水纸(即转写纸)及特制墨料绘画然后落石;一为彩色制版,先用玻璃纸(即胶纸)按照底样,以一种尖钢笔从而描刻之,嗣即落石,再翻印红粉色纸多张,视底样若干色,于是将红粉色分落若干石,既落石后,再将各石各色之应深应浅、或浓或淡,亦按照底样描而点之,藉以表示一版之印色。深浅版成之后,即可依次套印完全彩色图画。"

毛石法,"则不用汽水纸,只用玻璃纸,其翻印、落石等法,与光石无甚分别;其所异者,不用钢笔描绘,而以一种油墨条从事绘画,即可应用,套成彩色图画";自十三岁便学习彩色制版的徐志放,对此亦有颇为详细的描述:"首先将约半毫米厚度全透明的胶膜薄片(时称玻璃纸),覆在画稿上用针尖对其轮廓用实线和虚线刻出,四周居中刻好十字规线,嵌入黑墨,粘上红粉,转印到印石上"③,再"用腊笔状的油条墨,在每块色版上,根据色量要求作涂布描绘,借助版面砂目,能反映出浓淡层次,替代网目的作用"④。

---

① 参见前注贺圣鼐《三十五年来中国之印刷术》。
② 《中国印刷史学术研讨会文集》,印刷工业出版社1996年版,第435页。
③ 参见前注贺圣鼐《三十五年来中国之印刷术》。
④ 参见前注徐志放《近代彩色平印制版的发展历程》。

五彩石印技术主要用于印制钱票、月份牌、各种质地的商品牌子(有棉、丝、纱、布等类)、仿单、舆图及书画等物,根据印制工艺的繁简,有所谓"大生活""小生活"之分①。这些印刷物,大多具有色彩鲜明、字画清楚等特点,因而深受欢迎。譬如商务印书馆印制的五彩地图《大清帝国全图》(价洋每幅四元)、《坤舆东西半球图》(价洋每幅三元五角)、申昌书局五彩石印年画《众神全图》(价洋每轴二元)等②,虽价格昂贵,却仍旺销海内。

五彩石印术在书籍印刷业中的作用并不很大,主要用于印制书籍的彩色插图,这类书籍以通俗小说、戏曲居多③。光绪十七年(1891),上海的文玉山房书局委托画印五彩有限公司,石印《五彩增图东周列国志》小说④,此书阿英先生曾有收藏,其《清末石印精图小说戏曲目》⑤载:

> 五色增图石印本,书名《五色增图列国志》,亦是蔡元放本翻印。刊印年代不详。据杨家源序,似为光绪十七年(1891)。图仿点石斋本,绘像四十八幅,每回插图二幅。图像每页印一种颜色,六色替换。文字页,间有加图案边另色印者。书签阴版绿印,美观别致。八册。曾见有壬辰(1892)五彩石印公司大本,图目一如此本,只是单色印,不

---

① "大生活"专功月份牌、日历底板、纺织品商标等,多数有人物之类;"小生活"专功香烟牌子、烟壳、小商标包装之类。参见徐志放《近代彩色平印制版的发展历程》。
② 分别见《申报》光绪三十一年(1905)七月十二日广告"商务印书馆新出五彩地图",同年十一月初一日申昌书局广告"新印五彩《众神全图》"。
③ 间或亦有古代典籍,譬如光绪十七年(1891)画印五彩公司就曾为文玉山房五彩石印绘图郝懿行注《山海经》,见光绪十七年五月二十八日《申报》广告"文玉山房各书出售"。
④ 光绪十七年六月初十日《申报》登载文玉山房广告"新出石印书"。
⑤ 《小说三谈》,上海古籍出版社1985年版,第126页。

知两书是否一家所刊也。亦八册。

光绪三十二年(1906),设于上海三洋泾桥的焕文书局,以五彩石印术印制了一批通俗小说戏曲,计有《五彩绘图梨花雪传奇白头新传奇合刻》(价洋五角)、《五彩绘图儿女英雄传正续》(价洋九角)、《五彩绘图列国志演义》(价洋一元六角)、《五彩绘图荡寇志》(价洋一元二角)、《五彩绘图西游记》(价洋一元)等多种。值得注意者,焕文书局在书刊广告末尾声称:"以上各书墨色绘图,价目不同"①,可见五彩绘图小说,其价格要高于普通石印小说。这里,不妨再举一个更为明确的例子,光绪三十年(1904)八月初二日、十月十三日,文宝五彩石印书局分别在《申报》登载书刊广告,前者列有石印大本《绘图廿四史演义》,六册价洋六角;后者则有《五彩绘图廿四史演义》,称"逐节绘图,以西法五彩石印,颜色鲜艳,图画精细","连图六大本,暂售工料洋九角",前后相对比,同一部小说,同样大本六册,但五彩印本要比墨印本贵出二分之一。

二、五彩石印书局考

关于五彩石印书局的资料,十分匮乏。笔者尝从《申报》广告文字中,考得14家,虽多为一鳞半爪,亦可借此略窥晚清上海五彩石印业之一斑。需要指出的是,下文所列13家五彩石印书局,并非纯以五彩石印为业,大多同时兼营普通石印业务;晚清时期上海经营五彩石印业务的书局,绝对远远超过此数,譬如点石斋、袖海山房、理文轩、文明书局、鸿文书局、崇文书局、世界译书局、商务印书馆等,均曾承印过五彩钱票、月份牌之类,只不过

---

① 见《申报》光绪三十二年四月初八日所载广告"上海三洋泾桥焕文书局新出五彩绘图各种闲书出售"。

由于它们的主要业务在墨色石印书籍方面,故未予列入。

(一) 富文阁

详见上文。

(二) 五彩画印有限公司

成立于光绪十六年(1890)六月,聘请范南、江南制造局之康尼书、造纸公司之曹子俊、禅臣洋行之陆敬南、天福洋行之袁承斋为"督办事务之人",聘请戴维德为"会办事务者",大律师威金为"管理交涉事务者",由谦和洋行经理日常事务,德华银行汇收银票,其他一切事宜皆仿香港公司所定之例。

这是一家规模较大的股份制公司,共集资本银五万两,具体开支分配如下:向富文阁卢海灵处盘顶石印机器设备,包括影相器具、石片、印架等物,需银一万三千两,盘顶合同由卢海灵、康尼书及戴维德三人签订于1890年8月1日;续添机器需银八千两;纸张、颜料需银四千两;聘请英国头等绘师雕匠需银五千两,包括船费银五百两、一年薪金四千五百两;地租造屋需银六千两;创始之时一切费用银四千两;开工资本银一万两,合计五万两整。此五万两银,分作两千股,每股计银二十五两,其中卢海灵愿在盘顶银内提出四千五百两,定购一百八十股,各董事签认五百二十股,剩下一千三百股则公开向社会招卖,购股方法为挂号时收银五两,派定股份时收银十两,至1890年12月1日再收银十两。卢海灵及前富文阁所用一切工人,仍留用于五彩画印公司,以资熟手,期限为五年。

公司设址虹口,定于1890年10月1日正式动工开印。董事会对公司的前景十分乐观,在光绪十六年六月十八日(1890年8月2日)《申报》的招股公告中,他们充满信心地声称:

窃思各项股份下本谋利,虽皆有利可图,究不如画印公司股份之确有可凭也……况本公司专印画彩片纸等件,即如月份牌一项,上海有如许之洋行,皆由本公司招揽独印,每年即可得息银若干两,加之各项牌纸以及一切彩画石印所必需之物,本公司皆能独擅其利,而本公司又有英国头等雕工画师,一切绘画等件,一经伊手,皆属惟妙惟肖,兼之卢海灵先生督率有方,尽善尽美。至于纸张之精洁,颜色之鲜明,皆是有目共赏也。况颜料等物,皆中国土产,其工本之轻重,较之英国不啻倍蓰,而本公司工本既轻,如有人欲托印各式物件,价亦从廉。照本公司之所作,各股友每年至少可得利息一分,另有花红可派。至于本公司督办、会办以及司事掌柜等人,均属诚实可靠,以期有利无弊,而附股亦可以安枕矣。

光绪十六年(1890)十一月廿四日、十七年(1891)三月十六日、十八年(1892)五月初十,五彩画印公司分别在《申报》刊载广告,称"本公司在沪开设有年,已蒙中外共赏","专印各种书籍、法帖、字画、地图、人物画镜,并代各行号定印货色牌子、仿单、图记、钱票,五色陆离,妙肖天然","上海五彩石印只有本公司一家,独运匠心,别出心裁,惟妙惟肖,尽善尽美,凡从前所未睹者";另有"各种外国纸料、信封等件"出售,赐顾者请至"英大马路泥城桥本公司帐房面议"云云,看来生意颇为兴旺。约在光绪二十年(1894),五彩画印公司歇业。

(三) 肇记五彩石印书局

成立于光绪二十一年(1895)四月,系在原五彩画印公司之基础上组建而成,局设铁马路广东花园西首。该年四月初二日《申报》广告云:"自五彩公司收拾以后,凡套印五彩事件,必须向外国辗转购办,价值既贵,友费水脚,殊不合算。是以本局不惜工本,重延向在外国专印五彩各种套印诸友,及卢君子明等,经理五彩各种套印,无论多至十余套,本局均能承印,颜色鲜明,真如天衣无缝。所有印出之五彩月份牌及各式精细钱票、仿单,均已共邀鉴赏。"

(四)中西五彩画印书局

成立于光绪二十一年(1895)五月,系在原五彩画印公司之基础上组建而成,王念航文谓创办者为魏允文、魏天生,局设英租界铁马路桥南二十五号门牌。该年五月初二日《申报》广告称:"本局不惜工本,挑选各种上好颜色洋墨以及各色纸料,聘请前五彩公司向做颜色套板石印各夥友,专做各省颜色套印钱票、月份牌、大幅舆图、湖丝棉花棉纱等各样仿单,以及代印各种经史子集、教会书等。前五彩所印各件,既早驰名,今本局主人悉心考校,务期精益求精,无论所印颜色套板、墨色,务使色色鲜明,字划清楚,是必有目共赏,其价比众格外克己,以广招徕,倘远路函寄均可。"光绪二十二年(1896)八月四日《申报》广告复云:"本局西人指受,悉心考校,精益求精,印价克己,以广招徕。如有走样、印坏,包退包换,定数之外如有多印,察出实据,照价加倍议罚,以昭信实。"

(五)藻文五彩石印书局

成立于光绪二十一年闰五月,总局设泥城桥北山家园内,分局设三马路上海公和洋行中,曾向英国定造头等石印五彩套色机器。该年六月十六日《申报》广告云:"专办五彩套印钞票、钱票、丝牌、纱牌、各色花样洋式牌子,并可代书、代画、代印书籍。"光绪二十三年(1897)五月初一《申报》广告称:"无论套色多寡,毫不走影,较之手摇机器,异样鲜明,格外精工。"藻文五彩石印书局曾将所有机器租借给上海的朱氏经营,后于光绪二十三年五月收回自理。二十四年(1898)冬,藻文再次添购五彩石印机器,生意扩增,渐在申城印业中赢得较佳声誉,以至被人假冒牟利,二十八年(1902)十二月一日,易主后的藻文连记五彩石印局,在《申报》登载广告称:"近有无耻之徒,假冒牌号,抖揽套色五彩,贵客恐未周知,特再声明。"由此亦可见出当时五彩石印业竞争之激烈。1911年,旧藻文重组为"藻文协记五彩刷印股份有限公司",它在8月19日《申报》登载广告称:"本公司自今庚正月起,承盘旧股机器、生财,添招新股,另行组织有限公司,增加'协记'两字,以清界限。所有上年底以前存该各款,悉归前公司收付,与协记不涉。兹因新股招足,订七月朔日起发给股单息折,附股诸君,届时持收据至沪北东棋盘街本公司,换取股单息折为盼。"

(六)顺成五彩石印书局

成立于光绪二十二年(1896)十月,账房设于上海钱业公所后壁及英租界大马路万福来吕宋票号内。该年十月十八《申报》广告云:"本局备办洁纸洋墨,遴聘旧日同文、精一照印、胶纸、落石各匠,用外国机器,不惜工本,专印五彩各种书籍、名家著述、字画法帖、钱票等件。"

(七)华英五彩石印书局

成立于光绪二十三年二月,局址为美租界白大桥一直把子路中新造石库门五百三十五号门牌,主人即晚清著名书局理文轩的店东戎文彬。该年二月二十三日《申报》广告云:"专代客印造各省各样五彩钱票、仿单、洋纱牌、棉花牌,并各种书籍、图画等件","本局机器自向外洋购来,纸墨佳妙,有目共赏。一应花边,更觉精细"。

(八)画盛五彩石印书局

成立于光绪二十四年(1898)二月,与上文华英五彩石印书局同属戎文彬。该年二月初一《申报》刊载两家联合广告,称

"专精石印五彩套色各件,机器向外洋运来,工作均请精明熟手","兹因精益求精,特聘专门套印洋师驻局经理,套色愈多愈鲜明,虽一图而饰十余色,丝毫不叠,界限不紊"。

(九)五彩地图印书会

成立于光绪二十五年(1899)二月,总经理亦为理文轩的戎文彬。该年二月十八日《申报》广告云:"雇洋师监理钱票、仿单、土牌、丝牌、纱牌、布牌,各色各样碑帖,墨光彩色,鲜艳出众。"

(十)东洋五彩印书会上海分会

成立于光绪二十七年(1901)二月,设四马路(今山西路)一号理文轩书庄内。该年二月十九日《申报》广告称:"本会向在日本东京创设五彩石印铜版书局,历有年来,不惜重资,用头等机器,拣选各色颜料,专造五彩铜版石印钱票,花纹极细,颜色新鲜,及造各种书籍,纸张细绵洁白,字迹鲜明,屡蒙客绅赐顾赞美,四远驰名。今分会设上海,仍用头等机器,照东京本会章程,不更价目,较上海各局从廉,更加工精物美。"

(十一)天章五彩石印局

成立于光绪二十七年二月,位于新马路昌寿里(一作"昌裔里")对门。该年七月二十六日《申报》广告云:"专印五彩描金纱牌、钱票、月份牌、仿单、碑帖、图画,以及善书、各种书籍","不惜工资,纸墨精良,套印五彩,拣用上等颜料,格外鲜明,永不变色"。

(十二)锦文五彩石印书局

成立于光绪二十七年六月,位于天后宫北首桃源坊总弄内。该年六月初五日《申报》广告云:"专办五彩石印全金图画、中西合历月份牌、各省套色书画、钱票、绵纱湖丝各样仿帖、洋法精细绘画地图,代印华洋各种书籍。本局开创伊始,事事力争上游,是以特延精工西法之机器印匠、绘图专家,加工精致,价值克己,至颜色鲜明,纸张精洁,洵为有目共赏。倘蒙绅商赐顾,请就近向后马路兴仁里口华聚玉铺内经手人面订。如有远处委办,函订亦可。惟先收定银三四成,约日寄奉,货多者专人送上,以免疏忽,往返川资,本局自备,以广招徕。惟定价划一,诚信无欺,特此告白。锦文书局、华聚玉记同记。"

(十三)文宝五彩石印书局

约成立于光绪二十七年(1901),王念航文谓经理为蒋竹塘,总局设于新闸新马路福海里。光绪二十九年十一月十九日(1904年1月6日)《申报》广告云:"本局自创始以来,所印各种书籍图画,类皆实事求是,誉满艺林,良以墨色既精,人工亦更加真,是以每出一种,无论自印、代印,皆能使人爱不释手,异口同声。兹因推广招徕,特延名画师及精于照相、落石各友,专办五彩各件。如贵客欲印五彩仿单、丝牌、纱牌、钱票、月份牌暨各种牌纸之类,均当精益求精,且价目格外从廉,以副盛意。现已将光绪三十年甲辰中西合璧五彩月份牌印送各宝号,渥荷交口推许,定印者户限几穿。此虽承各宝号之逾恒溢誉,然足见相赞之有真也。"光绪三十年(1904)八月,复在四马路中市望平街口开设分局。光绪三十一年(1905),文宝五彩石印书局频频在《申报》登载广告,之后渐从媒体淡出。

(十四)彩文五彩石印局

成立于光绪二十九年(1903)三月,设于四马路聚丰园东隔壁弄内。该年三月二十三日《申报》广告云:"本局自外洋运来头等五彩石印机器,聘请名师精印五彩套版,各省钱票、丝牌、纱牌、月份牌、仿单、图画,以及东洋棉纸,一切均可承办,其价格外克己。"

三、五彩石印同业组织考

早在光绪十二年(1886),经扫叶山房执事朱槐庐等人倡导,依照苏州书业旧例,上海地区成立了首个书业同业组织——崇德公所,至光绪三十一年(1905),重组为"上海书业公所",其成员基本上都以经营木刻、墨色石印业为主。光绪三十二年(1906),上海又成立了"书业商团",其成员则以经营铅印平装书为主①。这些组织,对于协调整个申城的出版业,特别是增强各成员书局在申城书业中的竞争力,产生过积极的作用。

然而,五彩石印业却始终未能成立自己的行业组织,直到民国四年(1915),在书业公所的支持下,上海才成立了第一个彩印同业组织,并订立"彩印同业规例",虽然此非专为五彩石印而设,但凡专营"彩色套印及日后兼营彩印业者,皆须遵守此项条例"②,因此,它实质上可以视为第一个五彩石印同业组织。规例前言声称:

> 吾书业中五彩印刷一部分,向无小团体之组合,以相联络而臻划一。兹由同人发起,并承公所诸君赞成斯举,表示同情,藉以组织彩印同行,互相联络。窃维东西各国,虽至微极贱之一业,莫不结成团体,出有专业报纸,或旬报,或月报,调查本业之旺衰,与夫学术技能之直接、间接可互换知识裨益于本业者,悉载诸报章,俾同业中人潜心研究,以故其业日有进步,瞬息千里。回顾吾国,同行必忌,同业必妒,甚有不顾成本,竟为害人害己之举,乌睹工业之能有进步,

---

① 参梁泮《上海书业公所与上海书业公会》,《出版史料》1983年12月第2辑,第7页。

② 原藏上海市档案馆,档号为 S313-1-41。

得与世界各国相见于二十世纪工业场中欤？兹同人等结合团体，第一目的滞涂忌妒二字，各顾成本，不为无意识之争夺，以其余力研究彩业印刷进步方法，不以劣等印刷迁就主顾。拟成规例，业经书业公所开特别会公决修正，兹将全稿印呈台览。

规例全稿共有十七条，内容集中在以下两大方面：其一，关于彩印业的价格。譬如第七条规定："普通彩色套印价目，公同议定最低之实价，计印额一千至二千者五元，三千至五千者四元五角，五千以上者四元，如文凭、股票、钱钞票、地图高等品不在此列；制版以十开为率，如一石内遇廿开以上，须加制版费洋五角，五十开以上加洋一元，余类推。"第八条规定："每石内只许印一种样子，如有多种搭印者，加画红粉，工以花样计算，价值面议。"第九条规定："印阴文空壳字、用初等料或高等料印金色并特别满版金地等，均面议。"第十条规定："月份牌用蜡纸双边，一千以上一角九分，二千以上一角六分，五千以上一角半，一万以上一角三分半。"第十一条规定："木造道林纸单边，一千以上一角六分，二千以上一角四分，五千以上一角二分，一万以上一角零五。"第十二条规定："切工四开每万五角，十开以上四角，廿开以上三角，五十开以上二角五分。"借此我们可以略窥当时彩印业的各种费用。

其二，关于同业公平竞争。譬如第十四条规定："主顾定货打样，往往有价已论定，复往各家试询，故意将价说少者，同业不察，每为其破坏行规。凡吾同业，均宜加意，务须互通声气，勿被所愚。"第十五条规定："凡遇向有交易之主顾，或因账款瓜葛改就他家者，吾同业先询明原因，并须账款清楚，方可承接。"

民国以后，随着彩色胶印业的迅速发展，五彩石印业逐渐萎缩，1927年，经国民党上海特别市党部商民部批准，成立"上海特别市商民协会彩印业分会",首批会员有燮记书局、中华印书馆、竞美印刷局、恒美印刷局等27家,其中五彩石印局所占的比例已很微小,仅有浙江陆占鳌的"大利五彩石印公司"、上虞胡志恒的"上海胡森记五彩石印局"、定海董陛高的"上海中西源记五彩石印书局"等数家而已①。可以说,五彩石印至此已经较好地完成了她的历史使命,即充当传统木版套色印刷与现代彩色胶印之间的过渡桥梁。

(原载《上海师范大学学报》2001年第1期)

---

① 参《本会(商民协会彩印业分会)召开成立大会向有关机关请示报批的文书》,藏上海市档案馆,档号 S103-1-1。

清末上海地区的书局与晚清小说

晚清小说研究,曾经是古代小说研究领域中一块较为寂寞的园地,虽然近十数年来,情况已有所改变,出现了诸如米列娜编《从传统到现代:世纪转折时期的中国小说》(1991)、袁进《中国小说的近代变革》(1992)、欧阳健《晚清小说史》(1997)、武润婷《中国近代小说演变史》(2000)、范伯群《中国近现代通俗文学史》(2000)、陈大康《中国近代小说编年》(2002)等学术专著,刊载于各类报纸杂志的晚清小说论文,亦难以确数,无论是对具体作家、作品的考辨,还是对小说观念演进的阐述,均较前获得了长足的发展。但是,现有研究大多侧重于作家作品和小说理论观念两块,而甚少从物质技术因素层面,对晚清小说的撰译、刊载、印刷、销售等环节进行考察。近几年来,讨论晚清小说与报纸杂志之间关系的论文,亦时有发表,但多数因未作深入调查而流于空泛,至于讨论晚清小说与书局之间关系的论著,则仍颇难获见。

事实上,在晚清小说史的演进过程中,物质技术因素,曾经发挥了十分重要的作用。根据统计,从1906年至1911年的六年时间,乃是晚清小说最为活跃的阶段,期间数以百计的书局,全面参与了小说从征求、编辑、撰译,到刊载、印刷、传播等各个环节的工作。可以说,如果没有书局的积极推动和参与,而仅仅依靠文学观念的转变,晚清小说是无法获得现有之繁盛局面的。

当然,古代小说与物质技术之间的关系,并非始于晚清小说,早在明清章回小说身上,就已有所体现,但这种关系,在晚清小说的发展史中,尤显突出。而且,由于明清书坊的材料非常匮乏,章回小说的文本,又大多没有刊载有关出版情况的文字,因此,研究的难度极大。但晚清小说则不同,首先,晚清去今未远,关于印刷、出版史的原始档案与文献史料尚有存留;其次,也是最为重要者,大部分的晚清小说文本,均刊有版权页,保留着小说出版的具体细节;此外,在晚清时期出版的报纸杂志中,也刊载有大量的书局广告与书刊广告。总之,目前所能提供的史料,已足够支持书局与晚清小说演进关系史研究的展开。

这里即以晚清小说的重镇——上海地区为例,依据笔者所获第一手调查资料,分成三个方面,对书局①与晚清小说编撰、出版、传播诸环节之间的学术联系,试作论述。

一、书局与晚清小说的编撰

作为出版机构的书局,其对小说编撰环节的参与,主要体现为对小说作家和小说稿源的组织与调控。

(一)以书局为中心的晚清小说作家群的形成

晚清时期,受西方著作权法的影响,国内出版机构与作家个人的版权意识均大为提高,特别是面对日趋激烈的小说出版竞争,纷纷打出保护版权的旗帜,譬如小说林社、商务印书馆、月月小说社,均曾为其所出版、刊载的小说申请过版权保护,不仅警告其他书局不准转载、翻印,而且还郑重申明,即便是小说作者本人,也不能将作品的版权随意转让。与此同时,清政府于1906年颁布《大清印刷物专律》、1907年颁布《大清报律》,保护著作版权;上海书业公所也于1906年,进行了全市性的书底调

---

① 这里所谓"书局",包括出版社、印刷所、杂志社、报馆等出版机构。为方便论述,统以"书局"名之。

查登记,以明确各家书局的版权。在上述背景下,拥有一支稳定的作者队伍,对于一个书局的小说出版业务来说,显得十分重要。另一方面,随着稿酬制的推出与建立,那些依靠稿费度日的职业作家或半职业作家,也希望能够获得作品的出版保证。于是,以书局为中心的晚清小说群开始逐渐形成,其中尤以如下五个作家群体最为重要。

1. 以新小说社、广智书局、新民丛报社为中心的小说作家群

新小说社,1902年10月成立于日本的横滨,是《新小说》杂志的编辑、发行机构,负责人为赵毓林,实质主持者乃梁启超。广智书局,1901年11月成立于上海英租界南京路同乐里,名义上由华侨冯镜如全权负责,实际上由梁启超幕后主持;新民丛报社,1902年2月成立于横滨,冯紫珊为名义上的发行人,主编与总撰稿人仍是梁启超。这三者的关系,颇为特殊,它们既各自独立运作,又相互协同发展,共同构成一个有机联系的出版集团。

以其为中心的晚清小说作家主要有:新小说旗手梁启超、小说名家吴趼人与周桂笙、留日学生披发生与红溪生等人。上述作家登载于该集团所属刊物,或由其出版单行本的晚清小说主要有:梁启超的《新中国未来记》《世界末日记》《十五小豪杰》(与披发生合译),吴趼人的《痛史》《二十年目睹之怪现状》《恨海》《电术奇谈》《九命奇冤》等,周桂笙的《毒蛇圈》《地心旅行》等,披发生的《离魂病》,红溪生的《海底旅行》等。

2. 以月月小说社、乐群书局、群学社为中心的小说作家群

月月小说社,1906年9月创建于上海,是著名小说杂志《月月小说》的编辑发行机构,负责人为乐群书局的经理汪庆祺;乐群书局,始设于1906年2月,1907年,因汪庆祺染病,无力经

营,遂由群学社接盘,负责人为沈济宣。这样,月月小说社、乐群书局、群学社相互关联,形成一个出版集团。

以其为中心的晚清小说作家主要有:吴趼人与周桂笙、天笑与冷血、陈蝶仙与天僇生等。上述作家登载于该集团所属刊物,或由其出版单行本的晚清小说主要有:吴趼人的《两晋演义》《上海游骖录》《发财秘诀》《黑籍冤魂》《趼人十三种》等,周桂笙的《飞访木星》《妒妇谋夫案》《红痣案》《海底沉珠》《自由结婚》《新厂九种》等,包天笑的《铁窗红泪记》《千年后之世界》等,冷血的《女侦探》《爆烈弹》《杀人公司》《冷笑丛谭》(与天笑合著)等,陈蝶仙的《柳非烟》《新泪珠缘》,天僇生的《孤臣碧血记》《玉环外史》等。

3. 以小说林、小说林社为中心的小说作家群

小说林,1904年8月成立于上海,由曾朴、丁祖荫、徐念慈三人合办,创办伊始即以译印小说为己任。1907年2月,小说林又创办小说杂志《小说林》月刊,形成又一个小说出版中心。

活跃在小说林、小说林社周围的晚清小说作家主要有:曾朴、徐念慈、黄摩西、陈鸿璧、包天笑、奚若、吴步云等。上述作家登载于该集团所属刊物,或由其出版单行本的晚清小说主要有:黄摩西的《大复仇》(与奚若合译)、《哑旅行》《银山女王》(与包天笑合译)等,徐念慈的《新舞台》《黑行星》《新法螺先生谭》等,曾朴的《孽海花》,陈鸿璧的《苏格兰独立记》《电冠》《第一百十三案》等,包天笑的《秘密使者》《法螺先生谭》《法螺先生续谭》《一捻红》《身毒叛乱记》《碧血幕》等,奚若的《福尔摩斯再生案》(1—4)、《秘密海岛》《马丁休脱侦探案》(1—3)、《骷髅杯》《秘密隧道》等,吴步云的《一封信》《万里鸳》《女魔力》《彼得警长》等。

4. 以商务印书馆、绣像小说社、小说月报社为中心的小说作家群

商务印书馆,1897年2月创立于上海,乃近代中国最负盛名的出版机构,自1903年开始译印外国小说,至1908年完成"说部丛书"100种。1903年5月,商务印书馆创办《绣像小说》,主编为李伯元,共出72期,停刊于1906年4月。1910年8月,商务印书馆又创办月刊《小说月报》,截止1911年11月15日,共出正刊15期,增刊1期,主编为王蕴章。

活跃在商务印书馆及绣像小说社、小说月报社周围的晚清小说翻译家和作家,主要有林纾、吴梼、陈家麟、李伯元、王蕴章、许指严等。林纾与商务印书馆关系密切,据《林纾研究资料》所列目录,商务出版的林译小说总计有130种,阿英《晚清小说目》共著录商务出版的翻译小说186种,其中由林纾翻译的就多达60余种,约占三分之一。吴梼有《车中毒针》《寒桃记》《寒牡丹》《银钮碑》等,陈家麟(林纾的主要合译者之一,除下列作品外,尝与林合译小说50余种)有《白头少年》《博徒别传》《遮那德自伐八事》《露惜传》《血泊鸳鸯》等,李伯元有《文明小史》《活地狱》,王蕴章有《钻石案》《碧玉环》,许指严有《堕溷花》《三家村》等。

5. 以小说时报社、时报馆、有正书局为中心的小说作家群

小说时报社,1909年10月成立于上海,乃《小说时报》的编辑机构,由有正书局发行。1904年,狄楚青(葆贤)创办有正书局,同年又创设时报馆。狄氏本人十分喜爱新小说,所办刊物亦对小说情有独钟。《时报》及《小说时报》连载的小说,大多由有正书局出版单行本,小说林倒闭后,曾朴将所有的书籍以三千元抵押给了狄氏,因此,有正书局出版的晚清小说实不在少数。

围绕在此出版中心的晚清小说作家主要有:冷血、天笑、恽

铁樵、杨心一等人。上述作家登载于该集团所属刊物，或由其出版单行本的晚清小说主要有：冷血的《白云塔》《新蝶梦》《火里罪人》《土里罪人》《新西游记》等，天笑的《毒蛇牙》《滑稽旅行》《销金窟》《一缕麻》《秘密党魁》等，恽铁樵的《豆蔻葩》《波痕荑因》《奇怪之旅行》等，杨心一的《黑暗世界》《虚无党飞艇》《虚无党之女》《秘密党》等。

　　考察整个晚清小说史，可以清楚地发现：上述五大出版中心，即为刊载、出版晚清小说的主体机构，而围绕在此五个中心的作家，也就是晚清小说撰译的中坚力量。不仅如此，诸如梁启超、林纾、吴趼人、周桂笙等著名作家，他们对于出版机构的重要性，是超乎寻常的。譬如1903年初，梁启超应美洲保皇会之邀，游历美洲，至十月始回到日本，期间《新小说》的出版便陷于困顿，《新小说》第7号（1903年9月）载"新小说社紧要告白"云："本社数月以来，牵于事故，出版迟缓，深负读者诸君之盛意。顷总撰述饮冰室主人从美洲复返日本，稍料理杂事，即事著述。今先出本册，其余尚欠五册乃足第一年之数，当于明春三数月内赶紧出齐"，"以慰读者诸君之责望"云云，对梁氏归来的欣喜、鼓舞之情，洋溢于字里行间。月月小说社则聘吴趼人、周桂笙为总撰述和总译述，并将他们的照片刊载于《月月小说》第1号（1906年11月）之首，后又登载多则所谓的"紧要广告""特别广告"，声称"本社所聘总撰述南海吴趼人先生，总译述上海周桂笙先生，皆现今小说界、翻译界中上上人物，文名藉甚，卓然巨子。曩者日本横滨《新小说》报中所刊名著，大半皆出二君之手，阅者莫不欢迎。兹横滨《新小说》业已停刊，凡爱读佳小说者，闻之当亦为之怅怅然不乐也。继起而重振之，此其责，舍本社同人其谁与归"①，始终将吴、周两人作为该社的最大资本加以宣传，大量刊载他们的小说作品，并给予较为优厚的稿酬。上

---

① 《月月小说》第2号（1906年11月30日）"本社紧要广告"。

述小说名家与各出版中心构成了相辅相成、互利双赢的良性关系,共同促进了晚清小说的繁荣。

此外,晚清上海地区的书局,大多还设有专门的编译所,编译所中的工作人员称撰译员,其工作主要包括两部分:其一,编辑、润色社会来稿;其二,撰译包括小说在内的各类作品。由于撰译员已经领受了书局的薪水,因此,其作品刊载、出版之时,往往径署书局编译所的名称。譬如根据阿英《晚清小说目》的著录,从1903—1910年的8年时间中,商务印书馆共出版翻译小说186种,其中署名"商务印书馆编译所"的竟有90种,占据半壁江山。此外,小说林、新世界小说社、广智书局、小说进步社、改良小说社、时事报馆、集成图书公司等出版机构,均有数量不等的以书局编译所名义译印的小说。毫无疑问,这些默默无闻的撰译员,也是以书局为中心的晚清小说作家群的重要组成部分。

(二)书局的小说征文及其对晚清小说编撰的宏观调控

相对稳定的小说作家群,给书局的出版业务提供了基本保障。但是,仅仅依靠他们,仍然是不够的。书局必须不断获取更多作家的支持和更为丰富的稿源。举办临时的征文活动、实行长期的征稿制度,无疑是解决这一问题的良策。而更为重要的是,通过拟定具体的征文要求和征稿条件,书局还可对晚清小说的具体编撰,实施宏观调控,使之朝着符合自己利益的方向发展。

根据笔者的研究[①],上海地区时间较早的小说征文有两次,一次是光绪三年(1877)十月十七日,署名"寓沪远客"者在《申

---

① 参拙文《从〈申报〉所载三则小说征文启事看晚清小说观念的演进》,《明清小说研究》2001年第1期;《小说征文与晚清小说观念的演进》,《文学评论》2001年第6期。

报》登载广告"《有图求说》出售",称"兹有精细画图十幅,钉成一册,名曰《有图求说》","但图中之人名、地名以及事实,皆未深悉,尚祈海内才人,照图编成小说一部,约五万字";另一次是光绪二十一年五月初二(1895年5月25日),英国传教士傅兰雅在《申报》登载"求著时新小说启",称"今中华积弊最重大者,计有三端,一雅片,一时文,一缠足","兹欲请中华人士愿本国兴盛者,撰著新趣小说,合显此三事之大害,并祛各弊之妙法"云云。

虽然,晚清小说史研究者,大多对傅兰雅的小说征文评价甚高,甚至视之为"近代小说理论的起点"①。但是,从实际结果来看,两次征文活动均以失败而告终:第一次征文前后历时半年多,却只收到2篇征文,最后只得草草收场;傅兰雅的征文应者颇多,共收到作品162部,但均未合意,其命题立意、情节设计、语言风格,"仍不失淫词小说之故套",而与"时新小说",相差甚远。

1902年之后,伴随着小说社会、政治、文学地位的不断提升,晚清小说逐渐完成了其酝酿、发展阶段,开始迈入编撰、出版、流通的鼎盛时期,它迫切需要强有力的物质技术支持。而不无巧合的是,此时的上海出版业,恰好也在寻找着一个新的出版热点,这样,两者就很自然地走到了一起,撞击出无比璀璨的火花。书局对小说的出版热情空前高涨,各类报刊也竞相刊载小说,小说的社会需求量迅猛扩增。为了能够获得较为充足的稿源,书局频频推出不同要求的小说征文活动,譬如:

①新小说社在《新民丛报》第19号(1902)刊登"新小说社征文启";②商务印书馆在《申报》(1904)登载"上海商务印书馆征文"启事;③新世界小说社在《新世界小说社报》第2期(1906)登载"新世界小说社敬告著译新小说诸君";④月月小说

---

① 陈亚东《近代小说理论起点之我见》,《明清小说研究》1994年第1期。

社在《月月小说》创刊号(1906)、第 14 号(1908)、第 15 号(1908)、第 20 号(1908)登载过 4 次小说征文;⑤小说林社在《小说林》第 3 号(1907)登载"募集小说"启事;⑥改良小说社在《申报》(1909)登载"改良小说社征求小说广告";⑦图画日报馆在《图画日报》第 1 号(1909)登载"本馆征求小说"启事;⑧小说月报社在《小说月报》(1911)第 2 年第 1 号刊载《本社通告》。此八则小说征文,颇具研究的典型意义:从登载者的身份来看,第①、③、④、⑤、⑧则分别出自晚清最为重要的小说杂志社——新小说社、新世界小说社、月月小说社、小说林社与小说月报社,第②、⑥则出自出版小说最为积极的商务印书馆与改良小说社,第⑦则出自晚清著名的石印画报社——图画日报馆,基本上覆盖了刊载、出版晚清小说的重要机构;就征文的时间跨度而言,第①、②则处于晚清小说的发轫期,第③至第⑧则处于晚小说的鼎盛期,恰好显示着晚清小说兴起的全过程。

小说征文,对于晚清上海地区的书局来说,具有十分重要的意义,它既是书局为应对激烈的竞争而采取的筹稿措施,同时,也是书局参与、调控晚清小说编撰的重要手段:

1. 小说征文为书局提供了较为充足的稿源

上述八则书局的小说征文,均无时间限制,刊登之后亦多反响热烈,收效甚佳,为书局募得颇为丰富的稿源。小说家包天笑在《钏影楼回忆录》中写道:"小说林登报征求来的稿子,非常之多,长篇短篇,译本创作,文言白话,种种不一,都要从头至尾,一一看过,然后决定收受,那是很费工夫的事。还有一种送来的小说,他的情节、意旨、结构、描写都很好,而文笔不佳,词不达意,那也就有删改润色的必要了。"①现存晚清小说中,有不少作品,特别是翻译小说皆署名为"某某某译、某某某润",其中当有不

---

① 大华出版社(香港)1971 年出版,第 324 页。

少乃是应征作品。

征文效果最为明显者,当数改良小说社,该社1908年开办之后,曾宣称每月出版10种新小说,但因为缺乏稿源,自1909年3月下旬至5月中旬,新出小说仅1种。6月26日,该社在《申报》登载"改良小说社征求小说广告",声称"欲借他山之助,不得不为将伯之呼,尚希海内同志,交匦不逮,如蒙以大稿相让,不论文言白话,传奇盲词,或新译佳篇,改良旧作,凡与敝社宗旨不相背驰者,请邮寄上海麦家圈元记栈敝社总发行所,自当酬以相当之价值"云云。果然应者甚夥,截至1909年8月17日,在短短两个月不到的时间内,改良小说新出版《新水浒》《新三国》《新儿女英雄》等小说,竟达34种之多,掀起了该社小说出版的一个高潮。

2. 书局凭借小说征文,对晚清小说的编撰实施宏观调控

作为晚清小说的策划者、刷印者、发行者及销售者,书局充当着小说作家与小说读者之间的联系中介,它不仅深悉小说读者的口味嗜好,也掌握着小说消费市场的最新动向。因此,由书局推出的小说征文活动,往往会对晚清小说的编撰,产生一定的宏观调控作用,具体表现为:

(1)对晚清小说热点题材的引导。

晚清小说种类繁多,基本上均以题材为分类标准,有所谓历史小说、政治小说、科学小说、哲理小说、冒险小说、侦探小说、教育小说、写情小说、社会小说等等。据统计,清末民初的小说种类,多达二百余种[①]。毋庸赘言,列入书局小说征文启事的题材,即为当时最热门、最受读者喜爱和关注的小说题材。

根据上列八则征文启事,我们列出了1902—1908年的热门

---

① 于润琦《我国清末民初的短篇小说》,《清末民初小说书系》序言,中国文联出版公司1997年版。

小说题材:1902年,征求"提倡新学,开发国民"之小说;1904年,征求"教育""历史""社会""实业"小说;1906年,征求"科学""理想""哲理""教育"小说;1907年,征求"家庭""社会""教育""科学""理想""侦探""军事"小说;1908年,征求"历史""家庭""教育""军事""政治""写情""滑稽"小说。

显然,书局征文所倡导的晚清小说题材,显现出从严肃的救国、强国、教育题材,向消闲的家庭、写情、滑稽题材逐渐转移的趋势。小说史研究的结果证明,这一变化是真实存在的,民国前后兴起并迅速盛行的所谓"黑幕小说""鸳鸯蝴蝶派小说",无论是情节、主题,还是语言旨趣,均与晚清小说的初衷大为不同,《小说月报》第3卷第12号(1913)登载"特别广告",要求应征小说"情节择其最离奇而最有趣味者,材料则特别丰富,文字力求妩媚",将其与傅兰雅的"求著时新小说启"对读,我们可以清楚地感觉到晚清小说题材的某种"倒退",对此,书局无疑应当承担一定的责任,正是因为过度的商业化,导致它们推出的小说征文,无原则地迁就读者口味及消费市场,最终诱引着职业作家的创作,逐渐滑向"黑幕"与"鸳鸯蝴蝶"的狭隘泥潭。

(2)对晚清小说篇幅的调控。

晚清小说,通常首先在报刊连载,然后再出版单行本,这就必须对小说篇幅有一定的要求,因为如果篇幅过于长大,就会给刊物带来相当的版面压力,即便是直接付诸出版的小说,其篇幅也不宜过长,否则将给书局带来投资过大、出版周期过长等不利因素,减弱其在小说消费市场中的竞争能力。

那么,篇幅到底多长才算合适呢?我们来看书局的征文启事:新小说社要求"十数回以上"(1902),商务印书馆要求字数在2万以上(1904),月月小说社则推出了三个标准,或"长篇不得逾五万字,短篇不得逾五千字"(1907),或"每部以十二、十六回为率"(1908),或"每部十六回或二十回为合格"(1908),统而言之,其篇幅大致在10—20回之间浮动。这一数字,既然是由书局提出,自应是最适宜刊载出版的篇幅。验之实际出版的晚清小说,结果正相符合:阿英《晚清小说目》"创作之部"标明回数的作品共有 220 部,其中 8—20 回的小说共 136 种,约占总数的 62%,如果考虑到晚清小说往往分集出版的特点,那么,10—20 回小说所占的比例,无疑还会更高。

3. 关于晚清小说的译、著问题

晚清小说包括翻译小说和创作小说两大部分,其中翻译小说不仅数量极大,而且得风气之先,对创作小说产生过十分重要的影响。不过,创作小说何时取代翻译小说,成为晚清小说的主体,此问题迄无细致的讨论。

从上文列举的八则小说征文,第①至第⑥则,均标明译、著皆收,第⑦则(1909)明确声称"译本请勿见惠",第⑧则亦未提及翻译小说。这一情形表明:1909 年前后,翻译小说在晚清社会和小说读者心中的地位,发生了某种微妙的变化。我们对阿英《晚清小说目》的"翻译之部""创作之部"作了数量统计,结果为:

表 5 《晚清小说目》著录小说数量统计

年 作品数量	1903	1904	1905	1906	1907	1908	1909	1910
翻译之部	43	40	55	94	132	90	54	5
创作之部	27	20	17	50	62	60	96	45

显然,1909 年之前,翻译小说的数量始终遥遥领先,而自 1909 年始,创作小说跃居第一,1910 年两者的差距悬殊,创作小说从此牢牢确立了其在晚清小说中的主流地位。其实,这一转变,早在 1908 年,就已被若干目光敏锐的文人所觉察,譬如署名"世"的《小说风尚之进步以翻译说部为风气之先》(1908)曾预言:"翻译小说昔为尤多,自著小说今为尤盛。翻译者如前锋,自著者如后劲","吾敢信自今以往,译本小说之盛,后必不如

前;著作小说之盛,将来必逾往者"①。果然,仅过了一年,他的预言就变成了现实。

此外,书局小说征文所涉及的小说语言、酬金设置等内容,还可为考察晚清小说的文学语言、白话文学史及近代稿酬制度的建立等学术问题,提供许多第一手的珍贵史料。前贤于此已多有论及②,兹不展述。

二、书局与晚清小说的出版

晚清时期,由于外国先进印刷机器、印刷技术及出版经营理念的传入,上海地区的书局,开始逐渐完成其近代化的转变。这种转变,首先表现为书局规模的扩大,涌现出诸如点石斋、同文书局、蜚英馆书局、鸿文书局、文明书局、小说林、乐群书局、集成图书公司、中国图书公司、商务印书馆等较为大型的出版机构,无论是投资金额、硬件设备,还是员工人数、出版能力等项指标,均与明清书坊不可同日而语。

其次,也是最为重要的,书局的功能开始分化,形成编译、印刷、发行三足鼎立的出版格局。一个稍具规模的书局,通常设有编译所、印刷所、发行所三个相对独立又协同运转的分支机构,或者至少设有其中的两个机构,譬如:商务印书馆在宝山路设有编译所与印刷所,在棋盘街设有发行所;小说林下设总编译所、活版部、小说林宏文馆合资公司;有正书局在望平街设立发行所,在威海卫路设立印刷所;鸿文书局在望平街设立发行所,在宁波路设立恒记印刷所;鸿宝斋在四马路设立发行所,在威海卫路设立印刷局;锦章图书馆在棋盘街设立发行所,在穿心街设立

---

① 收入陈平原、夏晓虹编《二十世纪中国小说理论资料》(第一卷),北京大学出版社1997年版,第321—322页。
② 参谭彼岸《晚清的白话文运动》,湖北人民出版社1956年版;郭延礼《传媒、稿酬与近代作家的职业化》,《齐鲁学刊》1999年第6期。

总批发所,在打铁浜设立印刷局;著易堂在棋盘街设立发行所,在石皮弄设立印刷局。如此甚多,不一一赘举。

编译所、印刷所及发行所,其各自的职能划分得十分清楚。编译所负责书稿的编校、撰译;印刷所负责书稿的发排、印制;发行所负责书籍的销售、流通。也就是说,一部晚清小说,通常由一个书局或多个书局的编译所、印刷所及发行所协同工作,才能完成出版的整个过程。这种协作,不仅缩短了小说的出版周期,也极大地增强了整个行业的小说出版能力。此外,为了稳定小说出版业务,书局还纷纷采用出版小说丛书的形式,逐步推出、实施各自的小说出版计划。

(一) 书局印刷所与晚清小说的出版方式、出版周期及出版成本

从目前掌握的资料来看,晚清书局印刷所的小说印刷业务,主要包括以下两种情况:

1. 承印本局持有版权的小说

譬如商务印书馆的"说部丛书""袖珍小说""小本小说""欧美名家小说"共数百种,均由商务印刷所自己印刷;时报馆编辑的小说,亦均由时报馆活版部印刷;小说林成立之初,因自己未设印刷所,故其早期出版的小说(如《孽海花》等),多托日本东京的翔鸾社或上海的作新社印刷,但等到小说林活版部成立,该局拥有版权的小说,便多归自印。

2. 代印版权属于其他书局或作家个人的小说

从实际调查的材料来看,相当部分的书局印刷所,往往兼营上述两类业务。今以晚清时期较为活跃的作新社、鸿文书局、时中书局等为例,稍加考察。

作新社,1901年创办于上海,由湖北房县人戢元丞与日本

著名女教育家下田歌子合作开办,属中日合作的出版机构,其印刷设备、印刷技术,均较为先进。作新社自己印刷、出版有《苦学生》(1903)、《孟恪孙奇遇记》(1904)、《新党发财记》(1906)、《女子权》(1907)、《热血痕》(1907)、《东京梦》(1911)等小说;另曾为小说林印刷《孽海花》(第十一至二十回,1905),为文明书局印刷《忍不住》(1905)、为世界社印刷《旅顺双杰传》(1909)、为启名爱国报印刷《多宝龟》(1911)等。此外,它还承印了著名小说家冷血主编、开明书店总发行的《新新小说》杂志。

时中书局,成立于1903年之前,印刷所设在上海老北门内长庆里,发行所设于望平街,经理为顾字安。时中书局自己印刷、出版有《侦探谈》(1903)、《无人岛》(1906)、《金星风土记》(1911)等小说;另曾为均益图书公司印刷了《双灵魂》(1909),为愈愚书社印刷了《禽海石》(1909),为包天笑的秋星社印刷了《侠客谈》(1910)、《碧海情波记》(1910)等小说。

鸿文书局,创设于光绪八年(1882),局东为浙江钱塘人凌佩卿,最初是石印书局,较早即引进五彩石印技术①,后逐渐添加设备,兼营铅印、铜版。印刷所设于云南路恩庆里来字196号,发行所设于望平街。鸿文书局自己印刷、出版有《吞玉奴》(1906)、《大舞台》(1907)、《天足引》(1907)、《财色界之三蠹》(1909)、《么王文桂香》(1911)等小说;另曾为新世界小说社印刷《冷国复仇记》(1907)、《艮狱峰》(1906),为灌文书社印刷《刺客谈》(1906),为小说进步社印刷《马屁世界》(1911)等小说。

晚清小说印刷的时间周期,今虽无明确的文献记载,但透过小说文本的版权页,可以略窥一二。晚清小说版权页印刷时间的标法,一般分为三种情况:其一,仅标出版时间,不标发行时

---

① 参阅本书之《晚清上海五彩石印考》。

间;其二,兼标印刷时间与发行时间,但两者日期相同;其三,兼标印刷时间与发行时间,但存在间隔。我们对第三种情况,进行了统计,发现其间隔通常为一个月,如《宦海》20回,宣统元年(1909)九月付印,十月出版;《商界现形记》16回,宣统三年(1911)三月付印,四月发行;《医界镜》22回,光绪三十四年(1908)十一月出版,十二月发行。也就是说,晚清小说的印刷周期,一般为一个月左右。

当然,也有短于一个月者,如鸿文书局印刷的《艮狱峰》小说,版权页标"光绪三十二年十二月中旬印刷,光绪三十二年十二月下旬发行",一部16回的小说,印刷时间仅为10天;友文堂印刷的《女娲石》小说第二册(第九至十六回),版权页标"光绪三十一年二月五日印刷,光绪三十一年二月七日发行",一部8回的小说,印刷时间仅为2天。印刷周期最短的可能要算作新社印刷的《东京梦》小说,版权页标"宣统元年三月十五日付印,同年同月十六日发行",该小说共8回,约3万字,从印刷到发行,竟只隔一天。机器印刷的出版优势,于此尽显。

至于晚清小说的印刷成本,限于资料,尚难确切计算,不过,陆士谔的《新上海》小说第十三回称:"建立一所学堂,开办费大的总要几万金,小的也要几千几百,印刷一部小说,不过百几十块钱。小说优于学堂者,此其一。"或可资参考。

(二)晚清小说丛书与书局小说出版计划的实施

晚清小说丛书之编,首开先河者为商务印书馆的"说部丛书",此乃晚清时期持续时间最长、收书规模最大、社会影响最巨的一部小说丛书。"说部丛书"始编于1903年,告竣于1908年8月,《申报》1908年8月25日登载商务印书馆"'说部丛书'全部出售"广告,称:"本馆自癸卯年创行'说部丛书',至今五六年间成书十集,有文言,有白话,或译西文,或采东籍,凡侦探、言情、滑稽、冒险以及伦理、义侠、神怪、科学,无体不备,无奇不搜,欧美大家所作,近时名流所译,亦在见其中,诚说部之大观也。为书一百种,计一百二十八册,外装木箱,定二十八元。"

"说部丛书"的顺利推出,有力地促进了商务印书馆的小说出版业务,翻译小说借此声名大振,商务印书馆自亦获利匪浅。"说部丛书"中的小说,绝大部分均曾重版销售,有的甚至出至第六、第七版。1914年4月,该馆复将"说部丛书"100种结集再版,称为"说部丛书初集";1915年,出版"说部丛书二集"100种;1916—1920年,陆续推出"说部丛书三集"100种;1921—1925年,又推出"说部丛书四集"22种,前后共计出版小说324种,历时22年,堪称中国小说出版史上的一个壮举。而这四集"说部丛书",基本上就代表着商务印书馆翻译小说出版的主要成绩,也是商务的品牌产品,在社会上和读者中间产生了非常广泛的影响。

商务的成功,促使当时的其他书局亦纷纷效仿,一时间,晚清小说丛书风行出版界,其中较为重要的有作新社的"小说丛书"、有正书局的"时报馆小说丛书"、乐群小说社的"月月小说丛书"、小说林的"小说林""小说林军事小说""小本小说"、小说进步社的"说部丛书"、改良小说社的"说部丛书"、群学社的"说部丛书"等。这些小说丛书,辑印的晚清小说数量多达数百种,营造出了十分热烈的小说出版气氛。

事实上,通俗小说丛书的编印,明清时期便已有之,孙楷第《中国通俗小说书目》卷九"附录二",即列有《合刻天花藏七才子书》《怡园五种》《三公奇案》等12种明清通俗小说丛书。但是,明清章回小说丛书,均是对原已出版之小说的汇编合刻,该丛书的出版过程,并不催生新的小说作品,其影响也颇为有限。而晚清小说丛书,则迥然不同,列入丛书的作品,绝大部分均为该书局新出版的小说。换言之,丛书的策划,代表着书局一个小说出版计划的制定;丛书的出版推出,又意味着该出版计划的实施与完成。譬如商务印书馆自推出"说部丛书"之后,早期出版的翻译小说,几乎全都列入其中,1907年2月25日《申报》载"商务印书馆新出小说"广告,称:"本馆前辑'说部丛书',颇蒙学界欢迎,现当益求进步,精选英、法、美、俄、德、义文豪所著小说,已购到数十种,陆续译印,先此预告。"其后每出版数种,该馆便在《申报》或《东方杂志》等媒体刊载广告,读者只要知道了"说部丛书"的进展,也就等于了解了商务印书馆的翻译小说出版情形。

令人遗憾的是,晚清小说丛书的编辑出版,往往虎头蛇尾,抑或有头无尾。譬如小说林的"小本小说"丛书,预告称"都为十集,每集八种"①,合计80种,但从目前掌握的资料来看,它只出版了第一、二集及第三集的五种,共21种,只为原计划的四分之一强。其他书局的几种丛书,情况也大致相近,有的甚至连原计划有多少集多少种,也无从得知。这种出版的随意性,一方面反映了晚清小说撰译断续停缺的事实,另一方面也和书局的兴衰有关,譬如小说林"小本小说"丛书的残缺,其直接原因就是该社的倒闭。

三、书局与晚清小说的传播

对于书局来说,销售,乃是一部晚清小说的整个印行过程中最为关键的环节。编撰的水平再高,印刷的纸墨再佳,倘若销售出了问题,积压亏本,一切便都是枉然。因此,各个书局对小说的销售都予以高度重视,虽然从机构分工上,销售乃是发行所的主要工作,但事实上,整个书局均会为之出谋划策,尽心尽力。

---

① 《小说林》第2期(1907年3月)载"谨告最新发行小本小说之趣旨"云:"本社编著小说,荷蒙大雅不弃,风行一时。事迹之离奇,笔墨之简洁,久为识者推许。但舟车携带,时有以不便忠告本社者。爰择若干种,仿丛刊之例,都为十集,每集八种,订成洋装精本袖珍小册,大小一律,以供诸君酒后茶余、公暇课罢,作一消遣法,殆亦海内社会所欢迎焉。"

具体而言，为促进销售，书局不惜工本，进行小说的广告宣传；为适应消费者的不同需要，书局殚精竭虑，推出了连锁零售、预约定购、分期付款、同业批发、函售邮购等销售方式；为刺激销售，书局又花样百出，使出累计消费、分级赠礼、季节性削价、购书摸彩、发送折价券等促销手段。尽管书局为小说销售所付出的努力，大多基于商业利益的驱动，但客观上也促进了晚清小说的传播。

（一）林林总总的小说宣传广告

在晚清报纸杂志登载的全部广告之中，书刊，尤其是小说书刊的广告，占据了十分显著的地位。《新小说》《新新小说》《月月小说》《小说林》等小说专业杂志，固不待赘言，即便是《申报》《时报》等新闻报纸，除连载小说作品外，也曾连篇累牍地刊登小说广告。倘若再加上附录于小说文本前后的广告，整个晚清时期小说广告的总量，是极其惊人的。它们对于晚清小说繁荣局面的形成，产生了不可低估的作用。综观这一时期的小说广告，大致包括如下几种类型：

1. 发布小说出版信息的广告

这是晚清小说广告的主体部分。众所周知，晚清小说大多首先刊载于报纸杂志，然后再由书局出版单行本，为了拓展单行本的销路，书局有必要为它们推出专门的广告，譬如《新小说》第6号（1903年8月）载广智书局侦探小说《离魂病》广告称："是书连号译印于本报，大受阅者之欢迎。兹已完竣，特将版权售与上海广智书局，归其另印单行本出售。经已存案，翻印比究，即日出书，爱读者盍速购取。"《月月小说》第23号（1908年12月）载群学社《绘图后官场现形记甲编出版》广告，称此书"业经陆续登报，谅为阅者所欢迎。今甲编告竣，特倩名手按回绘画精图，印成单本，初版无多，请速购取"。

单行本小说的出版，需要做广告，而出版了初编（或甲编）、后又再版或续出二编、三编的小说,亦需借助广告推波助澜。在此类广告中,书局通常会以颇为夸张的语词,先渲染一下初版(或初编)的畅销情形,然后再推出再版(或二编)的介绍。譬如乐群书局在《月月小说》第 3 号(1906 年 12 月)登载"最新社会小说《胡宝玉》再版广告",称"初版三千部,未及二月即以告罄,亦可见此书之价值矣。刻下再版已出,定价五角";1910 年 11 月 5 日,《申报》登载改良小说社"醒世小说《绘图新上海》再版"广告,亦称初版"出版两个月,销罄四千部,而邮函旁午,索购纷繁,为新小说界空前之盛事。爰特赶速再版,以应爱读诸君"。当然,对于上述广告中的小说印数,研究者不宜坐实信之,它很有可能只是书局的夸大虚辞。

2. 公布小说出版书目的广告

晚清小说种类繁多,尤其是那些出版小说十分积极的书局,如商务印书馆、小说林、改良小说社等,其所刊小说数量较多,为能在出版界明确自己的版权,并昭告广大小说读者,他们时常不定期地登载本局的小说出版书目。譬如商务印书馆,就曾在《申报》《绣像小说》上,连续登载"说部丛书"的出版广告,每则广告实际上就是一份翻译小说出版目录;1911 年 2 月《东方杂志》登载"商务印书馆出版图书总目",其中有"说部丛书"100 种的目录和售价,有"袖珍小说"20 种的目录和售价,有"欧美名家小说"34 种的目录和售价,有"小本小说"20 种的目录和售价,还有其他未列入丛书的"各种小说"43 种的目录和售价,总数达 217 种,乃是截止于 1911 年商务印书馆出版的著译小说总目。此类小说出版书目广告,在当时起到了很好的宣传作用,至今则成为晚清小说出版研究、晚清书局研究的珍贵文献资料。

3. 报道小说促销活动的广告

为应对十分激烈的小说销售竞争,晚清上海地区的书局曾推出过许多小说促销活动,这些活动的推出,往往配以一定的广告宣传,譬如商务印书馆、点石斋、改良小说社、集成图书公司、均益图书公司等书局,均曾在《申报》登载过多则此类广告,详见下文。

(二)灵活多变的小说销售方式

1. 连锁零售

零售,是书局销售小说最基本、最简便的方式。不过,如果仅仅依靠一两处零售点的买卖,单位时间内小说的销量是十分有限的,这样,一部小说的销售周期就会拉长,而销售周期的拉长,又会直接影响到书局的经济效益。因此,建立一个较为庞大的销售网络,以扩大小说销量,实属势在必行。资料显示,上海地区书局建立销售网络的途径,主要有两条:其一,投资设立分局(店),可称之为建网,如商务印书馆在全国各地设立20余家分馆,经售其所出版的书籍;其二,委托其他书局代售,可称之为联网。譬如出版晚清小说十分积极的改良小说社,它虽然没有开设自己的分社,但在上海和外埠,共设立了28个经售处,这种由分售处联合而成的销售网络,其能量亦不容忽视。

当然,一家书局倘若在建网的基础上,再辅之以联网,其最终构成的销售网络,就大得惊人了:《东方杂志》第4年第1期(1907),开列有商务印书馆外埠书籍代售处的名录,计有230余家书局、报馆、图书馆、商栈,遍及海内外90多个地区,构筑成一个空前庞大的销售网络,无论是晚清小说,还是报纸杂志、教科书本,只要进入其中,就能流通全国,无远弗届,甚至可以远渡重洋,传播到日、美等国。

2. 预约定购

晚清小说的种数极多,特别是诸如商务印书馆、改良小说社等书局,每年出版的小说有数十种甚至近百种之多,自然不可能为每部小说均登载广告。为了吸引和稳定一批喜爱小说的读者，书局推出了预约定购的业务。譬如商务印书馆曾于《东方杂志》第5年第7期(1908)登载"商务印书馆豫定小说章程"，具体介绍了预定小说的细节："有豫定小说者，可先交洋银五元或十元，与本馆总发行所或各分馆，收到后给发收据一纸，嗣后有小说出版，每一种寄奉一部，以存款付尽书价之期为止"，"豫定小说，一律照定价七折计算，惟邮局信局寄费，概以实计"。从读者的角度看，预定小说，不仅可以方便地购得书局出版的每一种小说，还可在售价上享受折扣优惠；从书局的角度看，预定业务，不仅抓住了一批稳定的消费者，还可预收书款，转为流动资金，投入到新的小说出版之中。堪称互利互惠，各得其所。

1907年，杭州太平坊萃利公司出版陈蝶仙的著名小说《泪珠缘》全集时，就采用了预约销售的办法，《月月小说》第9号(1907)刊载"写情小说《泪珠缘》初二三四全集出版"广告，称："凡在八月底未出版以前预资订购者，减收半价，给发预约券，届期报告，凭券取书"，"出版后，概照定价发售，并无折扣"。此处，萃利公司对预约者"减收半价"，比商务印书馆的七折还要优惠，广告特别强调"出版后，概照定价发售，并无折扣"云云，可知无论是卖方还是买方，预约小说的吸引力都是令人心动的。

3. 分期付款

分期付款，主要适用于晚清小说丛书的销售。虽然，晚清小说单种的标价一般并不算太高，但小说丛书因包含的种数较多，故整套的售价亦甚可观，读者遽然购买，恐难承受。而分期付款，就可大大减轻读者的经济压力。譬如，1908年9月15日《申报》载商务印书馆"购阅《说部丛书》按月缴银办法"广告，分为甲乙两种方案，甲种全部二十九元，先交定洋五元，以后按月交四元，至六个月为止；乙种全部三十一元，先交定洋五元，以后按月交二元，至十三个月为止。通过此法，"阅者即日可得全书,置之案头,任意把玩,而每月省节数元,又不觉其费,或亦爱读小说者所乐与也"①。

4. 同业批发

在晚清小说书刊广告中,常有"如欲趸买,价格从廉"之类的套语,所谓"趸买",实即同业批发,包括申城同业批发与外埠同业批发两种。光绪二十二年(1896),上海崇德公所专门就此问题召开会议,商订出了不少具有地方保护色彩的行规:譬如"客帮无论远近,除本埠外石印、铅板一概不准兑换,亦不准将货冲帐。即使客帮在申印书,让其带还自售,亦不得寄销、代销";申城同业批发与外埠同业批发,享受的折扣优惠也不一样,"如有客帮现办,以及各路店家零趸批发,均归六折,其关税、水脚等费,贵客自理。本埠同行往来,统归五五折"②。不过,在实际的书籍交易中,各书局似并未严格遵守此项规定。1910年7月,自强轩出版了八宝王郎的小说《东厕牡丹》,于《申报》登载广告,称该书"内容丰富,洋装两本,定价五角,准六月望后出版,先购预约券者,照码八折,大宗批发另议"③云云,此"批发另议"一语,说明具体折扣是浮动的,可由买卖双方协商而定。

5. 函售邮购

书籍函购业务,是伴随着近代交通、运输、邮政事业的发展而逐步兴盛起来的。晚清时期的上海,河、海、陆交通洵称便利,信局、邮局、商栈林立,这为书局开展函售业务,提供了物质条件。商务印书馆、改良小说社、鸿文书局等书局,均在其小说广告中列有"外埠函购,原班回件"之类的承诺。《东方杂志》第6

---

① 《东方杂志》第5年第10期(1908)载商务印书馆"'说部丛书'按月缴银办法"。
② 崇德公所的会议记录,藏上海市档案馆,档号为S213-1-119。
③ 1910年7月18日《申报》所载"王著改良风化小说《东厕牡丹》"广告。

年第 4 期(1909 年 3 月 25 日)载《商务印书馆通信购书章程》,具体介绍了该馆书籍函购业务的细则,透过此章程可知:当时函购的费用,包括书价与寄费两块,书价"概照定价核算,若为数较多,可酌量折扣,临时函商定夺";而寄费则"邮局、信局各自不同"。商务印书馆的标准是收取书价的一成,即 10%,但最低信局不低于五分,邮局不低于一角;改良小说社的广告则称"外埠函购,原班回件,邮费加一成,远省倍之"①;鸿文书局出版的《最近绘图女界现形记》小说,定价五元,"外埠函购,邮费加二"②。当然,有时候书局为了促销,也会特别免收小说函购的邮费,如 1909 年 8 月 22 日鸿文书局在《申报》登载广告,列出《新野叟曝言》等小说 26 种,声称"合购半价,另售七折,外埠邮费奉送,本月底截止"。

(三)花样百出的小说促销手段

1. 累积消费,按级赠礼

此法旨在鼓励多买小说,在限定时间内,所购越多,获赠的礼品价值就越高,礼品通常是书籍或小说码洋。改良小说社最为惯用此法:1909 年 10 月 23 日《申报》载该社广告称:"自九月初一日起,凡向本社购书满现洋三角以上者,奉送《华英合璧通商要览》一本;满现洋五角以上者,奉送大号《华英合璧通商要览》一本;满现洋一元以上者,奉送大本《官商快览》一本,多则照数递加,或添送本社小说,任凭尊便。"1910 年 2 月 13 日《申报》载"改良小说社新年赠彩一月为限"广告:"兹特定于正月初一日起,凡购本社出版新小说满现洋一元以上者,奉赠大本本社小说码洋二角,多则照数递加。"

---

① 1911 年 6 月 18 日《申报》所载改良小说社小说广告。
② 1910 年 11 月 19 日《申报》所载鸿文书局小说广告。

2. 季节性削价

晚清小说的季节性削价,主要集中在空闲的春节和学生暑假两个时期。1909年2月2日《申报》登载商务印书馆"新年消闲之乐事"广告,称:"新年无事,天气严冬,于此之时,闭户围炉,手一编小说,以遣此闲暇之时光,亦人生之乐事也。本馆新出小说二十余种,情节离奇,文章美丽,兹将其内容,摘录如下,以备采择。"下列该馆新出小说《蛇女士传》《钟乳骷髅》《电影楼台》等20种。1911年7月19日《申报》登载点石斋书局"爱读小说诸君注意,特别廉价又有赠品"广告,称:"当此学堂暑假,莘莘学子,无不束装归里,以作此数十日之闲人。但是,出门一步,即火伞高张,汗如雨下,日长昼永,消遣殊难。惟借小说家言,奇奇怪怪之事,作炎天伏夏,茶余酒后之资,则既可增长见识,又可解愁破闷,消夏妙品,无过于此。兹本局为利便学界起见,特倡新例,自即日起至七月十五日为止,凡在暑假期内门庄来购者,一律照定价七折计算,满一元者,则任择码洋二角之小说一种,作为赠品,多则递加。邮局函购,一例照送"云云,后开列《九尾龟》《风流太史》《家庭现形记》等28种减价小说。

3. 购书摸彩

1908年9月9日《申报》载广智书局广告,称"自中秋节日起至九月三十日"内,"凡购本局出版书籍三角以上者,抽彩票一张","多买多抽","共设彩票一万张,每号之中均有彩物","头等彩物十八开金标一枚,值价百二十元;二等彩物留声机器一架,值价六十元;三等彩物外国洋琴一架,值价三十元;四等彩物千里镜一个,值价二十元"云云。书籍彩票在晚清时期的上海,颇有市场,直至民国仍未绝迹,其末流则堕落成为有名无实、欺骗读者的把戏。

4. 发送折价券

所谓"折价券",即打折的凭证,其发送时间,往往选择在书局开张或周年纪念等值得特别庆祝的日子,包含着相当浓厚的广告色彩。譬如:《月月小说》第3号(1906)载上海乐群书局"周年大纪念特别廉价广告",称"本月廿日为本局成立一周年之期,于即日起特别廉价一月,凡购书在一元以上者,照定价减一成,在三元以上者,减一成半,在五元以上者,减二成,并附赠购书折价券贰千张,凡持有此券于半年内至本局购书者,皆有特别之折扣,藉以酬答惠顾者之雅意,购者幸从速焉"。

综上所述,代表物质技术因素的书局,与晚清小说的文学演进之间,存在着十分密切的学术联系,这种联系,体现于每部小说从征求、编辑、撰译,到刊载、印刷、销售等诸多环节。书局确立版权意识,创办小说杂志,推出稿酬制度,借此凝聚作家,稳定业务,并使晚清小说的作者队伍,呈现出以书局为中心、群体分布的显著特征;书局通过发布征文启事,对晚清小说的题材、篇幅、著译、语言、趣味等文学面貌,进行宏观调控;书局功能的分化,编译所、印刷所、发行所等分支机构的建立,则使通俗小说的出版方式,改变了明清以来形成的一家书坊包办的传统,转由多家书局分工协作完成,这不仅大大拓展了书局的小说出版能力,同时也加快了小说的出版速度,进一步刺激了晚清小说的繁荣。此外,书局的近代经营理念,特别是广告意识的不断增强、销售方法的灵活多变以及促销手段的花样翻新,又使晚清小说获得了空前广泛和快捷的传播。

(原载《文学遗产》2004年第4期)

铅石印刷术与明清通俗小说的近代传播
——以上海(1874—1911)为考察中心

以铅石印刷术为核心的近代出版文化,与晚清新小说的演进之间,存有十分密切的学术联系①,晚清新小说从兴起(1902—1903)到繁荣(1906—1911),其间不过数年时间,其快速发展的动力,一方面源自文学观念及社会政治生活,另一方面依靠的正是物质技术因素的大力支持,两者任阙其一,都很难在短时间内获得如此繁盛之势。不过,需要特别指出的是,晚清新小说仅是清代后期白话小说的一个组成部分,其另一部分则是数量可观的传统明清通俗小说,它们同样面临着文本传播技术的更新换代。那么,铅石印刷术的使用与普及,究竟对明清通俗小说的近代传播,产生了何种影响与作用? 迄今仍乏专论。兹以上海地区(1874—1911)为考察中心,在搜集原始文献的基础上,择取"翻印""续书"及"图像"三个角度,对此略加探讨。

一、铅石印刷术与明清通俗小说的翻印

同治十三年(1874)九月,申报馆出版《儒林外史》,这部采用新式铅字排印的小说,"校勘精工,摆刷细致,实为妙品"②,与

---

① 参阅本书之《清末上海地区的书局与晚清小说》。
② 同治十三年九月二十七日,《申报》登载"新印《儒林外史》出售"广告。

传统木刻本迥异其趣,故甚受读者欢迎,初版千部"曾不浃旬而便即销罄"①,六个月后即重印1500部。根据申报馆公布的铅印书籍成本测算②:《儒林外史》全书总字数约33万,初版1000部,每部印制成本约0.3元,第二次印刷1500部,每部成本则降为0.27元;而据广告所载,第一版及第二版的售价均为0.5元,因此,倘若申报馆以实价全部售出的话,那么仅仅出版《儒林外史》小说,报馆就能获得毛利近550元,可谓丰厚至极。《儒林外史》的成功出版,不仅刺激了申报馆铅印明清通俗小说的业务,自同治十三年(1874)至光绪九年(1883)的10年间,该馆铅印出版的明清通俗小说凡22种;也引发了其他书局的效仿,譬如光绪三年(1877)机器印书局铅印《于少保萃忠传》、光绪十三年(1887)广百斋铅印《精订纲鉴廿四史通俗演义》等。

  光绪四年(1878),申报馆"从外洋购取照印字画新式机器一付",创办点石斋石印书局,再次引领申城出版业的新潮流。开创伊始,点石斋所印多为书画碑帖及字典等类,其石印出版的首部通俗小说为《三国演义》,光绪八年(1882)十一月四日《申报》登载"石印《三国演义全图》出售"广告,声称:"本斋现出钜资购得善本,复请工书者照誊,校雠数过,然后用石印照相法印出。故是书格外清晰,一无讹字。为图凡二百有四十,分列于每回之首,其原图四十,仍列卷端,工致绝伦,不特为阅者消闲,兼可为画家取法。"值得指出的是,当点石斋石印出版《三国演义》之时,申报馆铅印出版的明清通俗小说已达17种之多。就出版

---

① 光绪元年(1875)四月十七日,《申报》登载"《儒林外史》出售"广告。
② 光绪二年(1876)正月二十七日,《申报》登载"代印书籍"广告,明确标出了该馆铅印书籍的大致成本:"本馆承办代印各书,其价格格外公道,凡诸君有自著佳构或欲排印,则有至便且捷之法也。计印中国常式书一本约四万字者,照新出《平浙记略》式样,连纸连刷五百本之数,只取工料银二十五元,若再加五百本,亦只须增加十二元五角。所需时日,每一本书约三四日便可完工,兼本馆铅字现已尽换一新,故此后出书愈觉清爽,非木板可比。务祈诸君审之。"

时间而言,通俗小说的石印本显然要晚于铅印本;但石印术的"缩印"及"照图"功能,却使其超越了铅印术的技术优势,后来居上,迅速成为当时翻印明清通俗小说的主要方式。申报馆与点石斋,分别出版了时间最早的明清通俗小说铅印本及石印本,正式拉开了近代书局翻印明清通俗小说的序幕。

根据文献资料,笔者将清代后期通俗小说的翻印史,划分为三个时期。自同治十三年(1874)至光绪十六年(1890)为初兴发展期,其间采用铅石印刷术翻印明清通俗小说的书局,主要有申报馆、机器印书局、广百宋斋、点石斋、同文书局、蜚英馆、鸿文书局、大同书局、鸿宝斋、萃珍书屋、文澜书局等十数家,翻印通俗小说约35部、54种版本(不计同一书局的重版),其中铅印本38种、石印本14种、铜版本2种[①]。通俗小说虽已经纳入近代书局的出版范围,却尚未成为书局出版的热点,其数量占各书局出版图书总数的比例甚低,譬如《同文书局石印书目》(1884)收录该局出版的图书凡54种,而此时同文书局石印出版的通俗小说仅2种,约占总数的3.6%;即便是出版通俗小说最积极的申报馆,截至光绪五年(1879)五月,该馆共出版通俗小说11种,而《申报馆书目》(1877)、《申报馆书目续集》(1879)载录该馆出版物总数为120种,通俗小说也仅占9.2%。不过,活跃于该时期的近代书局,其创办者或为西人(如英商美查),或为民族资本家(如同文书局的徐润等),或为报馆文人(如机器印书局的沈饱山等),相对拥有较为充足的资金、设备或文化资源;而上海地区各书局的图书出版总量,尚未达到当时市场需求的饱和状态,故彼此之间的商业竞争,亦未进入白热化或恶性阶段,凡此种种,都为通俗小说的翻印提供了较为良好的内外部环境。

---

① 统计数字的资料来源为:上海图书馆、国家图书馆、北京大学图书馆及上海师范大学图书馆馆藏小说,《申报》该时期内登载的通俗小说出版广告、王清原等编《小说书坊录》(2002修订版)等。详细统计表格,参拙稿《近代书局与白话小说》上编第一章第二节(未刊),下文亦同。

因此，该时期出版的铅石印通俗小说，大多具有开本宽大、纸墨精良、校勘认真、图像精美等优点，代表着晚清铅石印小说的最高水平，阿英《清末石印精图小说戏曲目》所著录的精图小说，绝大部分出版于光绪十六年(1890)之前。

自光绪十七年(1891)至光绪二十四年(1898)为鼎盛期，据笔者不完全统计，此八年时间中，去其重复，上海地区共有62家书局采用铅印或石印技术，翻印通俗小说约280种(包括同一小说的不同书局版本)。无论是书局的数量，还是翻印的通俗小说数量，均较前期有了大幅度增长。翻印的顶峰期，位于光绪十九年至二十二年(1893—1896)之间，此四年翻印的通俗小说合计213种，约占总数的76%；而280种通俗小说的近代翻印本中，石印本237种，约占总数的85%，铅印本43种，仅占总数的15%，可见石印术乃通俗小说翻印趋于鼎盛的决定性因素。其中，尤以上海书局、文宜书局、理文轩、图书集成局、珍艺书局等数家最为积极，上海书局翻印的明清通俗小说更高达88种，约占该时期翻印总量的近三分之一，实足惊人。此处，需要说明的是，笔者只是将光绪二十四年作为通俗小说翻印由盛转衰的标志①，而非翻印终断的年限。事实上，光绪二十四年之后，上海地区各书局仍在持续出版铅石印本通俗小说，然其翻印的数量与频率，与之前相比已有较大减退，进入笔者划分的第三个时期，即翻印的后续期。

---

① 之所以将光绪二十四年定为标志，理由如下：该年六月，光绪帝下诏废除八股，改试策论，各种时务新书成为出版业的新宠儿，包括文宜书局、理文轩等在内的近代书局，多将出版热点转移到此类科举新时文；光绪二十三年(1897)，上海书业公所进行全市书底汇查，申城出版界的版权保护意识开始萌动，这对通俗小说的翻印产生一定的制约；光绪二十四年八月二十二日，理文轩在《申报》登载"书底招人租印"启事，宣布拟将石印《七侠五义》、铅印《三侠传》《彭公案》等小说书底，出租给同业刷印，此举意味着通俗小说翻印的商业利润已经大为降低，整体上由鼎盛走向衰落。

（一）铅石印刷术的优势

铅石印技术的使用与普及，对传统木刻印刷业构成了巨大冲击，彻底改变了包括明清通俗小说在内的书籍出版方式，并迅速形成了其独特的出版优势，笔者将其概括为如下四个方面：

1. 技术优势

铅印术属于凸版印刷技术，即以铅字排成活版后刷印，所印之书字画清晰，棱角分明，字体触手如凸，立体感强，且不会出现木板书籍常见的断版、字体残缺及后印模糊等通病。同治末年至光绪初年，看惯了木版书的中国读者，对新兴的铅印书籍，充满新奇喜爱之情，申城甚至出现了"竞尚铅板，每值书出，无不争相购置"的现象，究其原因，乃在铅印书籍"校雠精详，字迹清晰，无过于此"[①]。而通俗小说铅印本与传统木刻本之间的质量反差，辄更为强烈。众所周知，通俗小说在明清时期向来不登大雅之堂，刻工每多粗糙，纸墨亦较粗劣，图书质量难如人意。因此，当申报馆、机器印书局、广百宋斋、图书集成局等书局，推出精美的铅印本小说后，其风靡沪上，热销一时，实不足为奇。仔细阅读诸家书局的小说出版广告，可以发现：批评木刻本的"漫漶不清"、强调铅印本的"字迹清朗，行列井然"[②]，乃其广告宣传的重点所在。

再来看石印术，它属于平版印刷技术[③]，晚清时期盛行中国的石印术，大多采用照相转写法，照相技术的介入，使得石印术

---

① 光绪七年（1881）二月一日，《申报》所载"精一阁书坊"告白。

② 光绪十七年（1891）二月十五日，《申报》登载图书集成局"新印《绘图三国演义》"广告；光绪十八年（1892）三月四日，《申报》登载广百宋斋"新印绘图《东西汉演义》"广告。

③ 参见范慕韩主编《中国印刷近代史》第七章第二节，印刷工业出版社1995年版；成都杨刚讲义《石版制版术》，石印传习所印行本，年代不详，寒斋藏。

具有两个得天独厚的优势:其一为缩印功能,即便是《殿板二十四史》《钦定古今图书集成》《资治通鉴》等大部古籍,也可在短期内缩印出版,数十回的明清通俗小说,更不在话下。通常的出版过程为:购觅某小说之木刻佳本作为底本,请工于书法者誊抄一遍,经校对修润,然后以照相石印法缩印出版,为确保缩印后字体仍然清晰,誊抄时需放大字体,抄成精美大本。当然,部分书局为降低成本牟利,也有将现成铅印本或石印本小说,直接盗版缩印。其二为图像照印功能,详见下文。

2. 图像优势

通俗小说文本中的图像,包括人物绣像及情节插图两类,其设由来已久,大多以木刻版画印制,偶有铜版刷印者。然因制作工艺及成本等因素,小说图像并未普及,其绘刻精美者更属寥寥。至晚清时期照相石印技术传入,图像印刷遂为唾手易事,点石斋曾在广告中描述了石印图像的大致过程及出版优势:"先取古今名家法书楹联琴条等,用照相法照于石上,然后以墨水印入各笺,视之与濡毫染翰者无二","凡印字之波折,画之皴染,皆与原本不爽毫厘","但将原本一照于石,数千百本咄嗟立办,而浓淡深浅,着手成春,此固中华开辟以来第一巧法也"[①]。赖此一术,通俗小说的绣像与插图得以普及,各种标以"绣像""绘图"或"增像全图"的小说,层出不穷,甚至还出现了不少采用五彩石印技术印刷的彩图本,图像本成为明清通俗小说之近代传播的典型形态。

3. 速度优势

与传统木刻印刷相比,新兴铅石印术最为直观的技术优势,

---

① 光绪八年十二月八日(1883年1月16日),《申报》登载点石斋"楹联出售"广告。

当属印刷速度。早期的铅印书局(如墨海书馆)曾以耕牛为动力,每日可印"四万余纸"[1],后引进火力印书机,其速更快,譬如装备了多架火力印书机的图书集成局,每月可印书二百本[2];申报馆曾登载广告称"百页之书,约五日当可完工"[3],而其铅印《女才子》小说,"十日之间,便已竣事,且校对详细,装订整齐"[4]。由于使用了照相转写法,石印术的印刷速度与简便程度更胜于铅印,同文书局曾形容石印云:"不疾而速,化行若神,其照书如白日之过隙中,其印书如大风之发水上,原书无一毫之损,所印可万本之多,三日为期,诸务毕举,木刻迟缓,不足言矣。"[5]虽不无夸张色彩,却形象地道出了石印的技术优势。铅石印术的技术便利与速度优势,极大地扩增了书局的出版能量,譬如总册数多达 5020 本的《古今图书集成》,图书集成局仅用三年时间,就铅印出版了 1500 部;而同文书局竟然同时印《古今图书集成》《殿板二十四史》《殿本佩文韵府》等书,凡此种种,均是雕版印刷时代无法想象的壮举。如此巨大的出版能量,若用来出版多则百回、少则十数回的通俗小说,庶几有易如反掌之叹。

4. 价格优势

先来统计一下铅石印图书的出版成本。光绪六年(1880)三月八日,点石斋在《申报》登载"廉价石印家谱杂作等"广告,公布了石印书籍的各项费用:

---

[1] 参王韬《瀛壖杂志》卷六关于墨海书馆印书景象的描述,上海古籍出版社 1989 年版。

[2] 光绪十三年(1887)七月廿九日,图书集成局在《申报》登载"代印大部书籍"广告,称"每月代印二百本之多,如五百本、一千本原书,可二个月半、五个月完工"。

[3] 光绪二年(1876)四月十二日,《申报》登载该馆"招印书籍"广告。

[4] 光绪三年(1877)九月十四日,《申报》登载该馆"发售《女才子》告白"。

[5] 光绪九年(1883)五月廿三日,《申报》所载"上海同文书局石印书画图轴价目"广告。

> 今本斋另外新购一石印机器,可以代印各种书籍,价较从前加廉。今议定代印书籍等,以二百本为准,以每块石印连史纸半张起算,除重写抄写费不在其内,每百字洋二分半,每半张连史纸仅需洋一分,比如连史纸半张分四页,书内六十页,共石板十五块,印书二百本,共连史纸三千个半张,以每半张一分计,共洋三十元。如书内共三万字,除抄写价外,计洋七元五角,共书二百本,不连钉工,只须洋三十七元五角。倘自己刻木板,其费约四十五元,刷印及纸料尚不在内也。两相比较,实甚便宜,况石印之书比木板更觉可观乎。又如书页欲缩小加大,亦照半张连史纸核算。

据此测算,一部3万字的图书,若石印出版200本,不计底本抄写费及装订费,需洋37.5元,每万字的单册成本约为洋0.0625元;而木刻本的费用,每万字的单册成本为洋0.075元,若加上"刷印及纸料"价,则还要更高。光绪二年(1876)一月廿七日,申报馆在《申报》登载"代印书籍"广告,公布了该馆铅印书籍的成本,即一部4万字的图书,铅印出版500部,需洋25元,每万字的单册成本为洋0.0125元。很显然,铅石印书籍的印刷成本要低于木板,反映到书价上,铅石印本的售价均低于木刻本。譬如光绪七年(1881)毗陵汇珍楼出版木活字印本《野叟曝言》小说,每部二十册,白纸者售价为七元五角,竹纸者售价为六元,光绪八年(1882),瀛海词人出版铅印本,每部十册,售价仅一元,光绪九年(1883)初,申报馆亦推出铅印本,每部二十册,售价亦为一元;再如光绪五年(1879)四月二十五日,《申报》登载"《绣像三国演义》"销售广告,称此书乃据常熟顾氏小石山房木刻原板,以白纸重刷而成,售价为二元,而光绪八年点石斋出版石印《三国演义全图》,新增图像二百四十幅,每部订为八本,以锦套分装两函,售价仅一元四角。两相比较,铅石印本小说的售价较之木刻本,无疑更具有市场竞争力。事实上,上文所举申报馆铅印本及点石斋石印本小说,均属晚清铅石印本小说中的佼佼者,其售价已经偏高,至光绪十六年(1890)之后,近代书局翻印通俗小说进入鼎盛期,由于竞争的加剧,铅石印本小说的开本、纸墨及抄写校对诸项,均较前粗劣,其售价亦随之继续降低,平均每册不到一角;有时为了应付恶性竞争,售价更是低得惊人,譬如光绪二十年(1894),文宜书局为打压对手理文轩,曾将《大明奇侠前后传》小说八册的售价订为洋三角,每册竟不足四分,与木刻本的价格差距进一步拉大。

(二) 铅石印刷术的弊端

铅石印刷术对于明清通俗小说的近代传播来说,不啻是一面双刃剑,既有积极的推动作用,也产生了相当严重的负面影响。尤其是光绪十六年之后,小说出版市场供求关系失去平衡,商业竞争加剧,出版环境恶化,种种弊端开始显现,并最终导致通俗小说翻印陷于无序、失控状态。笔者将其中较具普遍性的弊端,概括为如下四个方面:

1. 盗版及重复出版

翻印明清通俗小说基本上不存在作者版权问题,所谓"盗版",是指侵犯书局的书底版权。一家规范的书局铅印或石印一部通俗小说,均须支付若干成本,其中底本费、校对费、纸墨费、刷印费及装订费等项,乃两者共同的开支;此外,铅印尚有铅字排版人工费,石印则有底本重抄人工费、照相转写费等项。由于上述成本的支出,书局便拥有了该小说的书底版权。然而,为牟取更大的利润,部分书局企图减少或省去制作书底的成本,于是盗版生焉。就实际情况来看,以整书盗印及盗印图像两种形式最为多见。所谓"整书盗印",主要出现于石印业,即把其他书局出版的铅石印本小说作为底本,直接照相缩印,譬如点石斋于光绪十四年(1888)石印《绘图东周列国志》,其书"图说精美,墨色显明,为海内君子所许,不胫而走",至光绪十六年(1890),"有射利之徒,见利忘义,即用原书照印,以图鱼目混珠",为保护自己的利益,点石斋立即"将原底重校复印",并"特于绣像赞语后,每加小印一方,以为区别"①,然而点石斋推出的"重校复印"本,不久又遭盗印,光绪二十年(1894)八月,点石斋再次将小说原底重印,并且加印了新的防伪标记:"兹点石复印,书面加'光绪二十七年秋七月重印',另盖'双梧书屋鉴定'印章,末页盖'原图原书,翻印雷殛火焚'一戳,如无此二章记,即系赝鼎,赐顾者请详察"②。所谓"盗印图像",则专指盗印其他书局石印本小说中的绣像或插图。譬如上举点石斋石印本《绘图东周列国志》,就曾遭遇"铅板将原图石印混充"的情形。又如光绪十四年(1888)"邗江味潜斋"石印本《西游记》,二十幅绣像及二百幅插图,由著名画家吴友如及田子琳等人所绘,十分精美,此版本图像后亦被人盗印,光绪十九年(1893)焕文书局石印《绘图增批西游记》,书首二十幅绣像,即盗印味潜斋本,甚至连第二十幅"犼精"左下角"元和吴友如绘"的题署,亦未削去。

  至于重复出版,乃指不同的书局在短时间内重复翻印同一部通俗小说,这种情况在通俗小说翻印的顶峰期,表现得尤为严重。某部通俗小说出版后稍有销路,立刻便有数家书局重复出版,文宜书局、理文轩、古香阁、十万卷楼等书局之间的竞争已臻白热化,它们在《申报》上登载了大量小说出版广告,诸如《听月楼全传》《鼎盛万年清》《彭公案》《三公案》《白圭志》《绿牡丹全传》《永庆升平传》《欢喜冤家》等小说,被竞相重复出版,这不但造成了出版资源的巨大浪费,更进一步恶化了出版环境。光绪十六年九月初六日,《申报》登载无名氏"为业之难"启事,云:

---

  ① 光绪十六年闰二月廿三日,《申报》所载"原底重校复印《列国志》"广告。
  ② 光绪二十年八月二十日,《申报》所载点石斋"原底《绘图列国》出书并申明翻印"广告。

"斯业书者,石印以来货贱价微,而藏本印售则可获利,仆前有秘本数种,印售未久,外或翻板,或缩照,各局坊相继而起,未有规例,茫无究问。"显然,盗版及重复出版,已经对整个出版业构成了极大危害。

2. 改换书名,欺世取售

光绪二十二年(1896)二月廿九日,英华书局在《申报》登载"新出闲书《拍案惊奇记》"广告,云"石印畅行,新书叠出,大半此抄彼袭,更换名目",可谓一针见血地指出了当时通俗小说翻印的一大弊端,即改换小说题目,欺世取售。该弊端的形成原因盖有两个:其一,通俗小说翻印趋于鼎盛,竞争日益加剧,文本资源颇有枯竭之虑;其二,盗版及重复出版十分严重,为制造新奇效果,取悦读者,书局遂出此下策。申城随即涌现出一批貌似稀见的通俗小说,各书局在《申报》登载的出版广告中,也纷纷打出"向无刊本""世所罕见""近时新书""近人新撰""近代名人所撰"等语,哗众取宠,以利销售。或许改名后的小说曾令读者耳目一新,销路颇畅,书局因此获得不小的经济利益,这使得当时的书局纷纷效仿,乐此不疲。譬如文宜书局曾将《争春园》改名《剑侠奇中奇》,将《常言道》改名《富翁醒世传》;理文轩曾将《锦香亭》改名《睢阳忠义录》,将《云中雁三闹太平庄全传》改名《大明奇侠传》;上海书局曾将《禅真逸史》改名《残梁外史》,将《桃花影》改名《牡丹奇缘》;古香阁曾将《玉娇梨》改名《三才子双美奇缘》;龙威阁将《飞跎全传》改名《绣像三教三蛮扬州佳话》;十万卷楼将《水石缘》改名《奇缘赛桃源》;等等,如此甚多,不赘举。

更有甚者,不仅改换小说书名,还增入序跋或篡改回目以作策应,增强欺骗性。譬如光绪二十二年,古香阁将《驻春园小史》改名《第十才子绿云缘》石印出版,书首增入光绪二十年(1894)半耕主人"第十才子书序",声称"《绿云缘》一书,传世已久,因未剞劂,故人多罕见。兹吾党欲公同好,特为梓行,嘱余评点,细为批阅"云云,假造出新书初版的情形;再如南京图书馆所藏光绪年间石印本《花田金玉缘》,未标书局名称,或由文宜书局于光绪二十年所印,此书实即《画图缘小传》,该书局改名后,增入"临湖浪迹子"序言,假托"友由粤携来《花田金玉缘》一书,问序于余"云云,复将原小说全部十六回回目重新改写,如此一来,读者倘若不熟悉《画图缘》小说的人物与情节,便很难加以识别,迄今仍有人将《花田金玉缘》误作稀见小说[①]。

3. 篡改序跋题署

序跋是明清通俗小说的重要组成部分,其内容每多涉及小说作者生平、题材本事、创作过程及刊印细节等项,是研读小说文本的珍贵资料。然令人遗憾的是,近代书局翻印通俗小说时,为节省成本,应付激烈的竞争,多有撤去原书序跋的惯例,甚至玩弄篡改原书序跋以冒充新出之书的伎俩。譬如《增像全图三国演义》,扉二牌记题为"广陵味潜斋藏本上海鸿文书局石印",前有《重刊三国志演义序》,署"光绪十四年孟夏旬吴飞云馆主书",粗看之下,似乎该序是专门为此次出版新撰,然经笔者仔细比对,其文字与咸丰三年(1853)常熟顾氏小石山房刊本《三国志演义》之《重刊三国志演义序》完全相同,该序的署名原题"咸丰三年孟夏旬吴清溪居士书",味潜斋与鸿文书局在翻印时作了篡改。最具讽刺意味的,要数《增评补像全图金玉缘》,此书由同文书局于光绪十年(1884)首次石印,光绪十五年(1889)重印,重印本书前有"华阳仙裔"《重刊金玉缘序》,时间署"光绪十四年小阳月望日",此重印本后屡遭盗版,光绪三十二年

---

① 《明清小说研究》2004 年第 3 期,载有朱喜《一部〈中国通俗小说总目提要〉失收的小说——介绍〈花田金玉缘〉》。实际上《中国通俗小说总目提要》不仅收录了《画图缘》,而且标明其别名为《花田金玉缘》,提要中还列出了两书的回目,以作比较。

(1906)上海桐荫轩翻印,书名题"足本全图红楼梦",首有"华阳仙裔"之序,时间改题为"光绪三十二年九月";至光绪三十四年(1908)求不负斋再次翻印,书名题"增评全图足本金玉缘",前亦有"华阳仙裔"之序,时间却已改为"光绪三十四年九月",很显然,"华阳仙裔"的序言,已经成了一张现成的标签,可以按照翻印者的需要,随意改动粘贴。上述例证表明,明清通俗小说之近代铅石印本中的序跋,有相当部分存在抄袭或篡改的情形,研究者在使用这些文献时,应当十分谨慎。

4. 缩印过小,纸墨粗劣

缩印本来是石印的技术优势所在,然物极必反,它也给出版业带来了严重的后遗症,即字迹过小,伤人目力,尤其是盗版石印的小说,其文字更细如蝇头,模糊漫漶,几乎难以卒读。此外,盗版缩印及降低成本等因素,又导致光绪十六年(1890)以后铅石印本(尤其是石印本)小说的开本尺寸日渐窄小,与光绪前中期点石斋、同文书局、广百宋斋等书局所印之书相比,其缩减幅度高达40—60%。笔者抽样测量了30种铅石印本小说的尺寸,光绪十六年之前,开本多为宽12—13厘米,高19—20厘米;之后则缩减至宽7—9厘米,高12—15厘米,诸如文宜书局石印本《绘图英雄侠义风月传》(1892)、晋记书庄石印本《鬼话连篇录》(1894)及古香阁石印本《绘图第十才子绿云缘》(1896)等书,均可置于掌心把玩,每字大小仅2毫米见方。如此微型的版本,原多用于出版科举挟带之书,移至通俗小说,显然无法令人满意。因此,至光绪二十五年(1899),所谓"大板石印"本小说,重又成为图书市场的新宠[①]。

铅石印本通俗小说的图书质量,与其所用纸墨的优劣,也有

[①] 光绪二十五年九月七日,《申报》登载理文轩"大部书籍批发"广告,其新印各书如《西游记》《封神传》《列国志》等小说,书名前均冠以"大板石印"字样。

重要关系。就笔者所见,近代书局用于翻印通俗小说的纸张,以机制连史纸及有光纸居多,其纸色偏黄,质地薄脆,容易碎裂,保存至今的铅石印本通俗小说,翻阅之时往往碎纸翩飞,每每令人不忍展读;而铅石印刷的油墨,与传统木板印刷的油墨不同,基本上依靠进口,故价格不菲,书局为降低成本,就往墨中掺杂火油,其印出之书,稍延时日便油渍渗透,书页变黄。不难想象,倘若一部通俗小说的版本,其开本窄小,纸质薄脆,字若蝇头,墨色模糊,油渍渗透,其书名又经书贾改题,序跋亦系篡改或伪托,则此版本的优劣不言而喻矣。令人遗憾的是,近代书局翻印通俗小说虽堪谓繁盛,此类劣本却占大部,故长期以来不受藏家甚至研究者的关注与重视,又何足怪之。

二、铅石印刷术与明清通俗小说的续书

续书乃明清通俗小说的特殊现象,然因受雕版印刷的技术限制,该时期小说续书的数量,尤其是同书续接的次数,均十分有限。至清代后期,随着铅石印刷术的普及与石印书局的纷纷开设,明清通俗小说的翻印进入鼎盛期,小说续书编印亦随之趋于繁盛,《续儿女英雄传》作者曾在自序中声称"自石印之法兴,而小说多出续本",洵为的论。若就整体而言,清代后期通俗小说续书的编印,具有如下四个值得关注的新特征:

(一)五大通俗小说续书系列及其续书的非名著化

根据文献资料,清代后期续书规模最大、流播范围最广、持续时间最长的通俗小说续书,有《七侠五义》《施公案》《彭公案》《儿女英雄传》及《评演济公传》等五大系列。光绪十六年(1890),广百宋斋铅印出版俞曲园重编《七侠五义》,风行海内,

由此引发一个小说续书编印的连锁反应,石庵《忏悫室随笔》①(1909)云:"自《七侠五义》一书出现后,世之效颦学步者不下百十种,《小五义》也,《续小五义》也,《再续、三续、四续小五义》也。更有《施公案》《彭公案》《济公》《海公案》,亦再续、重续、三续、四续之不止。"其中《七侠五义》续书之大成书局系统本凡20集800回,《施公案》续书共10集538回,《儿女英雄传》续书共10集309回,《彭公案》续书之文汇书局系统本凡36集1440回,而《评演济公传》续书之校经山房系统本更多达40集1650回②,创造了单部小说续接次数的历史纪录。

如此庞大的篇幅,就木板印刷而言殊非易事,而对于石印术来说,却不费吹灰之力。值得注意的是,明清时期的小说续书,"几乎都是附骥于名著的声誉而产生的,而且往往集中于对几部名著的续补,如明代的'四大奇书'和清代《红楼梦》,都有几部甚至十几部、几十部续书产生"③,但清代后期的通俗小说续书,却集中于若干二三流畅销小说,诸如《七侠五义》《施公案》《彭公案》《永庆升平传》《济公传》《儿女英雄传》《七剑十三侠》等,显示出十分浓烈的商业牟利色彩。书局基于商业利益的主动运作,才是清代后期通俗小说续书最为重要的文化成因,忽视了此点,就不能真正理解这一现象的本质意义。

---

① 原载《扬子江小说报》第一期(1909),转引自阿英《晚清文学丛钞·小说戏曲研究卷》,中华书局1960年版。下文同。

② 这里关于五大小说续书的统计数字,均包含了正集,这样做的原因在于:1. 诸如《小五义》等小说续书,其内容情节往往与正集存在交错的现象,此与明清时期的小说续书迥然不同;2. 清代后期的书局出版某小说续书总集时,多有删减与调整之事,故其前几集的划分情况颇为复杂,必须将单行本与总集本进行细致的文本比勘,才能厘清小说正集与续书的界线;3. 将正集列入续书的计算范畴,事实上也是晚清小说出版业的惯例。

③ 参见高玉海《明清小说续书研究》第三章"续书现象的文化成因"之第一节"续书原著本身的影响",中国社会科学出版社2004年版。

（二）由书局组织人手草率编撰，乃清代后期通俗小说续书的主要产生方式

至清代后期，采用先进印刷术后形成的巨大出版能量，与数量有限的明清通俗小说出版资源之间，产生了显著的落差与矛盾。为吸引读者的眼球，刺激出版与销售，书局千方百计挖掘小说出版资源，"编印续书"乃其重要手段之一。具体而言，该时期的通俗小说续书，多由书局（坊）组织人员实施编撰，譬如佚名《续永庆升平叙》（1894）云："今本堂不惜重资，购觅载纪，采访遗史，倩人续演其书。"无名氏《续儿女英雄传序》（1898）亦云："今夏清和雨霁，予过厂肆，宏文主人谋于予"，"予迫于恳请，不得已而了草塞责，有不半月，已得十余回"，"耽延两月，始得卒业，前后共成三十二回"等等。此外，由于《七侠五义》《济公传》等故事曾经历过长时期的说唱表演，其小说文本亦在民间说唱本或记录稿的基础上删润而成，故此类小说的续书多有购得"旧稿"之说，然不可尽信，存在书贾假托的可能性。根据笔者的调查：晚清时期的通俗小说续书，大部分未署编者姓名；目前已知的续书编者，寥寥无几，仅有"冶逸""浊物""贪梦道人""杭余生""啸侬氏""傅幼圃""傅蓝坡""朱兰九""半痴""阮贻孙""葛惠里"等十数人，其生平亦多难详考；唯"冶逸""浊物""啸侬氏"数人，可略知其姓名生平，则皆为当时多产的通俗小说作家。对于这支整体上处于灰色状态的续书作者队伍，石庵《忏恶室随笔》（1909）曾有过尖锐的批评："余初窃不解世何忽来此许多笔墨也，后友人告余，凡此等书，由海上书伧觅蝇头之利，特倩稍识之无者编成此等书籍，以广销路。盖以此等书籍最易取悦于下等社会，稍改名字，即又成为一书，故千卷万卷，同一乡下妇人脚，又长又臭，堆街塞路，到处俱是也。在彼书伧，不过为些子利益，乃出此行径。"可谓精辟。

(三)恶性竞争导致清代后期通俗小说续书版本复杂，编撰粗疏，鱼龙混杂

晚清上海地区的出版业存在诸多恶性竞争，此亦波及小说续书的出版，其表现形式大致有如下几种：其一，若某一小说畅销，立即就有多家书局争夺其续书编印业务，前文所列举五大小说续书系列，均无例外。譬如《评演济公传》续书，前后参与编印的书局（坊），有津门煮字山房、上海书局、上海普新书局、章福记书局、江左书林、校经山房、炼石斋书局、中原书局、有益斋、简青斋、萃文斋等十数家；而且彼此之间也不是简单的翻印关系，往往是不止一家的书局，就同一种畅销小说编撰各自的续书，其内容或繁简有别，或别出机杼，或同异交杂，版本情况十分复杂，给后世研究者造成了很大困难①。其二，迫于商业竞争的压力，小说续书的编撰大多草率急就，敷衍了事，即便是少数创作较为认真的作家也不能幸免。譬如光绪二十三年（1897），桃花馆主唐芸洲所著《七剑十三侠》初集60回，"其间奇踪异迹，不胜枚举，源源本本，尽致淋漓，令人色舞眉飞，拍案叫绝，诚集历来剑侠之大观，稗官之翘楚也"②，畅销一时，唐氏后又撰成《续集》60回，然因"尚须斟酌删润故"而没有付印，孰料"外间竟有以他书改名混充，并有阑入淫秽之词，尤与鄙人声名有碍"，无奈之下，他只得"赶将所续六十回即付石印，以飨读者"，并在《申报》登载广告，详细载明所续60回的主要情节，提醒读者购买时，"请认明封面上有桃花馆主撰者为真，否则为他书混

---

① 参见竺青《评演济公传》条目，收入石昌渝主编《中国古代小说书目·白话卷》，山西教育出版社2004年版。
② 光绪二十二年（1896）"听珊江文蒲"《七剑十三侠序》，百花洲文艺出版社1991年版。

充"①云云。其三,书局受经济利益的驱动,人为假造续书,手法多样。有将一部完整的小说拆成两截,作为正续二集出版者,譬如光绪二十年(1894)七月,文宜书局为应对理文轩的恶性竞争,遂将《云中雁三闹太平庄全传》拆成《大明奇侠传》《大明奇侠后传》两书出版。有将若干种原本独立的小说,强行纳入一套并不存在的续书系列,譬如晚清时期出版过一套《今古奇观》续书,其实各书均无关联,包括《今古奇观续编》(即《十二楼》)、《三续今古奇观》(即《欢喜冤家》)、《四续今古奇观》(即《合锦回文传》)、《五续今古奇观》(即《石点头》)②。更有甚者,不惜篡改小说文本的原有结尾,添入预告续书内容的文字,夺人眼球,以利销售。譬如光绪十八年(1892),文宜书局将《好逑传》小说改题《绘图英雄侠义风月传》出版,又在小说末回尾处,增入"铁中玉与水冰心自结亲之后,既美且才,美而又侠,闺中风雅之事,不一而足。种种俱堪传世,已注入二集,兹不复赘"一段,造成另有续书演绎"结亲之后"故事的假象,实际上并无续书出版。

(四)侠义公案小说的"北书南续"现象及其出版史意义

清代后期通俗小说续书的主体是所谓的侠义公案小说,它们大多首先出现于北京地区,并且与北京的说唱表演艺术存在着密切的联系,目前所知《施公案》《忠烈侠义传》《彭公案》《儿女英雄传》等小说的早期版本,大多是北京地区书坊的木刻本。耐人寻味的是,上述小说的续书,尤其是大规模的续书编印,却又在上海地区完成,并且多为新兴的铅石印本,这一特殊的小说

---

① 光绪二十七年(1901)正月廿九日,《申报》所载唐芸洲"新撰六十回六本《续七剑十三侠》"广告。

② 此据《中国通俗小说同书异名书目通检》,《中国通俗小说总目提要》附录,中国文联出版公司1991年版。

出版现象①,笔者称之为"北书南续",其形成与当时京沪两地的出版印刷文化息息相关。光绪时期,南方的上海已经书局报馆林立,印刷设备和印刷技术庶几和西方同步;而北京地区的出版业,尤其是民间出版业,却仍停留在以木刻或木活字印刷为主的状态,甚至连大部分新兴的报馆,譬如《京话报》(1901)、《启蒙画报》(1902)、《京话日报》(1904)、《正宗爱国报》(1905)、《北京日报》(1905)、《京话官报》(1905)等②,亦皆以木活字排印。仅京都美华书馆、北京圣公会印书馆、北京卫理公会印刷所等少数西方教会机构,以及京师学务处官书局、官报印刷局、京师官书局、京师同文馆等部分官方机构,采用了新兴铅石印技术。凡此皆对北京地区图书出版业及近代报刊媒体的发展,产生了消极作用。很难想象,如果依靠北京地区的木刻或木活字印刷技术,《彭公案》小说还能有36续,而《评演济公传》还能达到创纪录的40续1650回!可以说,近代上海地区先进的印刷出版文化,才是晚清时期通俗小说出现大规模续书的决定性力量;而所谓"北书南续"现象,其背后蕴含着近代出版史的特殊格局与发展形态。有意思的是,对于十里洋场的上海来说,北京在传统文化方面的权威地位,仍然不可动摇,故上海地区书局的小说出版广告中,时常出现"兹从京都购得"③"余昔服官都门,觅得抄本"④"书成之后,都下传抄"⑤"今从都中携回,付诸石印"⑥等特殊语句,仿佛是明代书坊所标榜的"京本",显示了南北出版业

---

① 参见苗怀明《中国古代公案小说史论》第三章,南京大学出版社2005年版。
② 参见《北京印刷志》第二篇,中国科学技术出版社2001年版。
③ 光绪二十年(1894)五月初三日,《申报》登载珍艺书局"全图《清烈传》出书启"。
④ 光绪二十年七月初四,《申报》登载"奇书出世《三续今古奇观》"广告。
⑤ 光绪二十一年(1895)九月二十二日,《申报》登载竹简斋"新出《绘图梦影缘》"广告。
⑥ 光绪二十一年十月十六日,《申报》登载"《绘图情天外史》"出版广告。

之间的内在关联与隐性交流。

三、照相石印与明清通俗小说的图像本

通俗小说的图像本起源甚早,元代至治年间(1321—1323)建安虞氏所刊《全相平话五种》,是目前所知时间最早的通俗小说图像本,至明万历、泰昌、天启、崇祯时期,通俗小说图像的绘刊臻于鼎盛,涌现出所谓"金陵派""徽派""武林(今浙江杭州)派""苏州派"等各具风格的小说版画流派①,线条流畅,人物俊逸,令人赏心悦目,叹为观止。至清代前期,小说版画虽仍有明末遗风,但刀刻板滞,已有明显的衰落迹象;嘉道以降,则每况愈下,其末流所绘刻者,人物面目狰狞,手如鸡爪,衣冠粗疏,令人不堪入目。

就在如此背景下,照相石印技术传入中国,道光六年(1826),英国传教士马礼逊(Robert Morrison)从伦敦自费购来石印机器,并与他的华人助手共同进行了首次印刷,其内容不是文字,而是山水画②,可见石印术对于中国图画的印刷,具有特殊优势。光绪四年(1878),美查创设点石斋书局,专门从事石印业务,其最初所印正是楹联、碑帖及名画等传统书画作品③,光绪五年(1879)闰三月,石印本《鸿雪因缘图记》出版,初版五千部"不一年而售罄",至光绪六年(1880)七月,点石斋又加重印④,获利颇为丰厚。更为重要者,或许正是《鸿雪因缘图记》

---

① 参见周心慧《中国古小说版画史略》,《中国古代版刻版画史论集》,学苑出版社1998年版。
② 参见苏精《中文石印,1825—1873》,《马礼逊与中文印刷出版》,台湾学生书局2000年版。
③ 参见点石斋分别于光绪四年十二月八日《申报》所载"楹联出售"、光绪五年九月二日《申报》所载"续印楹联立轴出售"、光绪五年十月十三日《申报》所载"新印名画出售"等广告。
④ 光绪六年七月五日,《申报》登载点石斋"重印《鸿雪因缘图记》出售"广告。

的热销,促使点石斋开始关注石印图文版书籍,包括通俗小说图像本的出版,从而拉开了近代书局出版通俗小说石印图像本的序幕。

根据笔者掌握的文献,第一部采用石印技术印制图像的通俗小说,乃光绪七年(1881)六月申报馆出版的《西湖拾遗》,其正文铅印,图像则"用连史纸由石印照相法印出,弁诸简首,格外耀目"①。此后,出版时间相对较早的通俗小说有:光绪八年(1882)十一月点石斋出版的《三国演义全图》、光绪十年(1884)孟冬同文书局出版的《增评补图石头记》、光绪十一年十二月(1886年1月)同文书局出版的《增像三国全图演义》等。自光绪十四年(1888)至十六年(1890)间,石印图像本通俗小说的出版迎来一个小高潮,点石斋、同文书局、蜚英书局、鸿文书局等书局,共计推出《儿女英雄传》《镜花缘》《三国演义》《水浒传》《儒林外史》《西游记》《今古奇观》等数十部小说(包括同一小说的不同版本)。综观上述诸书,大多开本宽大,纸墨优良,文字清晰,图绘精美,洵为通俗小说石印图像本的佳本,较之清代后期的木刻小说版画,不可同日而语。光绪十六年之后,随着通俗小说翻印的盛行,冠以"绘图"或"绣像"之名的石印本通俗小说,更是层出不穷。即便是铅印本小说,也往往附有石印图像,其通常情形是:小说正文"印以新式铅字",同时"倩工于写生者",绘成绣像及各回插图,通过照相石印方式,或"冠诸书首",或"分钉卷中","要皆奕奕如生,须眉俱现。书既为说部之弁冕,图亦集艺苑之菁英"②,最终形成一个铅石印混用、图与文并茂的小说新版本。尽管石印图像本小说后来也出现了种种弊端,譬如盗印缩印、绘摹匠气、纸墨粗劣等,但照相石印对于通俗小说图

---

① 光绪七年六月廿九日,《申报》登载该馆"《西湖拾遗》出售"告白。
② 参见光绪十四年三月三十日,图书集成局在《申报》所载"《增像三国演义》出售"广告。

像本的近代传播,仍然具有非常积极的作用;甚至可以说,正是照相石印技术,促使通俗小说真正进入了一个图像本的普及时代。

这里,不妨再来考察两个相关的问题。其一是通俗小说的彩图本。彩色套印技术在元代已经出现,至明代后期获得较大发展,不仅所套色彩增至四色五色,而且还出现了先进的"饾版""拱花"技术,印制出了诸如《萝轩变古笺谱》《十竹斋笺谱》及湖州凌闵套印本书籍等一批非常精美的出版物。然而,由于木刻彩印具有工序复杂、技术难度大、成本高等诸多不足,其传播和普及均受到极大限制,用于印刷"不登大雅之堂"的通俗小说,更是寥若晨星,据笔者所知,仅有清康熙十二年(1673)序刊金陵王衙藏板五色套印本《西湖佳话》及清代三色套印本《三国志演义》等数种而已。晚清以降,随着西方现代印刷术的传入,操作简便、投资低廉的五彩石印术传入中国①,它主要用于印制钱票、月份牌、商标、仿单、舆图及书画等物,亦曾用于印制书籍的彩色插图,其中包括少量明清通俗小说。光绪十七年(1891)六月,上海文玉山房委托画印五彩有限公司代印《五彩增图东周列国志》,"描写精工,校对仔细"②,此乃目前所知时间最早的石印彩图本通俗小说,此后续有问世。据寒斋所藏及各种文献载录,计有光绪三十年(1904)文宝书局石印《五彩绘图廿四史演义》、光绪三十一年(1905)上海章福记书局四色石印本《绘图东周列国志》、光绪三十二年(1906)焕文书局石印《五彩绘图儿女英雄传正续》《五彩绘图西游记》、清末简青斋书局三色石印本《增像全图三国志演义》、上海扫叶山房五彩石印《绘图彭公案全传》等十余种。令人遗憾的是,此类具有小说传播史及出版史双重价值的五彩石印本通俗小说,迄今仍未引起人们的足够重视。

---

① 参阅本书之《晚清上海五彩石印考》。
② 光绪十七年六月十日《申报》所载文玉山房"新出石印书"广告。

其二是小说图像的绘制问题。与明清时期的木刻本小说相比,石印图像省却了原先的"刻工"环节,图像绘制的重要性得以大大增强,换言之,画师成为通俗小说石印图像本印行的关键所在。而晚清时期的上海,正是南北书画文人的聚居地,黄式权《淞南梦影录》(1876)卷四载:"各省书画家以技鸣沪上者,不下百余人。"这些来自五湖四海的传统文人,大多面临着较大的经济压力,其获利谋生手段,包括出售书画、任职报馆、代拟诗词文牍等,为书局出版通俗小说绘制图像或题写图赞,也是一项不错的工作。据笔者初步调查,清代后期由海上画家亲笔绘制图像的通俗小说,就有吴友如绘制的《三国志全图演义》(1883,筑野书屋)、《新说西游记图像》(1888,味潜斋)、《绘图第一情书听月楼全传》(1893,理文轩);陈作梅绘制的《绘图评点儿女英雄传》(1888,蜚英馆);陆鹏(字子万,著名画家钱慧安的弟子)绘制的《今古奇观图咏》(1888,萃珍书屋);四川画家杨文楼绘制的《绘图富翁醒世传》(1893,文宜书局)等。至于为通俗小说图像题写赞语的海上文人,更是人数众多,譬如光绪十四年(1888)味潜斋策划、鸿文书局石印的《增像全图三国演义》,全书凡绣像144幅、插图240幅,图像总数为384幅,每幅均有图赞,字体不一,或篆或草或隶,图赞的题署,更是五花八门,去其重复,仍多达三百余款,其中包括著名文人何桂笙("读画楼主")、画家张翰卿("曾经沧海客")、王纫斋("听涛居士")、书法家陆廷熙("太瘦生")等,尽管目前尚不能考知全部参与者的真实身份,然仅凭这份题署名单,便已不难窥见当时的盛景,不啻是一次海上文人题咏雅集。

四、结　语

古代通俗小说的发展与演进,对印刷出版技术具有较强的依赖性:雕版印刷术的推广,曾经为宋元话本及元明章回小说的兴起与流传提供了不可或缺的技术条件；而源自西方的先进铅石印刷术，则又对明清通俗小说的近代传播，产生了十分重要的影响。从小说文本形态来看，明清时期通俗小说的传播形态，仅稿抄本与木刻本两种；至清代后期，由于新兴印刷技术的运用，扩增至稿抄本、木刻本、铅印本、石印本、报刊连载本等五种。譬如清代小说《野叟曝言》①，创作于乾隆年间，因篇幅长大，刻资甚巨，书成之后乃以抄本行世，然至光绪时期，陆续有毗陵汇珍楼木活字本(1881)、《字林沪报》连载本(1882—1884)、"瀛海词人"及申报馆铅字排印本(1883)、上海肇记五彩书局石印本(1895)、万选楼书局石印绘图本(1895)等十余个版本问世，覆盖了木板、铅印、石印及报刊连载等近代出版形态，其传播之广泛、形态之多样，殊非昔时可比。从小说文本体制来看，照相石印技术的制图优势，不仅推动了明清通俗小说图像本的近代普及，还催生了晚清画报小说的兴起和盛行，诸如《图画日报》《舆论时事报》《神州日报》等附送的白话小说，大多采用一图一文的形式，图像已经成为小说文本的有机组成部分。而依赖石印术始得盛行的小说续书编印，则又导致《蜃楼外史》《湘军平逆传》《查潘斗胜全传》《左公平西全传》等晚清时期新撰的白话小说，其文本往往拖有一个"下集预告"式的尾巴，实际上它们并未推出续书。换言之，作为出版现象的小说图像与小说续书，其影响已经渗入通俗小说的创作层面。必须强调的是，铅石印刷技术对明清通俗小说的近代传播，也产生了相当严重的负面影响，诸如盗版改题、篡改序跋、缩印过小、纸墨粗劣等等。而正是在这种正负作用交杂的传播环境下，白话小说史完成了从传统明清通俗小说向晚清新小说乃至现

---

① 参见拙文《〈野叟曝言〉同治抄本考述》《〈野叟曝言〉光绪壬午本为增补本考辨》《晚清〈字林沪报〉连载本〈野叟曝言〉考》等篇，《古代小说文献丛考》，中华书局2006年版。

代小说的历史转型。

(原载《文学遗产》2006 年第 6 期,曾被全文英译后刊入 *Frontiers of Literature Studies in China* 第 2 卷第 4 期,高等教育出版社 2008 年出版。)

西洋照相石印术与中国古典小说图像本的近代复兴

中国古典小说图像本始见于元代,存世有《全相三国志平话》《全相武王伐纣平话》等元刊五种;晚明时期,小说戏曲方兴未艾,木刻版画亦进入"登峰造极,光芒万丈"的年代,"差不多无书不插图,无图不精工"①,合此两端,小说图像本遂臻于鼎盛,涌现出诸如容与堂本《忠义水浒传》、《新刻批评绣像金瓶梅》、雄飞馆本《英雄谱》等大量精美版本,并逐步形成建阳、金陵、徽州及苏州等风格不同的版画流派。至清代前期,小说图像本挟明末之势,仍有不俗表现。迨嘉庆以降,因内忧外患,国力日衰,木刻版画渐趋式微,小说图像本亦随之零落,大多绘摹拙劣,刀刻板滞,其末流更不堪寓目②。适值此时,西洋照相石印术(photo-lithography)开始传入中土,其神奇的"照图"功能,填补了图像出版的技术空缺,小说图像本迅速迎来了其发展史上的又一个繁盛期。

一、照相石印术的传入与石印图像本小说的出版

石印术(lithography)由德国人赛尼斐德(Aloys Senefelder)

---

① 郑振铎《中国古代木刻画史略》之六,上海书店出版社2006年版,第49页。
② 关于小说版画史之论述,可参阅戴不凡《小说见闻录·小说插图》,浙江人民出版社1980年版,第294—298页;周心慧《中国古小说版画史略》,《中国古代版刻版画史论集》,第33—64页。

发明于19世纪初,清道光五年(1825)以后,始陆续传入中国之澳门、广州及上海地区。最早使用该技术进行中文印刷的是西方传教士马礼逊、麦都思及合信(Benjamin Hobson)等人①,不过,由于技术及设备诸方面原因,早期中文石印所造成的社会影响极为有限。

真正将石印术推广到中国社会的,是成立于光绪四年(1878)的上海申报馆下属机构——点石斋书局。考察点石斋书局的成功原因,一方面盖依托了申报馆的社会声誉,另一方面则在于引进了经过技术升级的石印新法,即"照相石印术"。石印术的基本原理,是利用油水相斥现象,先以脂肪性油墨将图文绘制于专用石版上,然后以水润湿石版表面,使空白区域(即没有图文区域)的石版细孔吸蓄水分,构成图文区域亲墨抗水,空白区域亲水抗墨;再经平压平或圆压平方法,将石版上的图文墨迹,刷印到纸张上。其中石版绘制环节最为关键,一般有两种方法,其一是直接手工绘制,其二是通过照相转写,即先以照相湿版摄制阴图,落样于特制的化学胶纸,再经专门设备转写于石版②。由于借用了照相的技术优势,照相石印术显示了超强的"缩印"与"照图"功能,这两项功能决定了近代中文石印业的主体业务:"缩印"功能主要显现于翻印大部古籍丛书,而"照图"功能则广泛使用于图像印刷。

光绪五年(1879)五月十二日,点石斋书局在《申报》登载广告,向读者推出其精心策划的《鸿雪因缘图记》石印本。《鸿雪因缘图记》乃清完颜麟庆所撰游记集,有道光扬州精刻本,共3集240则,每集80则,每则文字配以插图一幅,每幅插图印以对

---

① 参见苏精《中文石印:1825—1873》,《马礼逊与中文印刷出版》,第171—189页。
② 参见范慕韩主编《中国印刷近代史初稿》第七章第二节"平版印刷工艺",印刷工业出版社1995年版,第565—567页;成都杨刚著《石版制版术》,石印传习所印行,时间未明,虞虞斋藏本。

开两页,精美绝伦,久为藏家所珍,然售价高达数十两银子,实非普通人所能承受。点石斋将此书按原本缩小照印,定价仅一元,价格优势极为明显,其出版广告云:

> 本馆自创设点石斋仿泰西照相石印之法以来,特不惜重资,购求原本,勒诸贞珉;又嫌原本之过大,而翻阅之累赘也,缩存四分之一,细于牛毛,密于茧丝,而深浅远近,仍复一一分明,与元本后先辉映。若此细图,即付手民雕刻,恐离娄复生,亦当望而却步矣。昔人以诗书画为三绝,今《鸿雪因缘图记》,图则擅写生之妙手,记则具赋物之清才,而点石斋之印工,又为开天辟地以来夺造化、转鸿钧之奇术,称为三绝,允当无愧。

石印本《鸿雪因缘图记》初版五千部,"不一年而售罄",至光绪六年(1880)七月,点石斋予以重印①,获利当甚为可观。或受此鼓舞,申报馆开始关注小说图像本的出版业务。

目前所知第一部石印图像本小说,是光绪七年(1881)申报馆出版的《西湖拾遗》,其正文用铅字排印,唯书首"金牛献瑞""玉镜呈祥""西湖全图"及"西湖十景图"等图像,乃"用连史纸由石印照相法印出,弁诸简首,格外耀目"②。此书拉开了小说石印图像本的出版序幕:光绪八年(1882),点石斋石印《三国志全图演义》;光绪十年(1884),同文书局石印《增评补图石头记》;光绪十一年(1885),同文书局石印《增像三国全图演义》;光绪十二年(1886),同文书局石印《评注图像水浒传》《详注聊斋志异图咏》;光绪十四年(1888),点石斋石印《绘图东周列国志》及《绘图镜花缘》,蜚英馆石印《绘图评点儿女英雄传》,鸿文

---

① 光绪六年七月五日《申报》登载点石斋"重印《鸿雪因缘图记》出售"广告。
② 光绪七年六月廿九日《申报》所载该馆"《西湖拾遗》出售"告白。

书局石印《增像全图三国演义》及《新说西游记图像》,大同书局石印《图绘五才子奇书》,鸿宝斋书局石印《增补齐省堂儒林外史》;光绪十五年(1889),蜚英馆石印《详注聊斋志异图咏》;等等。

二、石印精本小说图像的新变化

检阅上述诸书,多属中国古典小说名著,然审其底本,皆为清代后期通行本,譬如点石斋本《三国志全图演义》,以清咸丰三年(1853)常熟顾氏小石山房刻毛评本为底本;同文书局本《评注图像水浒传》,以清王望如评注金圣叹腰斩七十回本为底本;同文书局本《增评补图石头记》,则以清代王希廉、张新之、姚燮三家评本为底本。此种现象表明:石印本小说的出版重心,并非在于文字版本的珍稀性,这与之前铅印本小说的出版迥然有别。

兹以点石斋书局为例,它隶属于申报馆,该馆早在同治十三年(1874)就开始采用铅印术出版中国古典小说,截至光绪八年(1882),已出版《快心编》《西游补》《何典》等17种小说,然绝大部分均为二三流的非名著作品,各书出版广告亦反复强调"向无刊本"[1]"特向无刊板,故不传于世"[2]"惜尚无刊本,绝少流传"[3]云云,很显然,小说文本的稀见性乃其最重要的出版追求,这符合早期申报馆"搜求新奇艳异、幽僻瑰玮之书"[4]的出版宗旨。然而,等到点石斋书局出版石印小说时,该馆却完全改变了策略,将之前不屑一顾的名著通行本列为出版对象,充分利用照相石印术的"照图"功能,以大量精美的图像而非流传稀少的

---

[1] 光绪四年(1878)十一月廿一日《申报》所载该馆"新印《何典》出售"广告。
[2] 光绪三年(1877)九月十四日,《申报》所载该馆"发售《女才子》告白"。
[3] 光绪六年(1880)一月六日,《申报》所载该馆"新印《绘芳录》出售"广告。
[4] 同治十三年十月五日《申报》所载该馆"访书告白"。

文本,作为吸引读者的最大亮点,其出版广告也突出了对小说图像的宣传:

> 《三国演义》一书,久已脍炙人口。惟坊间通行本字迹模糊,纸张粗劣,绣像只有四十页,阅者病之。本斋现出钜资购得善本,复请工书者照誊,校雠数过,然后用石印照相法印出。故是书格外清晰,一无讹字。为图凡二百有四十,分列于每回之首,其原图四十,仍列卷端,工致绝伦,不特为阅者消闲,兼可为画家取法①。

该时期由点石斋、同文书局、蜚英馆等书局出版的石印小说图像本,开本阔大,纸墨优良,图绘精美,确实代表着晚清石印小说的最高水平,其中大多数已被阿英《清末石印精图小说戏曲目》收录。与清代中后期的木刻本相比,上述石印精本小说的图像,呈现出几个引人注目的新变化:

(一) 图像数量大幅增加

由于采用了照相转写、机器印刷等技术,石印图像的技术难度及商业成本均大为降低,故单部小说的图像数量有了大幅增加,少则一二百幅,多则三四百幅,蔚为大观。譬如点石斋本《三国志全图演义》有 280 幅,同文书局本《增像三国全图演义》有 384 幅,点石斋本《绘图东周列国志》有 264 幅,同文书局本《评注图像水浒传》有 160 幅,同文书局本《详注聊斋志异图咏》多达 445 幅。此与清代中后期木刻本小说通常只有十余幅或数十幅图像(如咸丰三年顾氏小石山房刻本《三国志演义》仅有 40 幅人物绣像)形成强烈反差。同文书局本《详注聊斋志异图咏》

---

① 光绪八年(1882)十一月四日《申报》所载点石斋"石印《三国演义全图》出售"广告。

更值得关注,蒲松龄《聊斋志异》自乾隆三十一年(1766)赵起杲青柯亭刻本问世之后,坊肆翻刻不断,有节选本,有满文译本,有朱墨套印本,林林总总,但就是未曾出版过图像本。直至光绪十二年(1886),同文书局"荟萃近时名手","每篇事迹,各画一图,分订每卷之前,其有二则三则者,亦并图之",每图"题七绝一首,以当款字,风华简朴,各肖题情;并以篇名之字,篆为各式小印,钤之图中,尤为新隽可喜"[1]。此书石印之后,"阅者无不惬心"[2],风靡一时,翻印不绝,充分展示了石印图像本小说的独特魅力。

(二)"情节插图"重新成为小说图像之主体

中国古典小说文本所附图像,包括"情节插图"及"人物绣像"两类。从元刊全相平话到晚明时期的木刻本小说,其图像大多为"情节插图",其构图复杂,布景富丽,或将士战马,旌旗猎猎;或山川草木,亭台楼阁;或绣榻帐幔,花窗明几,不仅给人以美感,也包含丰富的社会文化信息。清乾隆以降,"情节插图"逐渐从小说文本中淡出,代之而起的则是模式化的"人物绣像",这固然与清康乾时期《凌烟阁功臣图》《无双谱》《晚笑堂画传》及《百美新咏》等人物画谱的流行有关,但也是木刻版画艺术逐渐衰微,导致无力绘刻场景繁复之图的结果。然而令人欣喜的是,上文提及的石印精本小说,重又恢复了"情节插图"的绘制,而且"情节插图"数量远远超过"人物绣像",成为小说图像的主体。譬如点石斋本《三国志全图演义》有图像280幅,其中"情节插图"240幅,"人物绣像"40幅;点石斋本《绘图东周列国志》有图像264幅,其中"情节插图"216幅,"人物绣像"48

---

[1] 光绪十二年同文书局石印本《详注聊斋志异图咏》卷首"例言"。
[2] 光绪十三年(1887)三月《点石斋画报》"癸集一"登载《聊斋图咏》出售"广告,云"出书数月,阅者无不惬心",可见此书甚受读者欢迎。

幅;而同文书局本《详注聊斋志异图咏》所绘445幅图像,均为"情节插图",且在构图之繁复、绘摹之精细程度上,即便与晚明时期的小说图像本相比,亦毫不逊色。

(三)图像绘制水平显著提高

从技术层面来看,木刻本小说图像的优劣,取决于画师画样及刻工雕刻两个环节;而石印本小说图像,则因借助照相技术,省却雕刻一环,故其优劣基本上乃由画师决定。颇为巧合的是,清代后期的上海,凭借其特殊的政治文化及地理优势,迅速成为大江南北,尤其是江浙地区文人商贾的聚居地,其中就包括一批风格各异的书画家,清王韬《瀛壖杂志》(1874)卷五载:"沪上近当南北要冲,为人文渊薮。书画名家,多星聚于此间。向或下榻西园,兵燹后僦居城外,并皆渲染丹青,刻画金石,以争长于三绝,求者得其片纸尺幅以为荣。"这些寄寓在上海的书画家们为了生存,需要寻找各种谋生手段,与书局合作、为古典小说绘制图像即为其中一项。譬如海上画派名家杨伯润,参与绘制了同文书局本《详注聊斋志异图咏》插图;苏州画家吴友如,参与绘制了鸿文书局本《新说西游记图像》插图;南京画家陈作梅,绘制了蜚英馆本《绘图评点儿女英雄传》插图;海上画派陆鹏,绘制了萃珍书屋本《今古奇观图咏》(此书文字铅印,图像石印)插图;四川寓沪画家杨文楼,绘制了文宜书局本《绘图富翁醒世传》插图①,如此等等,不赘举。由于职业画家的参与,石印小说图像的艺术水平,较清代中后期木刻本有了显著提高。

三、石印精本小说图像赏析

关于清代中后期木刻本小说图像之粗劣,戴不凡《小说见

---

① 参阅本书之《近代海上画家与通俗小说图像的绘制》。

闻录·小说插图》曾云:"清人所刻,人物非歪嘴歪鼻歪眼,即多是线条硬梆梆者","清代坊刊小说多小本,前附绣像多不倩人绘制,而往往以'缩放尺'自金古良之《无双谱》、上官周之《晚笑堂画传》《芥子园画传四集·百美图》诸书中剽窃翻刻者。此等图谱中之人像与小说本来毫无关系,益以缩尺既不精密,刻工又复了草,往往成为'奇观'"①,可谓精辟。反观晚清石印精本小说图像,面貌焕然一新,不仅描绘精细,布局设计也多见匠心,体现出职业画家的专业水平。兹略举数例:

同文书局本《详注聊斋志异图咏》所绘 445 幅情节插图均属原创,颇费斟酌,据书前"例言",每图"俱就篇中最扼要处着笔,嬉笑怒骂,确肖神情,小有未洽,无不再三更改,以求至当。故所画无一幅可以移至他篇者",以卷一《画皮》为例,该篇最具代表性的情节乃王生隔窗窥鬼画皮一段,原文云:

>   (王生)无何至斋门,门内杜不得入,心疑所作,乃逾垝垣,则室门亦闭,蹑迹而窗窥之,见一狞鬼,面翠色,齿巉巉如锯,铺人皮于榻上,执彩笔而绘之。已而掷笔,举皮如振衣状,披于身,遂化为女子。睹此状大惧,兽伏而出。

此篇插图站在局外观察者视点,绘一儒冠长衫的书生,立于窗前,以手轻拨窗棂,身体微倾,正从窗缝向室内偷窥。而透过房间的另一侧,阅者可以看到室内有个面目狰狞的恶鬼,正执笔作描绘状,桌面所铺人皮上,女子面容已基本画就。整幅插图紧扣小说情节而绘,惟妙惟肖,确实难以"移至他篇"。该幅插图题七言绝句云:"蓦看罗刹瘦西施,只要蛾眉样入时。如此妍皮如此骨,个中色相试参之。"诗借皮骨之叹,寓有深意,恰如《画皮》文本篇尾"异史氏"所曰:"愚哉世人!明明妖也而以为美;迷哉

---

① 浙江人民出版社 1980 年版,第 297—298 页。

愚人！明明忠也而以为妄","天道好还,但愚而迷者不悟耳,可哀也夫"。诗末钤一椭圆形白文小章,所刻正是小说篇名"画皮"两字,谓之"新隽可喜",洵非溢美。

南京画家陈作梅所绘蜚英馆本《儿女英雄传》插图82幅,每幅皆极为精美,而尤其值得称道的是,画家对该小说的京旗色彩理解深入,插图中男女人物的发式服装、居家陈设、生活习惯等项,每与小说情节所述及史料所载之满族文化相吻合:如男子多头戴瓜皮帽,脑后拖着长长的辫子;女子则手持烟杆,发式梳为旗人妇女典型的"两把头"①;室内多置炕床,上摆炕桌、引枕等物。显然,《儿女英雄传》的插图,不仅是小说情节内容的图像化,提供美术层面的鉴赏功能,而且也是小说文化风格的图像化,具有一定社会民俗史价值。

譬如四川寓沪画家杨文楼所绘文宜书局本《富翁醒世传》人物绣像14幅,线条流畅,表情丰富,该书主人公"钱士命",贪婪悭吝,嗜钱如命,其姓名谐音"钱是命",乃小说作者重点抨击的无耻小人。杨文楼描绘之"钱士命"绣像,双手紧抱一枚巨大的钱币,盖住整个上半身,仅从钱币中间方孔中,露出一副贪婪、奸诈的面目,诙谐生动,寓意深刻,颇具现代漫画的艺术效果,此与清代人物图谱中僵化呆板的人物绣像,大异其趣。

值得一提的是,石印小说图像本的流行,还刺激了晚清画家据小说情节绘制画册的热情,催生出一批古典小说插图画册,有些幸运地流传至今。譬如北京大学图书馆藏《镜花缘图》,光绪十九年(1893)孙继芳绘,设色绢本,折装,10函20册,凡200幅,每幅纵39.6厘米,横33厘米,经对比,其中有半数乃据光绪

---

① 所谓"两把头",即先将额前至耳后的长发束起,在头顶正中扎起一个"头座",然后再把头座的长发分成左右两绺,编成小辫,绾成左右两个小发髻,最后把脑后的头发绾成一个燕尾式的长扁髻,压在后脖领上。小说对此种发式有过详细的描写。参李婷《京旗人家——〈儿女英雄传〉与民俗文化》第四章"旗人的衣食住行"第一节,黑龙江人民出版社2005年版,第90页。

十四年(1888)点石斋石印本《绘图镜花缘》摹绘而成①;辽宁旅顺博物馆藏《红楼梦图册》②,光绪间河北丰润孙温、孙允谟绘制,设色绢本,24册,凡230幅(惜残缺第一百〇四回至一百〇八回的10幅,总数应为240幅),首幅为《石头记大观园全景》,次为每回插图,每幅纵约43.3厘米,横约76.5厘米,就其形制而言,明显受到晚清石印图像本《红楼梦》的影响;中国历史博物馆藏《聊斋图说》,光绪十九年(1893)前后绘成,设色纸本,存46册,凡725幅,情节涉及《聊斋》420篇故事,每幅纵45.7厘米,横34.7厘米,经对比,其蓝本乃光绪十二年(1886)同文书局石印本《详注聊斋志异图咏》③。这些开本阔大的小说画册,当年可能是为书局石印出版而绘制的,却由于某种原因未能付梓。从技术角度来看,为保证照相缩印后书籍仍然字画清晰,石印本小说的出版底稿,通常先由抄工抄成尺寸巨大的本子,譬如2009年5月中国书店拍卖了一套清末石印底稿本《绘图今古奇观》,纵47厘米,横30厘米,其开本尺寸正与上述小说画册相近④。

总之,晚清时期的石印精本小说,无论是从图像数量、类别还是艺术质量来看,都清晰地构成了对晚明小说图像本鼎盛风貌的一种复兴,两者的主要区别,只是印制技术——照相石印与木刻版画的差异而已。此处,有一个细节颇耐人寻味:光绪八年(1882)点石斋书局推出石印本《三国志全图演义》,其文字底本为清咸丰三年(1853)常熟顾氏小石山房刻毛评本,而图像底本

---

① 参北京大学图书馆编《清孙继芳绘〈镜花缘〉》卷首"出版说明",作家出版社2007年版。
② 参见房学惠《卷帙浩繁,富丽精雅——旅顺博物馆藏〈红楼梦〉图册探析》,《荣宝斋》2007年第6期。
③ 参见吕长生《〈聊斋图说〉考》,《中国历史博物馆馆刊》1996年第6期。
④ 另据苏兴、苏铁戈、苏壮歌《记味潜斋石印本〈新说西游记图像〉》载,民国间大成书局《西游记》石印底稿本,其开本为纵50厘米,横34厘米,亦与《绘图今古奇观》相近。《社会科学战线》1994年第4期。

却取诸晚明,经戴不凡比对,该书 240 幅情节插图,悉据明末刻本《李卓吾先生批评三国志》重绘而成①。这或许表明:晚清石印精本小说确立的出版目标,即是重振晚明小说图像本的繁盛与风姿。而从上述石印精本小说来看,此目标盖已基本实现。

当然,需要说明的是,自光绪十六年(1890)至二十四年(1898),乃上海地区石印书局开办最为集中,也是石印本小说出版最为鼎盛的时期,之后,石印本小说的出版数量与频率有所降低,但仍保持相当水平,一直延续到民国时期。据日本丸山浩明《中国石印版小说目录》(稿)②不完全统计,清末民初出版的石印本小说有共 499 部(不包括同书异版),仅《红楼梦》一书的石印本就多达 25 种,其中大部分附有一定数量的图像。受到激烈商业竞争的消极影响,光绪十六年之后出版的石印图像本小说,其总体质量较前期有明显下降,存在诸如开本窄小、纸墨欠精、图像数量大幅削减、绘印不够精美、盗印之风甚嚣尘上等等弊端,导致石印本小说往往给人留下不佳印象。不过,尽管如此,照相石印术终究开创了中国古典小说图像本的中兴局面,也曾极大地促进了小说文本的近代传播③,其历史作用毋庸置疑。

四、弥足珍贵的五彩石印本小说

事实上,由于新技术的应用,晚清石印小说图像本还取得了若干超越晚明的成绩,譬如小说彩图本的印行。五彩石印术在晚清时期由欧洲传入中国,上海地区先后开设了富文阁、五彩画

---

① 参戴不凡《小说见闻录·小说插图》,第 298 页。
② 日本《广岛女子大学国际文化学部纪要》第 7 号,1993 年 3 月出版。
③ 参阅本书之《铅石印刷术与明清通俗小说的近代传播——以上海(1874—1911)为考察中心》。

印有限公司、藻文书局等数十家五彩石印书局①，主要承担钱票、月份牌、商标、仿单及舆图之类的彩印业务，其间也曾出版了一批五彩石印本小说。光绪十七年(1891)五月，上海文玉山房委托五彩画印有限公司，"用西法五彩石印"②出版《绘图山海经》；六月，再次委托该公司代印《五彩增图东周列国志》，"描写精工，校对仔细"③，此乃目前所知时间最早的石印彩图本小说。之后陆续出版的有：光绪三十年(1904)文宝书局本《五彩绘图廿四史演义》、光绪三十一年(1905)章福记书局五彩石印本《绘图东周列国志》、光绪三十二年(1906)上海焕文书局本《五彩绘图儿女英雄传正续》《五彩绘图列国志演义》《五彩绘图荡寇志》《五彩绘图西游记》④、清末民初简青斋书局五彩石印本《增像全图三国志演义》、天宝书局五彩石印本《增像全图东周列国志》、扫叶山房五彩石印本《绘图彭公案全传》等等。据阿英《清末石印精图小说戏曲目》著录以及寒斋藏本⑤，五彩石印本小说一般每叶(包含正背两幅)图像单色印刷，各叶图像则分别以红、绿、橙等色轮印；随着技术改进，后期也出现同一幅图像内套印多种颜色的情况，譬如扫叶山房五彩石印本《绘图彭公案全传》，其人物绣像服饰印以五色，交相辉映，甚是悦目。五彩石印本小说在当时颇受欢迎，售价也要超过普通墨色石印本。譬如光绪三十年八月二日及十月十三日，文宝五彩石印书局分别在《申报》登载出版广告，前者列有《绘图廿四史演义》六册，价洋六角；后者列有《五彩绘图廿四史演义》，称"逐节绘图，以西法五彩石印，颜色鲜

---

① 参阅本书之《晚清上海五彩石印考》。
② 光绪十七年五月二十八日《申报》所载"文玉山房各书出售"广告。
③ 光绪十七年六月十日《申报》所载文玉山房"新出石印书"广告。
④ 光绪三十二年四月八日《申报》所载"上海三洋泾桥焕文书局新出五彩绘图各种闲书出售"广告。
⑤ 寒斋藏本有光绪三十一年章福记书局五彩石印本《绘图东周列国志》、清末民初简青斋书局五彩石印本《增像全图三国志演义》、天宝书局五彩石印本《增像全图东周列国志》。

艳,图画精细","连图六大本,暂售工料洋九角"。同一部小说,同样是六册,但五彩石印本的售价要比普通墨色石印本贵出一半。五彩石印术实际使用的时间并不长,很快就被更为先进的彩色胶印技术所取代,因此,晚清时期出版的五彩石印本图书,数量非常有限,而保留至今的五彩石印本小说就更不多见,此类具有小说史及出版史双重价值的版本,值得引起研究者的重视。

五、照相石印术的印刷史意义

最后,不妨回到印刷史层面作结。张秀民曾提出过一个颇有意思的问题:"石印术1832年传入中国,但到1880年以后才得到普及,为什么在这50年内没有得到推广,这很值得思考。"[1]在我看来,根本原因或在于石印制版方法的改变,正是由于采用了照相制版技术,石印术才能在中文印刷领域充分发挥其独特的优势,尤其是"缩印"及"照图"两大优势。换言之,对中国近代文学和文化产生重要影响的,主要是照相石印术,而非普通石印术。照相石印术在晚清的传入,恰好填补了因木刻版画衰落而造成的技术空缺,从而引发种种图像类书刊(包括书画碑帖、画谱、年画以及新兴的新闻画报等类)的出版臻于繁盛,小说图像本亦借此重新焕发出晚明的光彩。当然,照相石印术的普及,也为盗印翻印提供了技术便利,导致小说出版业陷于良莠不齐、鱼龙混杂的复杂环境。或许,完整地看到这两个方面,才算真正认识照相石印术对于中国古典小说近代传播的学术意义。

(原载《学术研究》2013年第6期)

---

[1] 张秀民著,韩琦增订《中国印刷史》第一章之"石印"部分,浙江古籍出版社2006年版,下册第443页。此问题实际上由韩琦提出,见韩琦、王扬宗《石印术的传入与兴衰》,《装订源流和补遗》,中国书籍出版社1993年版,第360页。

近代海上画家与通俗小说图像的绘制

上海自开埠之后，凭借其特殊的政治文化与地理优势，迅速成为大江南北，尤其是江浙地区文人商贾的聚居地，而申城居民结构的变化，也逐渐孕育出一个十分发达的文化艺术市场，与此相关的出版印刷、新闻媒体、古籍碑拓及金石书画等方面，均呈繁盛之势。王韬《瀛壖杂志》(1874)卷五载："沪上近当南北要冲，为人文渊薮。书画名家，多星聚于此间。向或下榻西园，兵燹后僦居城外，并皆渲染丹青，刻画金石，以争长于三绝，求者得其片纸尺幅以为荣。至其轩轾所在，未能遽定以品评。风雅之士著有《论书》十二绝、《论沪江书画》七绝，于沪上寓公，比诸管中窥豹，略见一斑"；黄式权《淞南梦影录》(1876)卷四载："各省书画家以技鸣沪上者，不下百余人"；至杨逸编《海上墨林》(1919)，其收录的"邑人"与"寓贤"书画家，多达数百人。这些来自不同地区的书画家，带着各自不同的艺术传统，或吴门画派，或扬州画派，或浙江画派，或岭南画派等等，风云际会于上海的十里洋场，经过适应调整及杂糅贯通，形成了近代美术史上非常重要的艺术流派——海上画派。海上画派具有两个非常重要的艺术特征：其一为民间化，不仅海上画家的代表人物如任伯年、钱慧安、吴友如等，多有绘制民间年画的经历，而且民间绘画的题材、设色、构图、技法等艺术元素，亦为海上画派所吸收。其二为商业化，绝大部分的海上画派画家，都有登载广告推销画作的行为，或者与书局报馆进行商业合作的经历（参见表6），部分画家更是依托某一商业团体或富商达贵而生存，甚至连传统的书画家结社,海上画派也凸现出了"强烈的经济目的"[①]。民间化与商业化,冲淡了海上画派的文人色彩,却增强了它的世俗美感与大众情怀。此处,暂且不去评价海上画派的艺术史价值,笔者关注的,乃近代海上画家与书籍插图,特别是通俗小说图像绘制之间的种种联系。兹择取数例,略加论述。

表6 近代海上书画家及其代理书局(1879—1900)

时　　间	书画家姓名	代理收售书局	资料出处
一八七九年九月十九日	惠兰女史、古歙浮白仙侣	醉六堂、味三堂	《申报》
一八八一年九月二十三日	郑明甫、陈士卿、雷以堂等	点石斋	《申报》
一八八二年八月二十三日	顾鸿、杨天锡、姚文俊等	文海堂书局	《申报》
一八八二年八月二十四日	谢纶音	万卷楼书坊	《申报》
一八八二年八月二十九日	高邕之	文海堂书局	《申报》
一八八二年九月二十二日	画眉仙史	扫叶山房	《申报》
一八八五年七月十三日	章文甫	文海堂书局	《申报》
一八八六年七月三日	王省山	文海堂书局	《申报》
一八八六年七月二十六日	叶慎斋	申报馆	《申报》
一八八七年五月十日	杨仲毓	文宜书局	《申报》
一八八七年七月二十二日	陆小轩、伊峻斋等	同文书局	《申报》
一八八七年七月三十一日	吴御宣	申昌书坊	《申报》
一八八八年二月二十八日	听桐逸史	文宜书局	《申报》
一八八八年三月十日	杨仲毓	文宜书局	《申报》
一八八八年五月五日	王子麐、朱锡三等	扫叶山房	《申报》

---

① 参陈永怡《近代书画社团的经济性质与功能》,《新美术》2005年第3期。

(续　表)

时　间	书画家姓名	代理收售书局	资料出处
一八八八年五月二十九日	洪绳伯	深柳堂书庄	《申报》
一八八八年五月二十九日	高太痴	扫叶山房	《申报》
一八八八年七月二十一年	郑希哲	文宜书局、榜花书局	《申报》
一八八八年九月十一日	浦少篁	扫叶山房	《申报》
一八八九年六月十六日	静悟室主人、壶冰女史	申昌书室	《申报》
一八九〇年五月二日	朱翼如	申报馆	《申报》
一八九〇年十月十六日	杨文楼	文宜书局	《申报》
一八九一年四月十八年	眠云道人	文宜书局	《申报》
一八九一年九月四日	磨剑生	文宜书局	《申报》
一八九一年十二月十二日	高太痴	鸿文书局	《申报》
一八九二年三月八日	杨文楼	文宜书局	《申报》
一八九五年八月二十三日	楼啸琴、沈翼之	理文轩	《申报》
一八九六年十月十九日	高太痴	沪报馆	《申报》
一八九七年十月一日	诸伯容	《游戏报》	《游戏报》
一八九八年四月二十二日	高太痴	字林沪报馆	《字林沪报》
一八九九年二月十五日	李伯元	采风报馆	《采风报》
一八九九年四月二十日	孙彝伯	游戏报馆	《游戏报》
一八九九年六月十八日	楼承烈（啸琴）	理文轩	《游戏报》
一九〇〇年八月二十四日	金嗣云	古香阁	《同文消闲报》

资料来源：王中秀等编著《近现代金石书画家润例》，上海画报出版社2004年版。

本章所引书画家之润例资料，均转引自该书，不再逐一注出，兹特说明并致谢。

一、吴友如及其所绘通俗小说图像

吴友如(约1841—1893),名猷,一作嘉猷,字友如,苏州人。咸丰庚申(1860)为避太平天国之乱,移居上海。与大多数从江浙地区流寓沪渎的文人一样,吴友如面临着较大的生活压力,当时的他还默默无闻①,画作的销路自然不会太好,因此给苏州桃花坞等地绘制年画底样②,或者画些戏曲文武戏图印售③,成为其收入的主要来源。

吴友如命运转变的契机,源于英商美查的申报馆。光绪五年(1897)闰三月二十三日,《申报》登载"延聘画师"的广告:"点石斋主今欲延请中华著名之画师,须山水、人物、花卉、翎毛、士女,无一不工者。世不乏奇才异能,请光临申报馆一叙,兼惠示近作为盼。"虽然没有确切的史料证明,但或许就是通过这次招聘,吴友如开始与申报馆建立联系。光绪十年(1884)四月,美查创办《点石斋画报》,聘吴友如为主绘,随着画报的风靡热销,吴氏声名渐盛。同年吴友如应两江总督曾

---

① 譬如光绪二年(1876)葛元煦《沪游杂记》卷四"书画名家"、光绪九年(1883)黄式权《淞南梦影录》卷四,记录了众多寓沪书画名家,其中均无吴友如的名字。

② 吴友如所绘年画存世不多,其中苏州刻版有《豫园把戏图》《法人求和》等幅,天津杨柳青年画有《子孙拜相》《丰年吉庆》《余荫子孙》《群争富贵》等幅。参见王树村《吴友如、钱慧安与年画》,《苏州工艺美术职业技术学院学报》2005年第3期。

③ 光绪十年十一月二十四日(1885年1月9日),《申报》载"吴友如启"云:"前印《华军捷报》四图,每张洋三分,京戏二图,每十二出二分,早经畅销。今续绘文武戏数种,价目照前,逼售八扣。上洋三马路西福康里内本宅购取。寄售望平街南许墨林刻字店、全盛信局及各埠全盛。"

国筌之邀,主绘《平定粤匪功臣战绩图》①,"图成,忠襄公亟加叹赏,上闻于朝,由是声闻中外"②。光绪十六年(1890)九月,吴友如自创《飞影阁画报》,光绪十九年(1893)创办《飞影阁画册》,其一生事业遂臻于顶峰,不仅所办画报名闻遐迩,其画作亦大受追捧,"海内诸君子争以缣素相属,几于日不暇给"③;此外,吴氏还曾为多种畅销书配绘插图,譬如光绪十七年(1891)出版的《阴骘果报图注》④,光绪十八年(1892)出版的《二十四孝悌图说》⑤,光绪十九年出版的《吴友如绘图平长

---

① 关于吴友如绘《平定粤匪功臣战绩图》的时间,一说在同治初年,不确。光绪十六年十月,吴氏《飞影阁画报》第6号"跋"云:"适点石斋首先创印,倩余图绘","旋应曾太宫保之召,绘《平定粤匪功臣战绩》等图,图成进呈御览,幸邀称赏",可知在其绘《点石斋画报》之后。参见潘耀昌《从苏州到上海,从点石斋到飞影阁——晚清画家心态管窥》,《新美术》1994年第2期。《平定粤匪功臣战绩图》,一册,北京大学图书馆藏光绪甲午(1894)金溪艾氏(小梅)石印本,前有艾氏《题平定粤匪功臣战绩图后并跋》,云"特命前两江爵督曾忠襄公,延揽精于绘事者,将当日在事立功诸臣遗象及克复各处城隘战绩,绘图进呈,以漳不朽","岁壬辰春于海上购得石印初稿,爰即汇编成册"。

② 宣统元年(1909)九月林承绪《吴友如画宝》"叙",上海璧园宣统元年(1909)初版,中华图书馆1916年第3版。"叙"云:"元和吴君友如,自幼雅善丹青,寝匮不倦,涉略绘事,莫不精心研究。壮年足迹半天下,心有所得,目有所见,一一寓之于画。其为人物仕女,如吴道子吴装之韵;其为花卉翎毛,如顾野王无声之诗;其为远山近水,更有一幅千里、数尺万丈之势。无有乎不能,无有乎不精,无有乎不惟妙惟肖。宜乎寸缣尺楮,人得之宝如拱璧也。当曾忠襄公克复金陵也,图画汗马功臣,效云台凌烟阁故事,聘君主其事,图成,忠襄公亟加叹赏,上闻于朝,由是声闻中外。而君不约羁绊朱紫浮名,心甘澹泊,遂片舟告归,结庐海上,壹肆力于绘事。年愈高,学愈精,笔愈简净,绚烂之后而卒于平淡,艺也,而进于道矣。今君归道山一十余年,画稿半多散佚,即当时之散见于世者,皮藏之家多亦不过数帧,无从窥其吉光片羽,想世人之景仰流连而抱管窥之憾者,正复不少。璧园同人有鉴于此,因出巨资,于其哲嗣处购得粉本一千二百幅,编成巨册,蔚为大观,将以付诸石印,公诸同好。"

③ 光绪十六年十月下浣《飞影阁画报》第6号所载吴友如"跋"语。

④ 光绪十七年石印本,清彭启丰辑、吴友如绘,国家图书馆藏本。

⑤ 光绪十八年石印本,清无名氏辑,吴友如绘,上海图书馆藏本;另光绪十九年七月二十六日,《申报》登载"石印吴友如绘《孝悌图说》"广告。

毛书》》①等。

　　此处考察的乃吴友如为通俗小说绘制的图像。就笔者目前掌握的文献资料,吴友如绘图的第一部通俗小说,是光绪九年(1883)筑野书屋托著易堂书局以铜版印刷的《三国志全图演义》,该书书首有绣像20叶40幅,末幅"司马懿"左下署:"平江吴嘉猷友如绘图,桐城左忠训小崖监刻"(参见图1),则绣像当先由吴友如绘定底样,然后经技工雕刻铜版刷印。此书每回另有插图1叶2幅,共计200幅,未署绘者姓名,不知是否亦出吴友如手。令人遗憾的是,因当时铜刻技术尚属初试,技法不够成熟,《三国志全图演义》的40幅绣像,人物线条较为硬涩,未能体现出吴氏的艺术水平。

　　吴友如绘图的第二部通俗小说,乃光绪十四年(1888)味潜斋藏本、上海鸿文书局石印的《新说西游记图像》。此书首冠绣像10叶20幅,末幅"犼精"图左下方题有"元和吴友如绘",钤"吴嘉猷印"(阴文)印(参见图2)。据研究,此20幅绣像所绘人物,可大致分为四组:"一组唐僧四众;二是与孙悟空闹天宫、反天宫有关的神佛,即如来佛、李老君、二郎神、李天王、金星;三是唐僧取经由头的人物:唐太宗、魏徵;四是四众西行路上遇到的磨难神及魔:镇元仙、牛魔王、铁扇公主、红孩儿、黄袍怪、狮子精、蜘蛛精、犼精。只有乌巢禅师一幅不好归属。"②吴友如绘制的绣像,不仅笔法流畅,神态生动,而且大多能契合《西游记》的情节,显示出吴氏对小说文本的熟稔以及绘制时的煞费苦心。其中孙悟空跳在云空,手搭凉篷,作远眺状;猪八戒丢钯卸甲,仰

---

①　光绪十九年石印本,上海图书馆藏本;另光绪十八年十一月廿五日,《申报》登载"石印《剿逆图考平长毛书》"广告,称"请吴君友如绘成'金田结叛图''向帅捆贼图''三王相杀图''安庆大捷图''炮轰金陵图''生擒忠逆图''诸逆枭首图''各省奏凯图',惟妙惟肖,有图有说"云云。

②　参见苏兴、苏铁戈、苏壮歌《记味潜斋石印本〈新说西游记图像〉》,《社会科学战线》1994年第4期。

近代海上画家与通俗小说图像的绘制 135

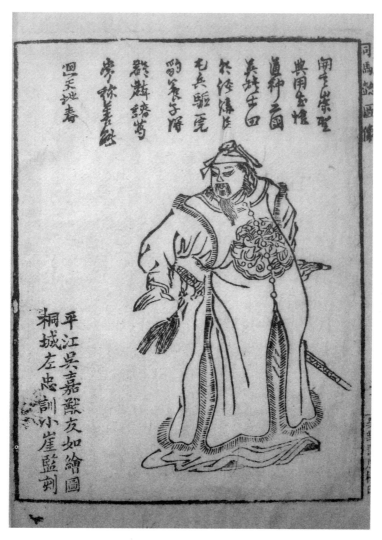

图 1 吴友如绘《三国志全图演义》"司马懿"绣像,筑野书屋光绪九年(1883)铜版本

图 2　吴友如绘《新说西游记图像》"犼精"绣像,鸿文书局光绪十四年(1888)年石印本

卧草丛,作酣睡状,最是惟妙惟肖,传神阿睹。此外,《新说西游记图像》另有插图 100 幅,每回一幅,绝大部分未署绘者,惟第十四、十六、十七、十八、十九、二十及三十一回,画面钤有"田子琳印"或"子琳"印,第五十七回钤"恨印",则此八回插图当出其手。田子琳曾与吴友如同时供职于《点石斋画报》(参见下文),"恨"的真实身份不详。从美术的角度来看,插图的绘制尚属精美,但若验诸《西游记》小说文本,则多有谬误乖合之处。譬如孙悟空身着虎皮裙,应始于小说第十四回,然此书第五回(乱蟠桃大圣偷丹)及第七回(八卦炉中逃大圣)插图中的齐大天圣,却已经身穿虎皮裙,显然与小说文本不符。如此甚多,兹不赘举。熟悉《西游记》文本的吴友如,似不会犯下此类低级错误,就此而言,他或许没有参与百幅插图的绘制。

此处,有必要对田子琳等其他《点石斋画报》的画师略加介绍。根据《点石斋画报》各号所钤印章,可知先后参与画报绘制工作的画师,除吴友如外,尚有金桂(蟾香)、张淇(志瀛)、马子明、吴子美、顾月洲、贾醒卿、田英(子琳)、周权(暮桥)、符节(艮心)、何元俊(明甫)、金鼎(耐青)、戴信(子谦)、沈梅坡、王钊、李焕垚等十余人,其绘制的图画幅数多寡不等,譬如截止到第七集(即庚集)第 6 号(1886 年 5 月),《点石斋画报》共刊出图画 680 幅[①],其中吴友如绘 264 幅,约占 38.8%;金蟾香绘 167 幅,约占 24.6%;田子琳绘 98 幅,约占 14.4%;周慕桥绘 52 幅,约占 7.6%;张志瀛绘 33 幅,约占 4.9%;顾月洲绘 24 幅,约占 3.5%。再如第八至十集(即辛集、壬集、癸集)共刊出图画 324 幅,其中傅节绘 102 幅,约占 31.5%;金蟾香绘 78 幅,约占 24%;田子琳绘 58 幅,约占 18%;马子明绘 36 幅,约占 11%;张志瀛绘 20 幅,约占 6.2%。这些画师共同成为《点石斋画报》的

---

① 参见〔德〕鲁道夫·G.瓦格纳《进入全球想象图景:上海的〈点石斋画报〉》,《中国学术》2001 年第 4 期。

稳定投稿者,他们除了绘制新闻画外,还为画报的增刊作品绘制插图,参见表7。

表7 《点石斋画报》的连载作品及其绘图者(1884—1895)

增刊名称	连载时间	绘图者
《淞隐漫录》	一八八四年六月底至一八八七年十月	吴友如、田子琳
《淞隐续录》《漫游随录》《风筝误》	一八八七年九月底至一八八九年一月	田子琳、张志瀛、金蟾香
《闺媛丛录》	一八九〇年五月初至一八九一年四月末	吴友如、金蟾香
《蔼园谜胜》	一八九一年二月底至一八九一年十一月初	无
《乘龙佳话》	一八九一年十一月中至一八九二年五月	金蟾香
《点石斋丛抄》	一八九二年七月至一八九五年六月	匿名画师

资料来源:〔德〕鲁道夫·G. 瓦格纳《进入全球想象图景:上海的〈点石斋画报〉》

作为劳动的报酬,画师们不仅从《点石斋画报》获取相当优厚的稿费,同时也借助画报的畅销,提升自己的社会知名度,吴友如、田子琳、金蟾香、张志瀛等人的画作,就曾与任颐(伯年)、任薰(阜长)、沙馥(山春)等著名画家并列,刊为《点石斋画报》的插页。在赢得了一定的社会知名度后,画师们被书局邀请绘制书籍插图的机会,亦随之增多。上文所述吴友如与田子琳等人合作绘制《新说西游记图像》,便是其中的一个例证。

署名为吴友如绘图的第三部通俗小说,是光绪十九年(1893)理文轩石印《绘图第一情书听月楼全传》,该年六月二十三日,《申报》登载理文轩"新出石印《听月楼》广告",文云:"是书为海上高情居士所撰,内载宣生之痴情,柯女之柔情,司寇之深情,连女之高情,无艳之绝情。此书虽谈始终奇情,情中无淫乱之词。特请名家逐节绘图,分订四册,外加锦套,实洋四角。"该小说存世最早的版本为嘉庆二十年(1815)忠恕堂刊本,未题作者姓名,广告所谓"海上高情居士所撰",当系理文轩的假托。郑振铎有藏本,书名题为"吴友如绘图第一情书听月楼全传",20回,4册,今藏国家图书馆。值得注意的是,光绪十九年(1893),上海地区书局翻印通俗小说已进入鼎盛期,白热化的竞争导致出版业出现盗版、改题、篡改序跋等种种弊端,理文轩就是当时比较活跃的书局之一,因此,《第一情书听月楼传》的图像,是否真的出自吴友如之手,颇存疑问。事实上,吴友如还曾为王韬文言小说《淞隐漫录》在《点石斋画报》连载时配绘插图,光绪十三年(1887)六月,一位署名"味闲庐"的书贾,抢在点石斋出版单行本之前,将《点石斋画报》历年所载《淞隐漫录》图文,结集石印,改题《后聊斋志异图说》,在该书的广告中,味闲庐声称:"兹特不惜工本,抄成工楷,复请吴友如先生逐节绘图,同付石印"①云云,可知鉴于吴友如在当时的出版界享有盛名,坊贾假借其名进行书籍的促销宣传,亦不足为奇。

二、画家陈作梅与《绘图评点儿女英雄传》

石印本《绘图评点儿女英雄传》,由蜚英馆初版于光绪十四年(1888)四月。该书首册"缘起首回图"左下角,署有"光绪十三年岁次丁亥秋日上元柳溪陈作梅绘于蜚英馆",下钤"柳溪"(阳文)印(参见图3),则小说插图的绘制者为南京人陈作梅,惜其生平事迹失载于《中国美术家人名辞典》等书,迄难详考。

---

① 广告载于光绪十三年六月二十六日《申报》。关于此书盗印经过,可参文娟《试论近代小说出版中的盗版现象》,《明清小说研究》2005年第2期。

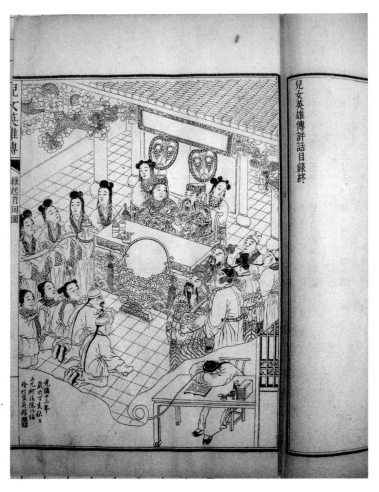

图3 陈作梅绘《绘图评点儿女英雄传》"缘起首回图",蜚英馆光绪十四年(1888)石印本

笔者在《申报》搜寻到一则珍贵的资料，光绪十三年（1887）七月十二日，《申报》登载"石印《绘图评点儿女英雄传》"广告：

> 《儿女英雄传》一书叙事精详，用笔简净，以绘水绘声之技，写可歌可泣之词，而且文绮而不佻，言谑而不虐。凡天涯羁客，凤阁名姝，绣罢茶余，皆堪寓目。惜活字板早经售罄，仆向有评点之本，秘不示人，新秋多暇，复手自绘图，并原书属蜚英馆石印，以公同好。成书约在孟冬，售价届时再定。知味轩主人启。

审其文意，广告所谓"知味轩主人"，当即陈作梅。陈氏不仅"手自绘图"，且将"原书属蜚英馆石印"，似乎他与蜚英馆存在某种合作关系；但"缘起首回图"题署又称"绘于蜚英馆"，则又似受聘于蜚英馆书局，至少曾寓居上海。陈作梅所绘插图极为精工，人物车马，屋宇家具，均刻画细致，摹绘逼真，堪称是近代通俗小说石印插图的上乘之作。尤其难能可贵的是，陈作梅所绘插图常有鲜明的满族文化色彩，与小说文本内容相一致，譬如男子多头戴瓜皮帽，脑后拖着长长的辫子；女子则手持烟杆，发式梳为旗人妇女典型的"两把头"；室内多置炕床，上摆炕桌、引枕等物（参见图4）。这种风格的插图，在整个通俗小说插图史中亦不多见，值得关注。

三、画家陆鹏与《今古奇观图咏》

陆鹏，字子万，著名海上画派画家钱慧安的弟子。曾参加晚清上海的书画社团"聚星社"，光绪六年（1880），《申报》登载"聚星社诗词书画篆刻助赈"广告，其中有"徐竹君山水、王春云花卉、陆子万人物、朱丽孙翎毛折扇册页每件一角，金面加倍"。《上海指南》（1909）载有"陆子万画例"：

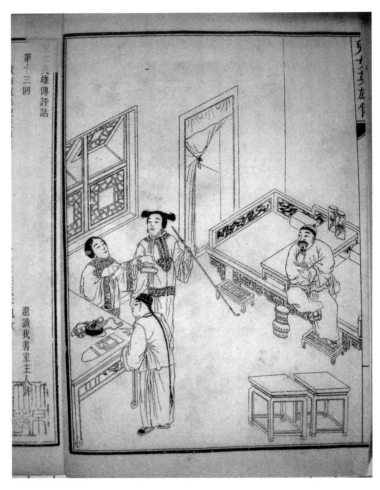

图 4 陈作梅绘《绘图评点儿女英雄传》第十三回插图,蜚英馆光绪十四年(1888)石印本

堂幅六尺四元,五尺八元,六尺十二元;屏每条照堂幅减半;扇人物一元,仕女一元半;册人物一元半,仕女二元。

上述画例表明:陆鹏最擅长人物画,尤其是仕女画,这无疑是他参与通俗小说图像绘制的有利条件。笔者所见由陆鹏绘图的通俗小说,是光绪十四年(1888)出版的《今古奇观图咏》,北京大学图书馆、上海师范大学图书馆均有藏本。铅印六册,开本尺寸约为高17厘米、半叶宽10厘米。扉页书名题"戴兆春署"。戴兆春,字青来,号展韶,浙江钱塘人,乃清代著名画家戴熙之孙、戴以恒之子,工山水,光绪三年(1877)进士及第,历任翰林院编修、蕊珠书院主讲①。光绪十二年(1886)为日人所撰《毛诗品物图考》作序,光绪十九年(1893)为祖父戴熙编定《习苦斋画絮》。

扉二牌记作"茂苑萃珍书屋藏本"。首序言,署"光绪戊子菊秋慎思草堂主人谨识",文中有云:"惜坊间原板漫漶模糊,加以鲁鱼亥豕,博览君子寓目为难。爰特不惜工资,逐加校覆,印以铅版;复倩名手,重绘图像,虽篇幅仍前,而较诸旧刻,不啻霄壤,阅者鉴之。"次又序,署"光绪戊子岁重阳后一日管窥子并书于海上";次目录,凡40回。全书共有石印插图40幅,每回一幅,背面印有赞语,与插图合为一叶,系于各回之首。

插图页均有题署,有"清溪逸史陆鹏写并题"(参见图5)"寒碧轩主人写""梦华外史""子万陆鹏作于寒碧轩""梦华外史写于寒碧轩"等多款,均系陆鹏一人所绘写,由此可知陆鹏曾有"清溪逸史""梦华外史"的别号,其室名为"寒碧轩",可补《中国美术家人名辞典》诸书之阙。赞语多未署题写者名号,唯第三卷、第七卷、第十七卷、第二十一卷、第二十三卷等卷,署

---

① 杨逸《海上墨林》卷三载:"戴兆春,字青来,钱塘人,文节公熙孙。入词林,工山水,曾主讲邑中蕊珠书院。"上海古籍出版社1989年版。

图 5　陆鹏绘《今古奇观图咏》第一回插图，萃珍书屋光绪十四年（1888）铅印本

"蝶梦生""戊子秋九月蝶梦生书于沪""鸳湖蝶梦生"(参见图6),不知是否亦为陆鹏的别号。

事实上,陆鹏之师钱慧安,也有绘制书籍插图的经历,譬如光绪七年(1881)闰七月初一,《申报》载"新刊《正续剑侠图传出售》"广告,文中有云:

> 今待鹤斋主人不惜重价,购得原稿,复倩名手精镌,并续辑剑侠三十九人,请姑苏田子琳、上海钱吉生两先生绘像,生面别开……今在上海之啸园、淞隐阁、醉六堂、味三堂、翼化堂、扫叶山房、千顷堂、万卷楼、紫文阁、剑光阁、读未楼各书坊寄售。

广告中的"待鹤斋主人",乃香山郑应钧(陶斋),晚清时期以出版《阴骘文图证》《坐花志果》等善书而闻名,后寓居上海。《剑侠传》正集的插图,则由海上画派著名画家任熊(字渭长)所绘,由此可证:与书局坊肆进行出版合作,正是海上画派画家实现其商业价值及艺术价值的一种重要方式。

四、画家杨文楼与《绘图富翁醒世传》

《绘图富翁醒世传》,即清代落魄道人所编《常言道》小说的改名,文宜书局石印巾箱本,二册,开本尺寸约高14厘米、半叶宽8厘米,函套签条及扉页均题"绘图富翁醒世传",扉页书名题"少英陆廷煦书",钤"少英书画"印。首"富翁醒世传序",署"光绪癸巳嘉平月扶琴士题于琴雅仙馆",此序看似新撰于光绪癸巳(1893),实际上全文抄自《常言道》嘉庆十九年(1814)刊本之"西土痴人"序,惟末句"所谓常言道俗情也云尔",今改为"所谓富翁常言醒世传云尔"。原序题署"嘉庆甲子新正人日西土痴人题于虎阜之生公讲台",亦被删改,制造出新撰小说初次出

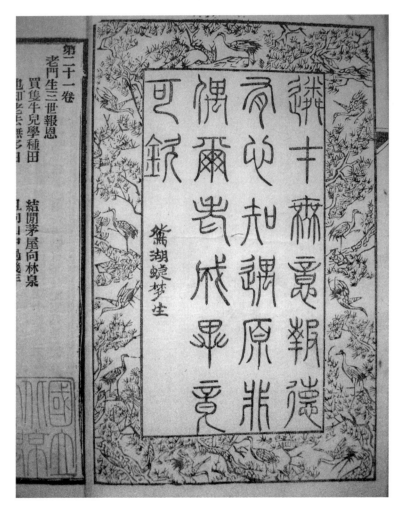

图 6　陆鹏绘《今古奇观图咏》第二十一回插图赞语,萃珍书屋光绪十四年(1888)铅印本

版的假象,以利销售,此乃近代书局翻印通俗小说的惯用伎俩。

《富翁醒世传》书首有绣像7叶14幅,其中第十二幅"英雄汉",题"蜀西杨文楼作"(参见图7),则该书绣像的绘制者,乃四川籍画家杨文楼。杨文楼生平不详,工书法,通绘画,山水人物花卉翎毛,无一不能,光绪十六年(1890)前后寓居上海,与何桂笙等海上文人有交游。其兄杨仲毓,亦擅书画。《申报》曾载有杨文楼书画润格。光绪十六年九月三日,《申报》登载由"高昌寒食生"(即何桂笙)撰写的《润资助赈》广告:

  西蜀杨文楼先生,为仲毓太守之介弟,青年锐学,工书法,兼通绘事,与乃兄齐名,凡山水人物花卉翎毛,无一不能,亦无一不工,盖合关荆董恽而为一手者也。近寓沪渎,时以翰墨代面,心益重之。刻以各处灾荒,望赈甚切,慨然愿以绘事问世,即以所得润资移助赈款,良工心苦,亦好善有诚矣。余钦之敬之,乃为其定润格如左,计开:中堂八六五四尺六四三二元,横幅同价,屏条减半,扇册琴条每件二角,帐眉立轴一元。山水花鸟人物仕女同价,点景及泥金加倍,余件另议。书润均减半,信力自给,十日取件,由四马路文宜书局、蕙凤阁扇店两处代收。先润后画,一俟集有成数,悉以汇解赈所。古越高昌寒食生识。

光绪十八年(1892)二月十日,《申报》载"杨文楼书画"润格广告:

  匾每字五角,至三尺一元,联每言一角,堂幅直横八六五四尺六三二一元,屏条减半,扇件二角,山水人物仕女同价。由四马路文宜书局收件。

图 7　杨文楼绘《绘图富翁醒世传》"英雄汉"绣像,文宜书局光绪十九年(1893)年石印本

令人注目的是,杨文楼、杨仲毓①弟兄在上海的书画活动,多由文宜书局代理,彼此间存在密切的合作关系。因此,文宜书局出版《富翁醒世传》小说,聘请杨文楼绘制绣像,亦是合乎情理之事。

细阅《富翁醒世传》的 14 幅绣像,人物线条流畅,表情生动,多合乎小说情节的塑造。譬如该书主人公之一"钱士命",贪婪悭吝,嗜钱如命,其姓名谐音"钱是命",乃小说作者重点抨击的无耻小人。杨文楼绘钱士命双手抱着一枚巨大的钱币,盖住整个上半身,仅从钱币中间的方孔中,露出一副贪婪、奸诈的面目(参见图 8),诙谐生动,寓意深刻,具有现代漫画的艺术效果,足见杨文楼对小说原著的熟悉及其画风的犀利。

《富翁醒世传》书首另有插图 8 叶 16 幅,每回一幅,插图皆有题图,文字则为各回的回目,署名有"琴雅仙馆主人书""太瘦生题""陆氏太瘦生书于海上"(参见图 9)、"陆氏琴雅仙馆主人题"等多款,均系陆廷煦一人所书。插图并未署明绘制者姓名,审其人物风格,颇似杨文楼手笔。不过,陆廷煦在扉页题签处钤"少英书画"之印,则陆氏当亦精通绘画,或许插图即由其自己所绘。惜陆廷煦的生平事迹,今难详考,根据《富翁醒世传》提供的资料,知其字少英,号太瘦生②、扶琴士,斋额"琴雅仙馆",似精通古琴,寓居上海,与文宜书局关系较为密切。

---

① 光绪十三年(1887)四月十八日,《申报》载"书画助赈"云:"兹有问字堂主人杨仲毓大令,本蜀国渊云,来申江小住,将俟秋入都,悯山左灾区赈务孔急,特以书画助赈三日,由四马路蕙凤阁、文宜书局两处经手。"光绪十四年(1888)一月廿八日,《申报》载"书画助赈"云:"西蜀杨仲毓大令,去岁夏冬两季书画助赈,润洋共计一百三十余元,陆续缴局,惟冬季接件过多,霜晨雪夜,未尝停管,以致除夕尚存一百余件,今春求者亦然踵至,几欲谢绝。因太夫人今春由川南来,八千余里,恐遇风浪惊骇,再郑州水灾未息,故再助之。惠者仍交四马路文宜书局。"

② 晚清另有一名"太瘦生",曾在申报馆主办的《四溟琐记》第二卷登载《送情文》《与黄鹤楼书》,第五卷登载《秋畹别传》等文,署"淮阴太瘦生鲁仲实",与陆廷煦非为同人。

图8 杨文楼绘《绘图富翁醒世传》"钱士命"绣像,文宜书局光绪十九年(1893)年石印本

近代海上画家与通俗小说图像的绘制　151

图9　杨文楼绘《绘图富翁醒世传》第七回插图，文宜书局光绪十九年（1893）石印本

五、结　语

如前文所述,晚清时期寓居上海的书画家为书局出版通俗小说绘制图像,不仅可以提高其自身的社会知名度,亦可借此获取一定的经济报酬。虽然笔者尚未搜集到直接的文献资料,但透过当时书画家及文人代拟诗文的润例,仍可略窥其付酬行情(参见表8)。

表8　晚清书画家及文人代拟诗文润例

姓　名	润　例	资料出处
俞达甫	堂幅六尺二元、五尺一元二角、四尺八角,屏幅减半,扇册每二角,人物仕女加半	一八八三年八月十六日《申报》
饭颗山樵	律诗每首二角、绝句一角、古诗三角	一八八三年十月三十一日《申报》
黄式权	寿文祭文每篇一元、序跋每篇半元,限字数另酌;古风三角、五七言律二角、五七言绝一角、楹联撰句二角	一八八五年五月八日《申报》
胡铁梅	山水人物堂幅四尺三元、五尺四元、六尺六元,屏减半,扇册七角,账额三元	一八八七年一月一日《申报》
韩仁寿	山水堂幅六尺五元、五尺四元、四尺三元,扇册五角,松竹梅兰行书减半	一八八八年九月一日《申报》
王一亭	花鸟人物中堂三四五六尺八角一元二元三元,屏减半,扇册二角	一八八九年四月二十二日《申报》
陆筱轩	寿文洋八元,墓志铭同上,均须开明节略。书序长篇四元、短篇二元,题照长歌一元,五七律均五角,绝句二角	一八八九年四月十四日《申报》
高太痴	四尺轴一元六角,加一尺加八角,屏条每条照轴减半,花鸟山水仕女一律	一八八九年八月十一日《申报》
	山水四尺堂幅三元,加纸一尺加洋一元,屏条每条减半,扇七角,仕女照山水例	一八九九年七月十三日《苏报》

(续　表)

姓　名	润　例	资料出处
杨文楼	中堂八六五四三尺六四三二元,横幅同价,屏条减半,扇册琴条每件二角,帐眉立轴一元。山水花鸟人物仕女同价,点景及泥金加倍	一八九〇年十月十六日《申报》
	匾每字五角,至三尺一元,联每言一角,堂幅八六五四尺六三二一元,屏条减半,扇件二角,山水人物仕女同价	一八九二年三月八日《申报》
杨伯润	山水堂幅四尺十二元、五尺十八元、六尺二十四元,屏每条照堂幅减半,扇三元,册三元;花卉照山水一律减半	一九〇九年《上海指南》
陆　鹏	堂幅六尺四元、五尺八元、六尺十二元,屏每条照堂幅减半,扇人物一元、仕女一元半,册人物一元半、仕女二元	一九〇九年《上海指南》

资料来源:王中秀等编著《近现代金石书画家润例》,上海画报出版社2004年版。

光绪十年(1884)五月十四日,《申报》登载"请各处名手专画新闻启",宣称"本斋特告海内画家,如遇本处有可惊可喜之事,以洁白纸新鲜浓墨绘成画幅,另纸书明事之原委。如果惟妙惟肖,足以列入画报者,每幅酬笔资两元。其原稿无论用与不用,概不退还。画幅直里须中尺一尺六寸,除题头空少许外,必须尽行画足"云云。事实上,申报馆的这一画稿酬金标准,已超出了当时申城大部分画家的润例,其偏高的原因或在于,《点石斋画报》的画稿,包含独家新闻的特殊价值。此外,申报馆其时正欲全力推出首创的新闻画报,较为优厚的酬金,无疑是吸引稿源、扩大影响的有效手段。因此,倘若参照表8所提供的润例,上述诸家书局支付给陆鹏、陈作梅、杨文楼等人的单幅画稿酬金,恐怕要低于申报馆的标准。

众所周知,为通俗小说文本配绘图像,其设由来已久,明清时期多以木刻版画印制，偶有铜版印刷者。然因制作工艺及成本等因素，通俗小说图像实际并未普及，其绘刻精美者更属寥寥。至晚清时期，由于照相石印技术的传入，图像印刷遂为唾手易事，点石斋书局曾在广告中，欣喜地描述石印图像的大致过程与出版优势："先取古今名家法书楹联琴条等，用照相法照于石上，然后以墨水印入各笺，视之与濡毫染翰者无二"，"凡印字之波折，画之皴染，皆与原本不爽毫厘"，"但将原本一照于石，数千百本咄嗟立办，而浓淡深浅，着手成春，此固中华开辟以来第一巧法也"①。赖此一术，小说图像得以普及，各种标以"绣像""绘图"或"增像全图"的通俗小说，层出不穷，甚至还出现了采用五彩石印技术印刷的彩图本，图像本成为明清通俗小说近代传播的典型形态。

需要特别指出的是：与明清时期的木刻小说相比，石印图像省却了原先的刻工环节，图像绘制的重要性得以大大增强，画师成为通俗小说石印图像本印行的关键所在；就此而言，近代上海之所以能够成为通俗小说图像本的出版中心，除了铅石印技术的输入与近代书局的繁盛之外，海上书画家群体的汇集与活跃，亦是其中颇为重要的文化因素。

（原载《荣宝斋》2007年第3期）

---

① 光绪八年（1882）十二月八日，《申报》登载点石斋"楹联出售"广告。

晚清时期小说征文活动考论

一、古代小说征文活动的渊源

由于种种原因,古代通俗小说长期被视作不登大雅之物,其文学地位与社会地位均较为低下,就连小说作者自己,也鄙称小说编撰为"雕虫小技",是为了"糊口"才不得已而为之的工作,每当作品编成,他们常常羞于署上自己的真实姓名,而代之以各类隐晦的字号。古代小说编撰,遂成为明清社会的一种灰色职业,这与明清诗文炽盛的结社、征稿、联咏、酬赠、唱和之风,恰好构成鲜明的对比。

在此背景下,公开征求小说作品,自无出现之可能。迄今为止,研究者只发现明末杭州小说家陆云龙,曾利用其书坊主的便利,为《型世言二集》登载过征求小说素材的广告①。美国国会图书馆藏明崇祯本《皇明十六家小品》,附陆云龙征文启事两页,其拟刻之书及征文内容为:刊《行笈二集》,征名公制诰、奏疏、诗、文、词、启、小札;刊《广舆续集》,征各省直昭代名宦人

---

① 关于陆云龙征稿之事,参王重民《中国善本书目提要》"集部·总集",上海古籍出版社1986年版;大塚秀高《二刻与三刻》,台湾汉学研究中心主办《汉学研究》1988年第6卷第1号;大塚秀高《二刻研究前后》,日本中国古典小说研究会主办《中国古典小说研究》1997年第3号;陈庆浩《导言——一部佚失了四百年的短篇小说集〈型世言〉的发现和研究》,"中国话本小说大系"《型世言》"前言",江苏古籍出版社1993年版。

物;刊《续西湖志》,征游客咏题、嘉隆后杭郡名宦人物;刊《明文归》,征名公、逸士、方外、闺秀散佚诗文;刊《皇明百家诗文选》,征名公、逸士、方外、闺阁成集者;刊《行笈别集》,征名公新剧、骚人时曲;刊《型世言二集》,征海内异闻。启事注明:"见惠瑶章,在杭付花市陆雨侯家中,在金陵付承恩寺中林季芳、汪复初寓。"日本内阁文库藏《翠娱阁行笈必携》陆云龙序后,亦有一则征文启事,文云:"一征玉堂诰敕,一征经世奏议,一征大匠诗文,一征名公启札,一征名贤行实,一征宇内异闻。惠我者邮掷武林花市峥霄馆陆君翼家下。"

征集素材以编撰书籍,这在明末清初似颇为流行,王重民谓:"此风气不知始于何时,清初李渔、吕留良、张潮皆用此方法征稿。"①晚清时期的小说作者,也曾利用此法搜集素材,譬如《小说林》第7期(1907年11月)载有著名小说家包天笑之"天笑启事",声称:"鄙人近欲调查近三年来遗闻轶事,为《碧血幕》之材料,海内外同志,如能贶我异闻者,当以该书单行本及鄙人撰译各种小说相赠,开列条件如下:一关于政治外交界者,一关于商学实业界者,一关于各种党派者,一关于优伶妓女者,一关于侦探家及剧盗巨奸者,其他凡近来有名人物之历史及各地风俗等等,钜细无遗,精粗并蓄,倘蒙赐书,请寄上海棋盘街小说林转交可也。"不过,征集小说素材,毕竟与征求完整的小说作品,存在着本质的区别。资料表明:真正意义上的小说征文活动,始于晚清时期的上海。

二、两次早期小说征文活动及其差异比较

时间较早的一次小说征文,发生在光绪丁丑(1877)十月十七日,署名"寓沪远客"者,在《申报》登载广告"《有图求说》出

---

① 参王重民《中国善本书目提要》"集部·总集"《皇明十六家小品》提要。

售",文云:

> 兹有精细画图十幅,钉成一册,名曰《(有)图求说》①,托申报馆代售,每册收回工价钱三十文。但图中之人名、地名以及事实,皆未深悉,尚祈海内才人,照图编成小说一部,约五万字,限于十二月十五日以前,缮成清本,由申报馆转交。择其文理尤佳者一卷,愿送润笔洋二十元,次卷送洋十元,便即装印成书出卖,余卷仍发还作者,决不有误,惟望赐教为幸。

照图编撰小说,其形式类似于今天中小学生惯常的"看图作文",不过,在晚清社会它尚属新潮,尤其是向全社会公开征求小说,则更为罕见,《申报》特地为它配发了题为《书请撰小说后》的评论:

> 近来稗官小说几乎汗牛充栋,然文人同此心、同此笔而所撰之书各不相同,实足以开拓心胸,为消闲之一助。但所阅诸小说,其卷首或有图,或无图,从未专有图而无说者。兹见本报后寓沪远客所登之请撰小说告白,似即征诗征文之遗意,文人雅士于酒后睡余,大可藉此消遣工夫,行见奇情壮采奔赴腕下,而诸同人又得击节欣赏矣。

单看这段评论,似乎舆论对本次征文颇为积极,然而,事实恰恰相反,广告登出之后,申城"文人雅士"的反应极其冷淡,至十二月十五日期满时,竟只有一人应征。"寓沪远客"被迫于十二月十六日(1878 年 1 月 18 日)《申报》登载"《有图求说》宽期"的

---

① 此处"有"字《申报》原脱排,但是,原广告标题以及另外两次广告文字均作"有图求售",今据以补入。

广告,称"前报《有图求说》一事,本限于十二月十五日以前,将所来之卷择其佳者,评定甲乙,即付酬金。兹因限期已至而所收之作,不过安闲先生一卷而已,无从比较,难定优劣","无奈宽期,拟于来年正月底为止,望远近诸君,如有所作,可届期速交,无再耽延,如过期交者,则弗收矣"云云。此后,征文的期限一再放宽,直到光绪戊寅四月二十一日(1878 年 5 月 22 日),"寓沪远客"方才公布结果,该日《申报》载有"《有图求说》取列"的启事:

> 启者,前所请撰之小说,今仅收到安闲先生与蓬山居士两卷而已,俱未见甚佳,皆难刊印,惟依原白强分甲乙,以安闲先生为一,酬洋二十圆,蓬山居士居二,酬洋十圆,准于本月二十二日三点钟,在申报馆面交,届期莫误。此后,如有能撰得更佳而合刊印者,亦许酬谢,特此谨白。

本次征文前后历时半年多,却只收到两篇征文,最后不得不草草收场了事。事实上,"寓沪远客"的失败,是很容易理解的:在小说文体依然处于不登大雅之堂的时候,举办公开的小说征文,又怎能奢望其成功呢?值得一提的是,"寓沪远客"的真实身份,虽不能确知,但从种种迹象来看,譬如征文请申报馆转交,酬金在申报馆领取,申报馆又为征文配发积极的时评等等,显然与申报馆有着十分密切的关系,"寓沪远客"或即申报馆老板英国人美查,也未可知。

再来看第二次小说征文,光绪二十一年五月初二(1895 年 5 月 25 日),《申报》登载"求著时新小说启",文云:

> 窃以感动人心,变易风俗,莫如小说推行广速,传之不久,辄能家喻户晓,习气不难为之一变。今中华积弊最重大者,计有三端,一雅片,一时文,一缠足。若不设法更改,终

非富强之兆。兹欲请中华人士愿本国兴盛者,撰著新趣小说,合显此三事之大害,并祛各弊之妙法,立案演说,结构成编,贯穿为部,使人阅之心为感动,力为革除。辞句以浅明为要,语意以趣雅为宗,虽妇人幼子,皆能得而明之。述事务取近今易有,切莫抄袭旧套,立意毋尚希奇古怪,免使骇目惊心。限七月底满期收齐,细心评取,首名酬洋五十元,次名三十元,三名二十元,四名十六元,五名十四元,六名十二元,七名八元。果有嘉作,足劝人心,亦当印行问世,并拟请其常撰同类之书,以为恒业。凡撰成者,包好弥封,外填姓名,送至上海三马路格致书室,收入发给收条,出案发洋亦在斯处。英国儒士傅兰雅谨启。

此则征文启事,后又登载于《万国公报》第77册(1895年6月)、《中西教会报》复刊第7册(1895年7月),除少数文字略有差异外,余皆相同。需要说明的是:以往的研究者多认为,本次征文乃"由傅兰雅发起、《万国公报》推出"①,"'以小说启蒙'最早也是由在华传教士在《万国公报》上提倡的"②云云,实误!该征文启事最早刊载于《申报》,时间要比《万国公报》早半个多月。

傅兰雅,英国传教士,曾任江南制造局翻译馆翻译、上海格致书院董事,独力编辑出版《格致汇编》,并开办西学书店"格致书室",对西学在中国的传播,贡献卓著。《申报》《万国公报》均为当时著名的报刊,此则征文启事,因之产生了十分广泛、强烈的影响,应征情况,亦颇令人满意,至光绪二十一年十一月二十九日(1896年1月13日),共收到小说162部,因为"作者过多",举办者将原定的获奖人数从7名扩增到20名,"皆酬润

---

① 参王立兴《一部首倡改革开放的小说——詹熙及其小说〈醒世新编〉论略》,《明清小说研究》1994年第1期。
② 参袁进《中国小说的近代变革》第四章"新与旧",中国社会科学出版社1992年版。

资",傅兰雅在该日《申报》登载启事"时新小说出案",公布了这20位获奖名单,虽然其具体身份、所作小说篇目内容,今已难详知,但是,作为小说征文的早期得奖作者,他们的姓名理应受到特别的关注:

> 茶阳居士五十元,詹万云①三十元,李钟生二十元,青莲后人十六元,鸣皋氏十四元,望国新十二元,格致散人八元,胡晋修七元,刘忠毅、杨味西各六元,张润源、救甘老人各五元,殷履亨、倜侬非常生各四元,朱正初、醒世人各三元,廖卓生、罗懋兴各二元,瘦梅词人、陈羲珍各一元半。

若将第一、第二次小说征文略作比较,我们可以清晰地感觉到两者的差异,而这种差异的背后,乃隐含着晚清小说观念的演进脉络:

其一,社会反响相去悬殊。第一次征文,仅两人应征,第二次征文则猛增到162人,由此数字可知,中国文人、中国社会对小说文体的兴趣在短短的十八年(1877—1895)中,有了何等惊人的变化。

其二,第一次征文的两名应征者"安闲先生"与"蓬山居士",使用的都是化名,其风格亦和传统明清小说的作者名号十分一致。但第二次征文则不同,仅从现知的20名获奖者来看,署真名者为10人,占总数的一半;其中的不少名字,诸如"望国新""格致散人""杨味西""醒世人"等,均带有颇为浓烈的晚清时代气息。事实上,署真名还是化名,不仅关乎作者署名习惯的问题,其背后体现着小说社会地位的升降起落。

其三,两次征文的动机和目标,皆存在着本质的区别。第一

---

① 詹万云,字澹轩,曾撰有《崇西教以救亡论》上、中、下,文载《申报》光绪二十八年(1902)二月初九日。其生平事迹不详。

次征文,虽然"寓沪远客"未曾在启事中细说要求,但从《申报》所配发的时评,我们不难看出,他所征求的小说,其内容追求"奇情壮采",其作用乃是供人"酒后睡余"消遣,可谓未脱传统小说的故事模式及价值取向。而第二次小说征文的举办者,则在广告中明确表示,所求小说为"时新小说",其内容以反映中华三积弊、提出革新妙法为主,反对求奇求怪,落入俗套,其目的是通过撰写、传播"新趣小说",达到除弊兴国的宏图。

傅兰雅举办的小说征文活动以及他在启事中提倡的新小说观念,对晚清小说产生了直接而深远的影响,有的研究者称之为"新小说前的新小说",甚至将其视为"近代小说理论的起点"①。这种影响主要表现在如下三个方面:

一、征文活动直接推动了当时的小说创作实践。虽然,到目前为止,我们还没有找到傅兰雅将应征作品出版的资料②,但是,至少有《醒世新编》(1895)、《新辑熙朝快史》(1895)、《招隐居传奇》(1896)、《通商原委演义》(1897)等四部作品,乃"是在征文启事的启示下创作的"③,它们清楚、有力地表明了此种影

---

① 参〔美〕韩南《新小说前的新小说——傅兰雅的小说竞赛》,《中国近代小说的兴起》,上海教育出版社2004年版;陈亚东《近代小说理论起点之我见》,《明清小说研究》1994年第1期。

② 关于小说征文的出版资料,十分罕见。笔者在上海图书馆调查晚清小说时,发现南梦的《双泪碑》小说,光绪三十四年(1909)二月上海四马路时报馆活版部印刷发行,封面朱题"写情小说""时报馆悬赏小说第二等"字样,当即时报馆小说征文的获奖作品。另据侗生《小说丛话》载:"《雌蝶影》,时报馆出版,前年悬赏所得者也","友人言此书为李涵秋作,署包某名,另有他故"。另周瘦鹃《我与李涵秋先生》云:"李先生的长篇小说,我所看完全的,就是十多年前署名包柚斧应《时报》悬赏征文中选的那本《雌蝶影》。所说的是一段巴黎情史,情节很曲折,有扑朔迷离之致。李先生不知西文,听说通篇是杜撰的。但不署真姓名,而借用他好友包柚斧的大名,不知道为什么缘故。"(原载《半月》第2卷20号,转引自袁进主编《活在微笑中》,东方出版中心1997年版)则此书亦为征文获奖小说。但令人遗憾的是,时报馆的征文启事(据上述资料判断,其时间在1909年左右)却迄今遍寻未得。

③ 参王立兴《一部首倡改革开放的小说——詹熙及其小说〈醒世新编〉论略》。

响的具体存在。其中尤以詹熙的《醒世新编》小说最为明显。光绪丁酉(1897)詹熙《自序》称:"英国儒士傅兰雅谓:'中国所以不能自强者,一、时文;二、雅片;三、女子缠足。'欲人著为小说,俾阅者易于解说,广为劝戒。余大为感动,遂于二礼拜中,成此一书","书成,藏诸行箧者三年",则《醒世新编》当创作于1895年征文启事发表后不久。

小说叙述了浙东巨族魏隐仁一家的兴衰故事,作者象征性地给魏家四个儿子,安排了四种不同的生活与命运:长子镜如,嗜毒成瘾;次子华如,热衷时文;三子水如,迷恋缠足妇人;四子月如,未染三弊,出国留学,学习洋务,振兴家业。通过相互的对比映衬,鲜明地揭露了鸦片、时文、缠足的种种罪恶。有意思的是,小说第二十九回,詹熙还借书中人物之手,撰写了一篇《革时弊以策富强》,从理论上再次阐明了三时弊的社会危害性。可以说,《醒世新编》乃是一部不折不扣地按照傅兰雅征文启事之要求而编撰的"时新小说",可惜詹熙不知何故没有应征,否则,一定会使傅兰雅感到欣喜万分,头等奖励自亦非他莫属。

二、傅兰雅将小说视为社会革新工具的观念,奠定了梁启超"小说界革命"的理论基础。翻开梁氏写于1897年的《变法通议·论幼学》文,其中论及说部书云:"今宜专用俚语,广著群书,上之可以借阐圣教,下之可以杂述史事,近之可以激发国耻,远之可以旁及彝情,乃至宦途丑态,试场恶趣,鸦片顽癖,缠足虐刑,皆可穷极异形,振厉末俗,其为补益,岂有量耶。"将此与征文启事两相对阅,其间之联系自不言而喻。之后,严复、夏尊佑《本馆附印说部缘起》(1897)、梁启超《蒙学报演义报合序》(1897年)、梁启超《译印政治小说序》(1898)、邱炜萲《小说与民智关系》(1901)、梁启超《论小说与群治之关系》(1902)等文,反复阐述了小说对于增长民智、革新社会的巨大作用,虽然,各文语词的夸饰程度不一,但均将小说视作社会政治革命的工具,其中晃动着颇为清晰的傅兰雅之影子。

三、启事首创的"时新小说""新趣小说"等名词,成为晚清小说的专称,也是各类新小说书刊广告语的关键词。譬如1902年11月,梁启超创办的小说杂志定名为《新小说》;1904年9月,冷血创办的小说杂志则命名为《新新小说》;等等。

显然,从第一次小说征文(1877)到第二次小说征文(1895),中国小说吹响了由传统旧小说向近代新小说演进的号角,英国传教士傅兰雅,幸运地扮演了号手的角色,这一耐人寻味的事件,再一次显示了外国传教士在中国文化近代化进程中所起的独特作用。当然,在肯定的同时,也不宜过于夸大傅兰雅征文启事的意义,因为征文启事,毕竟只代表傅兰雅个人的小说观念,1895年前后,中国文人的小说观念及其创作实践,绝大部分依旧停留在传统旧小说的层面上,远未达到傅兰雅的要求。正是这一原因,才造成了本次征文应征热烈、结果却仍令人失望的尴尬情形:《万国公报》第86卷(1896年3月)、《中西教会报》复刊第15册(1896年3月)曾同时刊载了傅兰雅的《时新小说出案》启事,其文较《申报》为详,据此可以看到不少该次征文的具体情况:

> 本馆前出告白,求著时新小说,以鸦片、时文、缠足三弊为主,立案演说,穿插成编,仿诸章回小说,前后贯连,意在刊行问世,劝化人心,知所改革,虽妇人孺子,亦可观感而化。故用意务求趣雅,出语亦期显明,述事须近情理,描摹要臻恳至当。蒙远近诸君揣摩成稿者凡一百二十六卷,本馆穷百日之力,逐卷披阅,皆有命意,然或立意偏畸,述烟弊太重,说文弊过轻;或演案希奇,事多不近情理;或述事虚幻,情景每取梦寐;或出语浅俗,言多土白,甚至词尚淫污,事涉狎秽,动曰妓寮,动曰婢妾,仍不失淫词小说之故套,殊违劝人为善之体例,何可以经妇孺之耳目哉?更有歌词满篇俚句道情者,虽足感人,然非小说体格,故以违式论。又

> 有通篇长论调谱文艺者,文字固佳,惟非本馆所求,仍以违式论。然既蒙诸君俯允所请,惠我嘉章,足见盛情,有辅劝善之至意,若过吹求,殊拂雅教。今特遴选体格颇精雅者七卷,仍照前议,酬以润资,余卷可取者尚多,若尽弃置,有辜诸君心血,余心亦觉难安,故于定格之外,复添取十有三名,共加赠洋五十元,庶作者有以谅我焉。

傅兰雅对应征者的批评,主要集中在两个方面:其一,小说文体观念仍较为芜杂,诸如歌词、道情、传奇戏曲,乃至小说论文,都被当作小说作品送来应征,此属"违式";其二,小说作品的命题立意、情节设计、语言风格,"仍不失淫词小说之故套",而与"时新小说"相差甚远。透过傅兰雅的批评之语,我们看到了1895年前后中国小说的真实情形:小说编撰兴盛、刊印繁荣、传播广泛,但整体艺术质量低劣,模式化倾向十分严重,抄袭、拼凑、盗版、挖改、删减之弊,比比皆是,传统小说陷入了深深的危机之中。不过,也正是在这片危机之中,晚清新小说的种子开始播撒、萌芽并悄然成长。

三、晚清书局的小说征文及其学术意义

先来看一组数字:从道光二十年(1840)至宣统三年(1910),出版于上海的单行本创作小说共有 352 种,其中 1840—1902 年为 26 种,1903—1910 年为 326 种;刊载于上海报刊的创作小说共 429 种,其中 1840—1902 年为 2 种,1903—1910 年为 427 种[①]。显然,1903 年前后,在晚清小说史上,具有特殊的时间意义。

---

① 数据采自陈大康《关于近代小说研究的一些思考》,陈文为 2000 年上海近代小说国际研讨会论文,未刊稿。

（一）1903 年前后发生的与小说有关的事件

我们不妨再来罗列一下 1903 年前后发生的与小说有关的事件：

1902 年 11 月，梁启超在日本横滨创办《新小说》，发表著名的《论小说与群治之关系》，第一次正式提出"小说界革命"的口号；并连载《新中国未来记》《东欧女豪杰》等小说；

1902 年 12 月，《新小说》转至上海，由广智书局出版第 2 号；

1903 年 4 月，李伯元《官场现形记》小说开始连载于《世界繁华报》；

1903 年 5 月，上海商务印书馆创办《绣像小说》，并开始连载李伯元《文明小史》《活地狱》等小说；

1903 年 6 月，《绣像小说》第 3 号刊载夏尊佑《小说原理》；

1903 年 9 月，《新小说》第 7 号刊载梦卿《论文学上小说之位置》及梁启超等人的《小说丛话》；《绣像小说》第 9 期开始连载刘鹗《老残游记》小说；

1903 年 10 月，《新小说》第 8 号开始连载吴趼人《痛史》《二十年目睹之怪现状》《电术奇谈》等小说；

1903 年 11 月，金松岑在《江苏》第 8 期发表《孽海花》第一、二回；

至此，晚清四大谴责小说——《二十年目睹之怪现状》《老残游记》《孽海花》《官场现形记》均已问世；晚清四大小说期刊——《新小说》《绣像小说》《小说林》《月月小说》，也已经创刊了两种，可以说，晚清小说开始进入了实质性的启动、发展阶段。因此，有的研究者将 1902—1903 年，视为"晚清新小说的发轫"[①]，从创作实践来看，这是符合史实的。

---

① 参欧阳健《晚清小说史》第一章，浙江古籍出版社 1997 年版。

（二）小说征文启事举例

伴随着小说社会、政治、文学地位的不断提升，公私书局、书坊对小说的出版热情空前高涨，晚清报刊也竞相刊载各种小说，小说的社会需求量迅猛扩增。于是，小说征文活动，也随之活跃起来。兹择征文启事七则，转录如下：

1. 新小说社的小说征文（1902）

光绪二十八年（1902）十月，《新民丛报》第 19 号刊登"新小说社征文启"，此文后又刊载于梁启超主编《新小说》创刊号（1902 年 11 月），题作《本社征文启》：

  小说为文学之上乘，于社会之风气关系最巨。本社为提倡新学，开发国民起见，除社员自著自译外，兹特广征海内名流杰作，绍介于世。谨布征文例及酬润榜如下：
  第一类　章回小说在十数回以上者及传奇曲本在十数出以上者：
   自著本　甲等　每千字酬金　四元
      乙等　同上　　　　三元
      丙等　同上　　　　二元
      丁等　同上　　　　一元五角
   译　本　甲等　每千字酬金　二元五角
      乙等　同上　　　　一元六角
      丙等　同上　　　　一元二角
  第二类　其文字种别如下：一、杂记；一、笑话；一、游戏文章；一、杂歌谣；一、灯谜酒令楹联等类。此类投稿恕不能遍奉酬金，惟若录入本报某号，则将该号之报奉赠一册，聊答雅意。

2. 上海商务印书馆的小说征文(1904)

《申报》光绪三十年(1904)十月三十日,登载"上海商务印书馆征文"启事:"本馆创办教科书、《绣像小说》《东方杂志》,以饷我同胞。幸蒙海内不弃,惟同人知识有限,深恐不克负荷,无以副四方之期望。拟广征艺文,以收集思广益之用。"所征之文,包括"国文教科书""小说"及"论说"三大类。

有关小说征文的文字,在本则启事中占据的篇幅最多,主要征求以下四类小说:①教育小说,"述旧时教育之情事,详其弊害,以发明改良方法为主";②社会小说,"述风水、算命、烧香、求签及一切禁忌厌胜之事,形容其愚惑,以发明格致真理为主,然不可牵涉各宗教"①;③历史小说,"从鸦片战争起至拳匪乱事止,详载外人入境及各国致败之由,割地赔款一并述及,以明白畅快,能开通下等社会为主,然征引事实须有所本,不可杜撰";④实业小说,"述现时工商实在之情事,详其不能制胜之故,以筹改良之法"。

每类小说,均"用章回体,或白话,或文言,听人自便。先作数回,并用别纸将全书结构及作书宗旨暨全书约有几回,先行示及"。每篇字数,要求在"二万字以上"。奖金设置情况为:"第一名酬洋一百元,二、三名各五十元,四、五名各三十元,六名至十名各念元,十一名至二十名各二十元,以下酬资,届时酌定,或送本馆书籍,如佳作甚多,酬资再行酌增。""卷交上海美租界新衙门东首祥麟里间壁成字1364号商务印书馆

---

① 这段引文中的"厌胜"两字,《申报》影印本漫漶不清,当年我做《申报》小说出版资料长编之时,空缺待补,久而失察,遂至最终论文发表,都未能核查《申报》原件补出,这是需要向读者诸君道歉的。后刘永文教授大著《晚清小说目录·前言》(2008)指出了拙文的错误,刘教授还好意隐去了我的名字。然而,我对自己这一不严谨的行为深感惭愧,特此坦白,以为警诫,并借此机会由衷地感谢刘教授。

编译所","卷面注明姓字、里居,务须详晰,愿用别号者亦可,但须与原局接洽,俾投递回信不致错误"。并承诺将从应征小说中,"选录佳作印行"。

启事称本次征文,"年底截止,明年二月内选定名次,登报广告"。但遗憾的是,我们遍查光绪三十年(1904)、三十一年(1905)两年的《申报》,均未找到有关征文结果的资料,因此,商务印书馆举办的小说征文究竟收到多少篇来稿,其作者、作品之详细情况,皆不得而知。

3. 月月小说社的小说征文(1906—1908)

1906年11月,《月月小说》创刊号登载"本社征文广告":

> 本报除同人译著外,仍广搜海内外名著,如有佳作小说,愿交本社刊行者,本社当报以相当之酬劳。本报注重教育,凡有关于科学、理想、哲理、教育诸小说,若有佳本寄交本社者,已经入选,润资从丰。编译部敬白。

1908年3月,《月月小说》第14号登载"特别征文":

> 本社现欲征求短篇小说,每篇约二三千字,及中新丛谈逸事等稿,海内著作家如有佳什见惠者,望投函本社,审定刊登。或酬墨金,或谢书报,均望于来函中表明意见,以便商定。投稿设有与本社宗旨不符者,恕不作复,亦不检璧。

1908年4月,《月月小说》第15号登载"征文广告":

> 本报除同人译著外,仍广搜海内外名家,如有思想新奇之短篇说部,愿交本社刊行者,本社当报以相当之利益。本报注重撰述,凡有关于科学、理想、哲理、教育、政治诸小说

佳稿寄交本社者,已经入选,润资从丰。撰述长篇,以章回体每部十六回或二十回为合格。

1908年8月,《月月小说》第20号登载"月月小说编辑部告白":

> 历史·家庭·教育·军事·写情·滑稽
> 本社征求以上六种小说,无拘翻译撰著、段落章回各体,如有以稿见投者,请径寄本编辑部审定,登载从丰致润,宗旨不合,恕不作复检还。

4. 小说林社的小说征文(1907)

1907年2月,《小说林》创刊号登载"募集小说"启事:

> 本社募集各种著译家庭、社会、教育、科学、理想、侦探、军事小说,篇幅不论长短,词句不论文言、白话,格式不论章回、笔记、传奇。不当选者,可原本寄还,入选者分别等差,润笔从丰致送。甲等,每千字五元;乙等,每千字三元;丙等,每千字二元。通讯处上海新马路福海里小说林编辑所,若非信件挂号,如有失误,本社不认其咎。

5. 改良小说社的小说征文(1909)

1909年6月26日,《申报》登载"改良小说社征求小说广告":

> 本社以改良社会、开通风气为主义,故自开办以来,出版书类皆宗旨纯正,辞义浅显,久为各界所欢迎,销行日广,复承热心社会诸君子交相赞助,纷纷以稿件见贻,同人等感

佩之余,时虞陨越,自顾谫陋,缺陷良多。欲借他山之助,不得不为将伯之呼,尚希海内同志,交匡不逮,如蒙以大稿相让,不论文言白话,传奇盲词,或新译佳篇,改良旧作,凡与敝社宗旨不相背驰者,请邮寄上海麦家圈元记栈敝社总发行所,自当酬以相当之价值。如或志切开通,不取润笔,敝社自当仰体雅怀,照本出售,共襄公益,藉稗官野史之势力,为开智革俗之津梁,博雅君子,谅不河汉斯言。

6. 图画日报馆的小说征文(1909)

1909 年 8 月 16 日,《图画日报》第 1 号登载"本馆征求小说"启事:

> 本报之设,为开通社会风气,增长国民知识,并无贸利之心。惟小说一门,最易发人警醒,劝人观感。故本报逐日图绘小说社会小说《续繁华梦》及侦探小说《罗师福》二种,以饷阅者。惟逐日出版,著作需时,本馆同人除著述、编辑、调查外,惟日孳孳,大有日不暇给之势。伏念海内不乏通人,如蒙以有裨社会,有益人心世道之小说见贻,不拘体裁,长短咸宜,特备润资,以酬著作之劳,译本请勿见惠。务祈不吝珠玉,无任盼切。本馆著述部同人公布。

7.《小说月报》的小说征文(1911)

《小说月报》(1911)第 2 年第 1 号刊载《本社通告》:

> 本报各门皆可投稿,短篇小说尤所欢迎……中选者,分五等酬谢,甲等每千字五元,乙等每千字四元,丙等每千字三元,丁等每千字二元,戊等每千字一元。

(三) 小说征文启事的学术意义

上述七则小说征文,颇具研究之典型意义:从资料来源上说,第1、3、4、7则分别出自《新小说》《月月小说》《小说林》《小说月报》等著名的小说期刊,第2、5则出自出版小说最为积极的商务印书馆与改良小说社,第6则出自晚清著名的石印画报——《图画日报》,基本上覆盖了刊载晚清小说的重要媒体;从时间跨度上说,第一则始于1902年10月,第七则止于1911年1月,恰好处于晚清小说最为兴盛的阶段;从征文内容来说,它们涉及晚清小说的诸多关键问题,如题材、著译、篇幅、体裁、语言、稿酬等等。今结合有关文献史料,择其中数项略加展述。

1. 晚清小说的热点题材及其变迁

晚清小说的种类十分繁多,大多以题材为分类标准。譬如刊载于《新小说》(1902)的小说作品,有所谓历史小说、政治小说、科学小说、哲理小说、冒险小说、侦探小说、语怪小说、法律小说、外交小说、写情小说、社会小说、札记小说、传奇小说等13种;陆绍明《月月小说发刊词》(1906)声称,《月月小说》拟刊载历史小说、哲学小说、理想小说、社会小说、侦探小说、侠情小说、国民小说、写情小说、滑稽小说、军事小说、传奇小说等11种作品;寅半生《小说闲评》(1908)论及的小说种类有冒险小说、科学小说、侦探小说、艳情小说、游记小说、写情小说、家庭小说、社会小说、传奇小说、滑稽小说、婚姻小说、弹词小说、历史小说、哀情小说、道德小说、国民小说、政治小说、义侠小说、立志小说、言情小说、探奇小说等21种。据研究者初步统计,清末民初的小说种类,多达二百余种[①]。

---

① 参于润琦《我国清末民初的短篇小说》,《清末民初小说书系》序言,中国文联出版公司1997年版。

事实上，晚清小说的题材问题，已不单单是写什么的问题，而是其区别于传统旧小说的要素之一，细阅《译印政治小说序》《论小说与群治之关系》等文可知，梁启超所谓"不可不先新一国之小说"，这一"新"字，主要是针对小说内容而非小说形式而言的，所以，"晚清小说的本质在于，它是一种有别于传统小说的'新小说'，是二十世纪开端中国大地上自上而下开展的改革维新事业的产物，是广大新小说家在被严复称为'吾国长进之机'的改革形势下，对于实现中国的民主富强所交的一份爱国主义的答卷"①。毋庸赘言，列入征文启事的小说，应该就是当时最热门、最受读者喜爱和关注的小说种类，因此，透过小说征文，可以窥见不同时期晚清小说的热点题材：

1902年，征求"提倡新学，开发国民"之小说；

1904年，征求"教育""历史""社会""实业"小说；

1906年，征求"科学""理想""哲理""教育"小说；

1907年，征求"家庭""社会""教育""科学""理想""侦探""军事"小说；

1908年，征求"历史""家庭""教育""军事""政治""写情""滑稽"小说。

值得注意的是，自1902—1908年，晚清小说有从严肃的救国、强国、教育题材，向消闲的家庭、写情、滑稽题材逐渐转移的趋势，小说史研究的结果证明，这一变化是真实存在的，民国前后兴起并迅速盛行的所谓"黑幕小说""鸳鸯蝴蝶派小说"，无论是情节、主题，还是语言旨趣，均与晚清小说的初衷背道而驰。《小说月报》第3卷第12号（1913）登载"特别广告"，要求应征小说"情节择其最离奇而最有趣味者，材料则特别丰富，文字力求妩媚"，将其与傅兰雅的"求著时新小说启"对读，我们分明感觉到一种小说发展的"倒退"。有鉴于此，1915年教育部连续下

---

① 参欧阳健《晚清小说史》引言，浙江古籍出版社1997年版。

达《改良小说杂志之通告》《咨禁荒唐小说清单》等令,希望能够扭转局面,但实际收效甚微。中国小说的再次飞跃,乃出现于"五四"新文化运动之后。

2. 晚清小说的译、著问题

参阅本书《清末上海地区的书局与晚清小说》一文相关论述。

3. 晚清小说的篇幅问题

晚清小说常常首先在报刊连载,然后再出版单行本,这就必须对小说篇幅有一定的要求,因为如果篇幅过于长大,就会给刊物带来相当的版面压力,譬如吴趼人的《两晋演义》小说,开始时曾连载于《月月小说》杂志,但未过数期便中途而止,《月月小说》第10号(1907)载有告白一则,称:"本杂志所载《两晋演义》一书,系随撰随刊,全书计在百回以外,每期祗刊一二回,徒使阅者厌倦,若多载数回,又以限于篇幅,徒占他种小说地步。同人再三商订,于本期之后,不复刊载,当由撰者聚精会神,大加修饰,从速续撰,俟全书杀青后,再另出单行本,就正海内,惟阅者鉴之。"

那么,到底多少回才算是比较合适呢?我们来看征文启事:第1则启事要求为"十数回以上",第2则启事要求将字数控制在2万字以上,第3则启事则明确规定"每部十六回或二十回为合格",也就是说,其篇幅大致在10至20回之间浮动。为了验证此一说法,我们对阿英《晚清小说目》"创作之部"中,标明回数的220部小说进行了统计,结果见表9:

表9 阿英《晚清小说目》"创作之部"小说回数统计表

	八回	十回	十二回	十四回	十六回	十八回	二十回
作品数	21	30	20	12	22	9	18

从 8 回至 20 回,共有 136 种,约占总数的 62%。必须要指出的是,晚清小说的出版是非常商业化的,一部小说出版之后,如果反响、销路都不错,就再出版二集、三集,如果不好,就从此结束,其情形颇类似于欧美肥皂剧的摄制。因此,不少 16 回的小说作品,时常以分成两集、每集八回的形式出版,同样,20 回的作品,则分成 2 个 10 回出版,40 回的作品,则可能分成 4 个 10 回或 2 个 20 回出版,以此类推。倘若将此因素计算在内,8 回至 20 回小说所占的百分比无疑将更高。这一统计结果表明,上述征文启事所要求的小说篇幅,正是晚清小说最为常见、最适宜刊载出版的篇幅。

当然,从报刊登载的角度而言,短篇小说,毫无疑问要比章回体小说更具有优势,因此,它逐渐成为小说征文的新宠,1908 年 3 月和 4 月,月月小说社曾两次征求短篇小说,字数要求为"二三千字";1911 年,《小说月报》亦在征文启事中声称"短篇小说尤所欢迎"。受此市场需求的刺激,短篇小说迎来了其创作的高潮,这一繁盛之势,一直持续到"五四"时期,据研究者初步统计,其间问世的短篇小说,总数近两万种①。然而,令人遗憾的是,目前的晚清小说研究者,往往对短篇小说缺乏足够的重视,或轻描淡写,一笔带过;或干脆排斥在研究范畴之外,视若无物,这一状况亟待改变,否则,所谓的晚清小说史、现代小说史,都只能算是一部残史。

除上文所述三点之外,小说征文启事涉及的小说语言、酬金设置等内容,还可为考察晚清小说的文学语言、白话文学史及近代稿酬制的建立等问题,提供许多珍贵的第一手资料,前贤于此已多有考述②,兹不赘言。总之,小说征文的出现,乃是小说社

---

① 参于润琦《我国清末民初的短篇小说》,《清末民初小说书系》序言,中国文联出版公司 1997 年版。
② 参谭彼岸《晚清的白话文运动》,湖北人民出版社 1956 年版;郭延礼《传媒、稿酬与近代作家的职业化》,《齐鲁学刊》1999 年第 6 期。

会地位、文学地位提升后的产物，透过它们，研究者不仅可以感知到小说观念演进的脉搏，也可从一个较为独特的角度描绘出小说史发展的若干细节与轨迹。

（原载《文学评论》2001年第6期，题作《小说征文与晚清小说观念的演进》，此次收录时改为本题。）

【附注】本文涉及的1895年傅兰雅"求著时新小说"，是一次意义非凡的征文活动，可惜由于应征作品未曾出版，长期以来研究者无从窥其究竟。事实上，在征文活动结束后不久，傅兰雅便离开中国前往美国加州大学任职，其个人藏书以及本次征文收到的应征作品原稿，也随之运抵柏克利，最终入藏于东亚图书馆。2006年11月22日，加州大学东亚图书馆的职员在搬迁时，无意中发现了这些尘封百年的珍贵手稿，2011年，现存全部148篇应征作品原稿，由上海古籍出版社影印出版，命名为《清末时新小说集》，该书主编、加州大学柏克利分校东亚图书馆馆长周欣平，在2011年7月25日《文汇报》上发表《傅兰雅和清末时新小说》一文，详细交代了这批资料的来龙去脉。应征手稿的出版，大致还原了傅兰雅小说征文活动的历史现场，从参赛作者身份以及应征作品的内容主题来看，这次时新小说征文，带有至为鲜明的基督教色彩。

自2011年以来，关于傅兰雅时新小说征文活动的学术研究，颇为活跃，推出了不少有价值的学术论文，依次主要有：许军《傅兰雅小说征文目的考》（《山西师范大学学报》2012年第1期）、《傅兰雅小说竞赛受挫原因考》（《天津大学学报》2012年第5期）、陈大康《论傅兰雅之"求著时新小说"》（《华东师范大学学报》2013年第3期）、梁苍泱《格致散人及其作品考述——管窥傅兰雅"求著时新小说"活动》（《汉语言文学研究》2013年第3期）、黎子鹏《清末时新小说〈驱魔传〉中鬼魔的宗教原型及社会意涵》(《中国现代文学研究丛刊》2013年第11期)等。其中尤其值得关注的,是学者姚达兑的系列论文,计有:《傅兰雅"时新小说"征文参赛作者考(一)》(载日本樽本照雄主编《清末小说通讯》2012年总第105期)、《傅兰雅"时新小说"征文参赛作者考(二)》(《清末小说通讯》2012年总第106期)、《张声和略考:傅兰雅"时新小说"征文参赛作者考(三)》(《清末小说通讯》2012年总第107期)、《杨味西及其〈时新小说〉略释:傅兰雅"时新小说"征文参赛作者考(四)》(《清末小说通讯》2013年总第108期)、《张葆常的少年中国和废汉语论:傅兰雅"时新小说"征文参赛作者考(五)》(《清末小说通讯》2013年总第109期)、《江贵恩的〈时新小说〉和〈鬼怨〉——傅兰雅"时新小说"征文参赛作者考(六)》(《清末小说通讯》2013年总第110期)、《杨味西及其〈时新小说〉的插图、结构与主题——傅兰雅"时新小说"征文参赛作者考》(《江汉学术》2013年第5期)、《从〈新趣小说〉到〈熙朝快史〉——其作者略考和文本改编》(《中国现代文学研究丛刊》2013年第11期)、《主体间性和主权想象——作为中国现代小说源头之一的傅兰雅"时新小说"征文》(《清华大学学报》2014年第2期)。2014年,中国国内同时出现了三篇硕士学位论文,分别是河南大学周倩《清末时新小说研究》、上海师范大学赵珏《基督教视域下的〈清末时新小说集〉研究》、浙江师范大学严丽萍《〈清末时新小说集〉特征研究》。上述论著无疑将此论题研究推至一个新的学术高度。

2015年7月12日酉堂补记。

晚清上海的报馆与《野叟曝言》小说

一、申报馆与《野叟曝言》小说

提到申报馆与《野叟曝言》小说的关系,研究者自然会想到:光绪八年(1882),该馆出版了足本《野叟曝言》154回。但事实上,此说有三个重要的问题未经细考:其一,申报馆出版《野叟曝言》的背景和过程究竟如何?其二,1882年只是"西岷山樵"序言所题之时间,而非出版年月,那么,申报馆本出版的具体时间又是哪年?其三,申报馆能否确认为足本《野叟曝言》的首次刊印者?这些正是下文所欲论述的中心内容。

(一) 申报馆登报征求《野叟曝言》

资料显示:申报馆与《野叟曝言》小说之间的因缘,早在光绪三年(1877)便已结下。该年六月八日,《申报》登载了尊闻阁主的"搜《野叟檐曝记》、原本《红楼梦》二书启":

> 顷者,辱荷藤花馆主人远道损笺,备承奖眷,盥薇虽诵,惭愧交并。承示《野叟檐曝记》,未经付梓,原本《红楼梦》与坊间所刻者,迥不相同云云。此二书名,不佞昔时早耳之,特苦无从购觅,今蒙函稔,江阴某氏及泾县某氏有此二种,用特附启渎陈,倘肯见示,欣幸何极?或海内藏书家亦有此本种,便祈觅妥寄下,若可付之剞劂,本

馆不吝报琼,如其本已丛残,本馆亦即奉璧,无任鹄俟,乞勿金玉尔音也。

"尊闻阁主"即《申报》老板英商美查,尽管此时他连小说的书名也误为《野叟檐曝记》,但美查对《野叟曝言》小说的兴趣,却十分浓厚。此后,《申报》曾先后登载过三则文字不同的搜书启事,其时间从1877年延续至1880年,可谓痴心不改。今将三则启事依次转引如下:

①光绪三年(1877)九月廿三日《申报》载"乞寄《野叟曝言》稿本书"。

启者,昨由苏垣接奉手教,知夏二铭先生所著之《野叟曝言》一书,贵友处有底本,可付本馆排印问世,以广流传。此诚高谊若云,感佩无似。祈将此书全部由信局寄来,先扩眼界为幸为盼。此覆。顺颂近祺不尽。

②光绪五年(1879)十一月九日《申报》载"搜访《野叟曝言》"。

《野叟曝言》一书,本馆搜访已有年所,去年承友人寄示一部,惜中多残缺,未便排印,今特再出告白,遍行搜采,如有家藏此书,祈将全帙一并寄下,本馆即出收条,或作价洋,或送新本,本馆皆不吝重酬也。此布。

③光绪六年(1880年)二月十三日《申报》载"搜访《野叟曝言》"。

《野叟曝言》一书,本馆搜访有年,迄无全本。兹接友人来书,谓泰兴县刁家铺赵君应谷家有此一部,最为全备,又江阴县中亦有两部。为此再行奉告,务祈不吝惠示,俾宇宙间流传一绝妙文章,不使久秘枕中,日就湮没,天下人士日望之矣。至元本或恐损坏,本馆不惜重酬,或酌减酬数,由本馆延人抄写,一一遵示而行可也。此布。

三年中,申报馆从未停止过对《野叟曝言》的搜寻,小说的相关情况亦随着搜访的展开而逐渐清晰起来:光绪三年(1877),小说作者夏二铭的名字首次出现;光绪五年(1879),报馆搜得一个版本,惜"中多残缺,未便排印";光绪六年(1880),报馆探知泰兴刁家铺赵应谷家藏有全本,小说作者的家乡江阴县也藏有两部。

(二)抢先出版的毗陵汇珍楼木活字本

经过持续不懈的努力,《野叟曝言》的庐山真面目已显露在即。但不知出于何种原因,申报馆并未能够在1880年前后获得一个较为理想的、可供出版的《野叟曝言》底本。首次出版的殊荣,竟然被一个名不见经传的书坊——毗陵汇珍楼于光绪七年(1881)冬月轻易摘走,这对于搜求此书已经多年的申报馆来说,不能不说是个沉重的打击。不过,申报馆依然表现出了一个著名报馆的风度与雅量,光绪七年十一月一日,《申报》广告版面登载了书籍广告"新印《野叟曝言》出售":

> 《野叟曝言》一书,体虽小说,文极瑰奇,向只传抄,现经排印。前此固有列诸报章购求数年而迄未得窥全帙者,宝可知矣。至字画明秀,纸印工雅,特余事耳。计每部廿本,白纸者价洋七元五角,竹纸者价洋六元正,此启。苏州千顷堂、上海读未楼启。

该广告所宣传的"排印"本《野叟曝言》,即为毗陵汇珍楼木活字本,文案中"前此固有列诸报章购求数年而迄未得窥全帙者"云云,显然就是针对申报馆而发的。值得注意的是,汇珍楼本版权页署出版时间为"光绪辛巳冬月",至十一月一日,其销售广告已登载于上海的报刊,可见"知不足斋主人"的市场意识是何等强烈,他巧妙利用了因申报馆历年搜求不得而在读者中产生的对该小说的好奇心理,及时推出《野叟曝言》,并在社会影响最大的《申报》上登载广告,由此不难想见当时汇珍楼本的受欢迎程度。至于广告由"苏州千顷堂""上海读未楼"①联合登载,则表明它们或是汇珍楼本的销售代理商。

(三) 申报馆本与"瀛海词人"本

汇珍楼本的刊行,固然令那些期待已久的小说读者们夙愿得偿。但是,由于它是一个残缺比较严重的版本,因此,读者们转而开始希望一个足本《野叟曝言》的面世。按照学术界以往的研究,填补此空缺的,乃是申报馆本,但此说仍存在疑问。

天津图书馆藏申报馆本《野叟曝言》②,铅排本,20卷20册,154回,首"光绪八年岁次壬午九月西岷山樵"序,称"乃今夏六月,余友程子自海上购得此书,以予好读奇书,持以相赠,不觉大诧。余友为述刊书之由,始知是书成于吴中书贾,而出之者,夏先生之后人也。然已缺失十一,不若吾家副本之全","爰出全书,以付余友,达诸海上之刊是书者,亟谋开雕,俾读者快睹其

---

① "千顷堂"与"读未楼"书坊,虽然一标"苏州",一标"上海",实际上乃同一主人所开设,均为同治、光绪时期上海比较重要的书坊。光绪七年(1881)三月初三日,《申报》登载"读未楼书坊"广告,文云:"本坊发兑各种新旧经史子集,并代办各省官局校本以及诸家告白所登一切铅板时文诗赋善本书籍,定购现售,均无致误。除将书目随时登明《申报》外,特布知。再者,敝坊主人往年开设二马路千顷堂、城内松筠阁店,均于上冬交盘清楚,易人经理,所有以前往来帐目,一切交涉事宜,仍归小号接手,凡蒙赐教,请认明上海三洋泾桥读未楼书坊不误。"

② 《天津市人民图书馆馆藏明清小说目录》之"清代以小说见才学之小说"著录《野叟曝言》:"又一部,二十卷一百五十四回,首光绪壬午西岷山樵序,光绪八年上海申报馆排印本,二十册。"南开大学中文系古典小说戏曲研究室翻印,1984年油印本。

全",细玩此段文字,可知:

① "程子"于"今夏六月",即光绪八年(1882)年六月,在上海购得的《野叟曝言》,乃是光绪七年(1881)冬月所刊行的汇珍楼本;

② 光绪八年九月,"西岷山樵"撰写此序时,足本《野叟曝言》应该尚未"开雕",所以才会有"亟谋开雕,俾读者快睹其全"之类的话语。

③ "西岷山樵"将家藏副本交与"程子",请他寻找"海上"书坊"开雕",但并未明确交代书坊的具体名称(譬如说是"申报馆"),换言之,西岷山樵撰写此序时,《野叟曝言》不仅尚未开雕,就连交由哪家书坊出版,也未确定。

那么,足本《野叟曝言》出版的详情到底如何呢?这里,先来看一则笔者新发现的重要资料,光绪八年十二月十六日(1883年1月24日),《申报》广告版面载有瀛海词人"寄售《野叟曝言》小引":

> 《野叟曝言》者,江阴夏先生所著也,先生当康熙之中,抱尧舜君民之志,苦无藉手,乃假著书以抒写文章经济。是书托世于前明,以崇正辟邪为旨,盖有明妖僧道之祸,与宦官权相相表里,当时朝政纷纭,正士丧气,泄沓成风,相忍百余年,遂酿启祯之乱,诚如作者所言,补救于成宏之世,则唐虞郅隆,古今不相远矣。至其讲道学,论治功,敦人伦,察物理,以及文艺之事,杂技之末,无一不臻绝顶,读者身体力行,处则希轨孔孟,出则比治三五,君相师儒之道,咸备于斯,诚有裨世道人心,不愧第一奇书之目。惜书成未梓,其后人狃于习俗,凡篇中诮二氏、诛佛老,以为口孽罪过,删而去之,以故吴下传钞不下十余家,皆非完稿,慕其书者,即得之犹有余憾。二百年来,无人谋及剞劂,岂知全书转在蜀中西岷山樵家,缘其五世祖宦吴,与先生交厚,是书既成,为之

评注,因缮复本以归,世守勿失。往年有毗陵书贾,取缺本以活字印行,列售海上,广平程君购之以贻西岷山樵,山樵色然惊,急取所藏证之,则阙失者十之一。因念先生生平之学与乃祖之交,不敢终秘,亟邮示程君,属印是书者谋之,而程君方于役山左①,未遑终事,转商于余,余亦心喜奇书之出世,为集铅字活板缩成小帙,而仍分其原编之字为二十卷,合订十册,挽申昌主人售焉,并请于各外埠代销。盖至是而向之慕其书者,可以无遗憾矣。卷繁帙重,省便舟车,鸠工选楮,其费不赀,每部收回实价洋银一元,洵廉之又廉矣,现准于十二月二十一日发兑。

此段文字因载于报刊,迄今未曾为研究者所注意。"瀛海词人"在"小引"中也提到了两个重要的人物,即"程子"与"西岷山樵",而且,对于其中的细节,他似乎了解得十分清楚和详尽:"往年有毗陵书贾,取缺本以活字印行,列售海上,广平程君购之以贻西岷山樵,山樵色然惊,急取所藏证之,则阙失者十之一","亟邮示程君,属印是书者谋之,而程君方于役山左,未遑终事,转商于余,余亦心喜奇书之出世,为集铅字活板缩成小帙,而仍分其原编之字为二十卷,合订十册,挽申昌主人售焉,并请于各外埠代销"云云。

很明显,按照"瀛海词人"的说法,"广平程君"将"西岷山樵"所藏《野叟曝言》副本,首先交由他出版,而他则以铅字将小说缩印成小本,凡二十卷,合订为十册,延请申报馆下属的"申昌书室"代售,确定于光绪八年十二月二十一日(1883年1月29日)发兑。如此,《野叟曝言》的出版历史上,多出了一个"瀛海词人"铅印小本。令人遗憾的是,笔者至今未能发现这套由"瀛

---

① 此"山左",或即晚清书局"山左书林",曾出版过《说唐后传》等通俗小说。参王清原等编《小说书坊录》,北京图书馆出版社2002年版。

海词人"出版于 1883 年初,且订为十册的铅印小本《野叟曝言》①;即便是"瀛海词人"的真实姓名与生平事迹,也无从考知。"瀛海词人"本笼罩上了一层颇为神秘的面纱,其中有两个疑问需要解答:

其一,"瀛海词人"本会不会就是申报馆本?

答案是否定的。理由如下:①"瀛海词人"本乃"集铅字活板缩成小帙","合订十册",而申报馆本则为 20 册,装订形制不同;②"瀛海词人"的广告标题称"寄售《野叟曝言》",文中又说"挽申昌主人售焉",已清楚表明了其与申报馆的主客关系;③更为重要的是,申报馆有个惯例,即凡属于本馆印行的书籍,其广告均刊登于首版最右侧的醒目位置,其他书局的书籍广告,则刊载于新闻之后的广告版面。特别是申报馆出版的明清通俗小说,如《儒林外史》(1874)、《快心编》(1875)、《西游补》(1875)、《红楼梦补》(1876)、《后水浒》(1877)、《林兰香》(1877)、《女才子》(1877)、《雪月梅》(1878)、《何典》(1878)、《台湾外纪》(1878)、《青楼梦》(1879)、《蟫史》(1879)、《绘芳录》(1880)、《后西游记》(1880)、《镜花缘》(1881)、《儿女英雄传》(1881)、《西湖拾遗》(1881)等,均曾

---

① 王琼玲《〈野叟曝言〉版本综论》云:中国人民大学图书馆、东北大学图书馆、台湾傅斯年图书馆均藏有巾箱排印本,10 册,154 回,白口,双鱼尾,半叶 22 行,行 35 字,无夹评夹注,有总评,有光绪壬午九月西岷山樵的序言,另有"凡例"六则。王文载其所著《清代四大才学小说》甲编第二章,台湾商务印书馆 1999 年版,第 89—91 页。按:笔者于 2004 年 9 月赴中国人民大学图书馆查阅此本,馆藏目录卡片将其断为"申报馆本",并与《后水浒传》《笔生花》等并置于"申报馆丛书"。另北京大学图书馆也藏有一套与人民大学相同版式的《野叟曝言》,馆藏目录亦题为"申报馆本"。事实上,此订为十册的《野叟曝言》,不仅版式、行款均与其他的"申报馆丛书"不同,而且在版心、扉页或版权页,均未出现任何与申报馆有关的字样,因此,笔者怀疑它或即为"瀛海词人"刊行本,但仍须作进一步的调查论证,故暂且存疑。

在《申报》首版最右侧,刊登过热情洋溢的宣传广告①,无一例外,这已成了申报馆出版小说的固定模式。而"瀛海词人"的广告,却登载于《申报》的广告版面,这表明它应是来自于申报馆之外的广告客户。

其二,"瀛海词人"登载的广告,会不会是个虚假广告呢?

答案也是否定的。因为该广告登载于《申报》,且连续时间甚长,直到光绪九年四月二十日(1883年5月26日)仍在刊登。如果"瀛海词人"是在说谎,企图从申报馆手中抢走足本《野叟曝言》的首版之功的话,试问:申报馆怎么可能容忍他将这样的文字,登载在自家的报纸上长达数月呢?显然,该则广告的真实性是毋庸置疑的。

既然如此,我们可以得出以下结论:"瀛海词人"乃是第一个将"西岷山樵"家藏副本刊行于世的人,换言之,足本《野叟曝言》(单行本)的首次刊行者,是"瀛海词人",而不是我们原来认为的申报馆;申报馆本《野叟曝言》,只是"瀛海词人"刊本的

---

① 上述明清通俗小说出版广告的刊载时间分别为:同治十三年(1874)九月廿七日,登载"新印《儒林外史》出售"广告;光绪元年(1875)十一月十四日,登载"新印《快心编》出售"广告;光绪元年十二月四日,登载"新印《西游补》出售"广告;光绪二年(1876)十月六日,登载"发售《红楼梦补》"广告;光绪三年(1877)二月廿八日,登载"新印《后水浒》出售"广告;光绪三年五月十一日,登载"访采《林兰香》告白";光绪三年五月十二日,登载"《林兰香》已获"广告;光绪三年六月九日,登载"《林兰香》印齐出售"广告;光绪三年九月十四日,登载"发售《女才子》告白";光绪四年(1878)二月十八日,登载"新书(《台湾外纪》)出售"广告;光绪四年三月十三日,登载"新书(《雪月梅》)出售"广告;光绪四年十一月廿一日,登载"新印《何典》出售"广告;光绪五年(1879)一月廿一日,登载"《青楼梦》出售"广告;光绪五年十月初六日,登载"新印《蟫史》出售"广告;光绪六年(1880)一月六日,登载"新印《绘芳录》出售"广告;光绪六年十一月八日,登载"《后西游记》出售"广告;光绪六年十二月三日(1881年1月2日),登载"《镜花缘》出售"广告;光绪七年(1881)二月二十三日,登载"《儿女英雄传》出售"广告;光绪七年六月二十九日,登载"《西湖拾遗》出售"广告。

一个翻印本①,其书首的"西岷山樵"序言,或亦直接抄自"瀛海词人"刊本②。

"瀛海词人"刊本的问世时间,已在1883年初,那么申报馆本的出版又在何时呢?我们仍然从广告资料入手:

申报馆还有一个惯例,即每隔若干时间,就在《申报》上登载"新印各种书籍出售价目"广告,收录此前以申报馆名义③出版(或重印)的书籍名称与价格,排列时严格按照出版或重印时间,来确定先后顺序。光绪八年十二月五日(1883年1月13日),《申报》登载"新印各种书籍出售价目",收录书籍123种,末尾是"《启蒙》,价洋一角";光绪九年一月二十七日(1883年3月6日),《申报》又登载了"新印各种书籍出售价目"广告,较1883年1月13日所录多出2种:"《野叟曝言》,价洋一元;《东藩纪要》,价洋三角。"根据"新印各种书籍出售价目"的编制规则,只有申报馆在1883年1月13日至3月6日期间,确实出版过《野叟曝言》,该目才会将其收录。"瀛海词人"本的出版时间是光绪八年十二月二十一日(1883年1月29日),因此,申报馆本的出版时间,当在1883年1月29日至3月6日之间。

《野叟曝言》乃申报馆苦心搜求的小说,出版后理应在《申报》上大肆宣扬,以利畅销。但令人惊讶的是,尽管从1881—

---

① 从上引"瀛海词人"的广告来看,其与申报馆似存在一定的关系:他出版《野叟曝言》后,不仅在《申报》登载数月的广告,而且还托申报馆的下属机构——申昌书室,代为销售。因此,申报馆如果想据此翻印的话,当非难事。

② "瀛海词人"刊本今未觅见,其书首是否存有"西岷山樵"的序言,乃是个未知数。不过,这种可能性是蛮大的,因为:其一,"瀛海词人"既然是接受"程君"委托而出版《野叟曝言》的,那么他通过"程君"取得"西岷山樵"的序言,并非难事,也在情理之中;其二,"程君"于光绪八年(1882)六月购下汇珍楼本邮寄给"西岷山樵","西岷山樵"于九月撰写序言,"瀛海词人"于十二月廿一日正式出版此书,在时间上,正好相互衔接。当然,这乃是笔者的推测,尚待日后访查到"瀛海词人"本详加验证。

③ 其中不包括点石斋、申昌书局等其下属机构出版的书籍,点石斋书局另有自己独立的出版书目广告。

1883年,《申报》在首版位置刊登了其出版的全部明清通俗小说广告,也在广告版面登载了汇珍楼本、"瀛海词人"本《野叟曝言》的销售广告,但就是没有关于申报馆本的片言只语,这既不符合申报馆出版明清通俗小说的惯例,也违反常理,令人疑窦丛生。

事实上,透过申报馆对待《野叟曝言》小说的反常态度,或三缄其口,或遮遮掩掩,我们已不难体会出潜含其中的尴尬与无奈,那就是:虽然申报馆对《野叟曝言》小说情有独钟,搜寻经年,但事与愿违,最后只能根据"瀛海词人"刊本出版一个翻印本,区别只是将装订的册数从10册改为20册,令人惋惜不已。正是出于这个缘故,申报馆才会对其出版《野叟曝言》之事,采取了上文所述的、极其低调的处理方式。

二、字林沪报馆与《野叟曝言》小说

(一)《字林沪报》及其连载《野叟曝言》的原因

《字林沪报》[①],初名《沪报》,是由字林洋行创办的一份中文报纸。字林洋行曾于咸丰十一年十月(1861年11月)创办中文《上海新报》,后因受到《申报》的强大压力,被迫于同治十一年十二月二日(1872年12月31日)停刊。光绪八年四月二日(1882年5月18日),该行创办《沪报》,日出一号,星期日休刊。至第73号,改名为《字林沪报》。《沪报》曾效仿《申报》做法,聘请戴谱笙、蔡尔康等中国文人为主笔,负责报纸的编辑业务。当时,该报的头号竞争对手,仍是《申报》。也许是出于吸引读者、增加销量的考虑,《沪报》决定开始连载小说。有意思的是,其

---

① 参见范慕韩主编《中国印刷近代史初稿》第三章第二节之三"外国人在中国出版的报刊及其印刷机构",印刷工业出版社1995年版;陈玉申《晚清报业史》第一章"外人在华办报",山东画报出版社2003年版。

选择的第一部小说竟然就是《野叟曝言》①。光绪八年四月二十五日(1882年6月10日),《沪报》第21号载"刊印奇书告白":

> 《野叟曝言》一书,海内皆知其名,惜无从购取其本。近见坊间所刻,每部定价六元,其中缺误指不胜屈,且有指为元缺者,自三四行至二三回不等。本馆今特购求善本,其中略有脱误之处,延请名手一一补足,务使毫无缺憾而后已。自下礼拜一为始,每日于本报后增加两页,将此书排日分登,且篇幅较宽,合之可作新闻,分之可成卷帙,而取价仍不加增,不过一年可窥全豹,统计价值,既较坊间售买不全书本为廉,而更得阅各处新闻,实属一举两得。诸君请即前来预定,以便多印。倘日后追买前报,本报虽多印若干纸,深恐不能遍给也。

《沪报》选择连载《野叟曝言》小说的原因,主要在于:

其一,申报馆自1877年起,连年征求该小说而未得,《野叟曝言》在当时已引起了读者们的普遍关注,形成了一个潜在的读者市场;

其二,虽然1881年年底汇珍楼本出版并在上海销售,满足了部分读者的阅读愿望,但此版本残缺严重,读者不免又产生了阅读足本的新需要;

---

① 郑逸梅《书报话旧·报纸登载长篇小说的创始者蔡尔康》云:"那时《野叟曝言》只有稿本,在文网森严之下,深恐稍有抵触,造成文字狱,所以当时没有付印。蔡从《野叟曝言》作者的后人手里,借来刊载于报上。后来该报让给日本同文会接办,改称《同文沪报》","后又改名《同文消闲报》,所取材料,无非诗词小品,游戏文章,似乎《野叟曝言》没有继续刊载"。学林出版社1983年版。郑逸梅的记载虽讹误颇多,却是目前所见资料中较早提及《野叟曝言》连载之事的文字,功不可没。

其三,《沪报》主笔蔡尔康,原曾为《申报》副主笔①,应是《申报》征求《野叟曝言》小说知情者或当事人之一,因此,不能排除蔡尔康通过《申报》读者提供的线索,搜求到《野叟曝言》善本的可能性。

总之,在上述背景下,《沪报》通过连载"奇书"《野叟曝言》,招徕读者,扩大报纸的社会影响,既在情理之中,亦属切实可行。光绪八年四月二十七日(1882年6月12日)星期一,《沪报》第22号正式开始连载《野叟曝言》小说,第22号至25号连续四天登载目录,第26号(1882年6月16日)登载"凡例"和小说正文第一回,此后基本上以每2—3天登载一回的速度,间或亦有停载。《沪报》自第73号(1882年8月10日)改名为《字林沪报》,但《野叟曝言》的连载依然照旧,直至《字林沪报》第833号(1884年12月15日),整部小说始悉数登完,前后历时2年6个月零3天,虽旷日持久,却有始有终,可谓近代通俗小说连载史上的一段佳话。《野叟曝言》因此又增加了一个新的版本,不妨称之为"《字林沪报》连载本"(以下简称"《沪报》本")。

值得注意的是,《沪报》第22号(1882年6月12日)的新闻版面内,刊载有"龙溪赏奇室主人"所撰《野叟曝言序》,题署时间为"光绪第一壬午芒种后三日",即1882年6月9日,弥足珍

---

① 蔡尔康《万国公报百卷庆成记》(《万国公报》1897年5月第100期)声称:"二十多岁,出佐《申报》三年,继住《沪报》八年,继创《新闻报》五月。"参见章晖、马军《游离在儒耶之间的蔡尔康》,《档案与史学》1998年第5期。另郑逸梅藏有蔡尔康名片一张,右上角有:"四品衔分部主事,奏保经济特科,六举优行恩贡生。历办《申报》副主笔,《沪报》总主笔,《新闻报》开创正主笔。《南洋官报》采访委员,历掌《万国公报》、广学会正翻译。"见《清娱漫笔·名片谈往》,上海书店1984年版,第87页。蔡尔康离开《申报》,据其自己所说乃是因为人际关系的问题,蔡氏《创兴〈新闻报〉记》一文有云:"岱生初入报馆,自未能有所异同。部署略定,乃索阅各地寄来邮件,则悉已由司账启封。余谓,是又袭《申》馆帐房独揽外埠大权之故智也。余在《申》馆时,务欲收回此权,致触司账赵逸如之忌,遇事叠肆谗构,余竟由是告归。"此档案藏于上海市档案馆,档号为Q430-1-173,转引自孙慧整理《〈新闻报〉创办经过及其概况》,《档案与史学》2002年第5期。

贵，今将全文转录于下：

且天下之所谓章回小说者，吾知之矣。曰《三国志演义》，世所称为第一奇书也，元本正史朽腐也，而神奇之，宜若可以惬心而贵当矣，然而意征实而难巧，综其所纪，不过争地争城、杀人如草而已，而于朝庙之大经，圣贤之实学，茫乎其未窥涯涘也。曰《金瓶梅》，又世所称为第一奇书也，铸鼎象物，魑魅魍魉，举莫能遁其形，然而猥亵之语，累牍连篇，为导淫诚非臆说，况乎事不过日用起居之细，人不外卑鄙龌龊之流，展卷未终，辄复生厌。类乎《三国志》者，曰《水浒传》，长枪大戟，豪气逼人，而神奸巨蠹之心，使人于言外见得，亦古今来绝无仅有之书也，然而侈陈贼焰，蔑视王章，命意既差，多文曷贵？脱胎于《金瓶梅》者，曰《红楼梦》，摹影事于帷灯匣剑，纪艳情于椀茗炉香，凡夫痴男怨女之心情，百世而下，犹跃然于纸上，洵言情之极则，赋恨之外篇也，然而才不胜意，学不副才，满纸铺张，不过风云月露，十年梦幻，绝无政事文章，虽曰小言，究伤大雅。外此者则有《品花宝鉴》，化《红楼梦》之局而卒莫能出其范围，傍户依门，卑无足道。至若《荡寇志》，则固矫《水浒》之失，而一以尊王为本者也，其人颇能究心于医算诸术，持论到极精微处，足以启发胸次，涤荡襟怀，而一腔忠孝之心，复流露于行间字里，以视以上诸书，固已出一头地矣。惟酷好道家之说，牛鬼蛇神，纷然纸上，取悦于俗目，不可谓非计之得也，其如长异端之气焰，何哉！其余祸枣灾梨者，尚复汗牛充栋，纵使更仆难数，付诸自郐无讥间。尝上下古今流览宇宙，欲于章回小说书中求一奄有众长，扫除众弊者，而卒不可得。意者章回小说固正人君子之所不屑为，多才多艺之所不欲为者乎？意者为章回小说之人，固皆坐井观天，一斑窥豹者乎？

今乃于祸枣灾梨者、汗牛充栋之外，竟得一书焉，曰

《野叟曝言》，其书上蟠下际，旁烛无垠。其论性理之微，虽周程张朱并世而生，亦当分一席以居之，以共捍陆氏明心之说；其论用兵之奥，虽孙吴复起，亦当卷旗解甲，肃立坛下，听其指挥；其论医学，虽与黄帝岐伯分庭抗礼，亦不为过，彼世之夸三折肱者，咸望尘而却步矣；其论算学，虽周髀大章，亦或前席请益，彼僧一行辈，方兹褊矣；其论诗学，虽青莲子美，咸愿把臂入林，至李杜以下余子，碌碌不足数也。然此特其显焉者也，其书更以崇正辟邪为己任，不特佛老之大悖乎圣人者，不惜大声疾呼，以冀挽狂澜于既倒，即于儒术之中有稍拂乎圣人者，亦必反覆指陈，务使孔孟之道，皎然与日月争光，不使纤尘得以蒙蔽。洵堪为圣学之功臣，尼山之肖子，又乌得以章回小说轻之哉？抑更有进者，每论一事，必先以低一层者作为陪笔，阅之已觉不可几及，然后追进一层以压之，令人有天际真人，不可端倪之想，是固千古著述名家所莫能望其项背者，何论乎章回小说之流亚哉！

  吾乃重有感焉，夫使若人得志，翌赞皇猷，坐而言者起而行，其所设施讵可限量？否则，传道得徒，使天下有志实学者，各得一艺以去，亦可慰平生扶翼名教之心，而乃终老牖下，仅托诸笔墨以传，且仅托诸章回小说之笔墨以传，夫亦大可悲矣。况乎，恐遭世网，更以猥亵夸诞诸说，错杂其间以自污其书，呜呼！何所遭之不幸也！又况构造物之忌，劳丁甲之收，无暇之白璧，等于已破之金瓯，湮没者几何年，残缺者若干帙，苟不及今补葺传播人间，是使天地间绝无仅有之书，终汩没于兵燹风霜而外，奚其可者？爰于暇日一一缮校完备，怂恿泰西字林主人，按日以活字板排印成册，以公诸世，夫而后向之所谓第一奇书者，皆将匿迹销声，不敢抗颜于章回小说中矣。时光绪第一壬午芒种后三日龙溪赏奇室主人撰。

"赏奇室主人"，今未能确考，或即蔡尔康的又一别号。此序不箸一篇早期的通俗小说研究论文,对《三国演义》《金瓶梅》《水浒传》《红楼梦》《品花宝鉴》《荡寇志》《野叟曝言》等 7 部通俗小说,发表了自己的评论,虽多基于"文以载道"的立场,颇显迂腐,但体现着晚清大多数传统文人对待通俗小说的真实态度。

(二)《字林沪报》连载《野叟曝言》的具体情形及相关效应

《沪报》本凡 20 卷,154 回,各卷连载的页数大致相当,其具体情况如表 10 所示。全书合计 561 页,每页 36 行,行 50 字,总字数约为 1009800。上海图书馆藏有《沪报》本的装订本,共 17 册。其中卷一至卷十、卷十二、卷十三、卷十七,均完整无缺,余皆有残缺,具体情况为:卷十一残缺凡 13 页,即第 4—11、13—17 页;卷十四残缺凡 20 页,即第 6—19、21—26 页;卷十五残缺凡 17 页,即第 1—13、18—20、22 页;卷十六残缺凡 21 页,即第 3—10、12—24 页;卷十八残缺凡 24 页,即第 3—12、14、15、17—21、25、26、28、30—34 页;卷十九残缺 28 页,即第 1—4、6、7、9—11、15—30、33—35 页;卷二十残缺凡 2 页,即第 9、14 页。整个上图藏本残缺 125 页,约 225000 字,占总字数的 22.3% 左右。

表 10 《沪报》本各卷连载页数表

卷　数	连载页数	卷　数	连载页数
卷一	24	卷二	24
卷三	23	卷四	34
卷五	19	卷六	23
卷七	27	卷八	25
卷九	24	卷十	35
卷十一	29	卷十二	33
卷十三	32	卷十四	26
卷十五	22	卷十六	24
卷十七	32	卷十八	34
卷十九	46	卷二十	25

连载《野叟曝言》，对于《字林沪报》的销售产生了非常积极的影响，《字林沪报》印数逐日攀升，却仍供不应求，以至不得不隔一段时间就重印"前报"，甚至采用回收旧报的办法，来满足大量读者的"追补"之需。《字林沪报》第73号(1882年8月10日)，登载《补印奇书告白》：

> 本报所印之《野叟曝言》一书，购者踵趾相接，故虽多印若干纸，而前数日之报，业已销售一空，追补者尚复纷纷不绝。今特饬工重排前八页，于即日在本馆帐房出售，或托送报人代购亦可。每张取价四十文，购者请即赐顾为盼。至现在陆续附印报后之书，如欲购阅者，请早日订定。若俟售罄后始来补买，恐须迟至数十日也。

《字林沪报》第96号(1882年9月6日)载《补印奇书告白》：

> 本报所印之《野叟曝言》一书，购者踵趾相接，故虽多印若干纸，而前数日之报，业已销售一空，追补者尚复纷纷不绝。前月饬工重排前八页，在本馆帐房出售，或托送报人代卖。每张取价四十文，诸君赐顾者又复纷至沓来。又查得自前次印售之后，所有以前各报，复渐次售罄，诚恐不足以副雅意，刻下又将重印八页，四、五日内可以出售，价仍照前。至现在陆续附印报后之书，如需购阅者，请即早日订定为盼。

《字林沪报》第118号(1882年10月2日)载《本馆告白》：

> 本馆所售之报，日渐增加，而除现销外，必多印若干张，以备他日索补者由后追前之用。现查连日报章，尚有赢余，惟五月十一、十二、十三、十四等四日之报，一洗而空，诸君

如有愿将前买之报未曾墨污、裁割者,缴还本馆,每张给大钱十文。当向本馆帐房及卖报人兑收可也。

《字林沪报》第156号(1882年11月15日)载《补印奇书第二次八页出售告白》：

本报后幅附印之《野叟曝言》一书,聊为点缀,并非报纸正文。乃蒙购者踵趾相接,故虽多印若干纸,而自四月二十七起至五月十四日止之报,业已销售一空,追补者尚复纷纷不绝。六月间饬工重排前八页,在本馆帐房出售,或由送报人代卖。每张取价四十文,诸君赐顾者又复纷至沓来。兹又将自前次印售之后八页,计自第一卷第三页起至第十页止,重印一纸,于本月初六日即礼拜四,依照旧定价目,每张大钱四十文出售,欲追补者,请即顾本馆帐房或送报人代购均可。至现在陆续附印报后之书,如欲购阅者,请早日订定为盼。

《字林沪报》第161号(1882年11月21日)载《本馆告白》云：

本报后印《野叟曝言》所有旧存报纸,屡蒙诸君补购,遂售缺若干纸。今自此次补印八页后,与前报相接,查无缺页。远近诸君,欲购全前印各书者,请即赐顾可也。

《字林沪报》的崛起,对《申报》构成了不小的竞争压力,以致两家报馆因此而产生摩擦。《字林沪报》第542号(1884年2月22日)载《本报覆〈申报〉馆书》,文云:"昨接申报馆主人来书,略言《沪报》前日所登一节,谓《申报》日有所减,但本报较之去年此日实已加增,应即更正等语。本馆查是日《沪报》,谓阅者厌之,报纸销场遂不觉日有所减。此系承'阅者'句下,盖谓阅者云然耳。本馆原非管《申报》之帐,何从而知其日有所减。今既接申报馆主人来书,合为代登之曰《申报》日有所增。"语含不屑,透露出《字林沪报》在获得快速增长后的自信与力量。

　　正是因为《野叟曝言》小说对于《字林沪报》的销售有着举足轻重的影响,所以报馆费尽心思,甚至不惜工本,也要确保"奇书"的连载。《字林沪报》第503号(1884年1月1日)载有"本报增字告白",称:"本报开设伊始,每纸仅有六页,此固草创之举,不足道也。继而改为八页,始略可观。继而觅得第一奇书,印入报后,遂又加至十页,阅报诸君已无遗憾。然本馆初意放此两页,原专印异书而设,不谓曾不数日,新闻又渐加增,每日仅可印书一页,及至近数月以来,不特新闻更多,且蒙惠登告白者纷至沓来,并此一页之书,几无位置,其何以副诸君赐阅之怀。"为增加报纸篇幅,腾出空间连载《野叟曝言》小说,字林沪报馆"爰特发电信而至英京,托制造印字机器厂制就大机器一架,由公司船星速运来,遂定于西历一千八百八十四年正月初一日,即华光绪九年十二月初四日为始,于此十页之中,每页加阔五行地步,总计每日报纸加增字数至二千七百有奇之多",从此不但新闻、告白皆可刊载,"而报后所印第一奇书,亦可按日登录,不致有间断之虑"。

　　《字林沪报》连载《野叟曝言》时,采用了相对独立的方式,即把小说与新闻分开,别纸印刷,随报附送,这有利于读者逐日收集,装订成册,所谓"合之可作新闻,分之可成卷帙"。光绪九年正月初六(1883年2月13日),字林沪报馆为向读者祝贺新春,特意请人画了一幅《颂椒图》,印于报纸首版,并将此日报纸(包括连载的《野叟曝言》小说)改以红纸印刷,以增添喜庆气氛。但如此一来,会影响到《野叟曝言》装订本的美观,细心的报馆编辑于年初七(2月14日)第228号《字林沪报》,登载《本馆告白》:"本馆昨以岁事方新,诸事宜从吉利,延名手绘一《颂椒图》,印于首幅,又念中国俗尚红色,即以红纸印成,藉申贺悃。仰蒙诸君不弃,赐顾有加。惟是报后所印之第一奇书,侧闻诸君多有裁钉成帙者,苟其中间一红色纸,未免白璧之瑕。爰于本日报后重印一次,仍接续新书一页,俾得两不相妨",报馆对《野叟曝言》小说连载的重视,亦可见一斑。

光绪九年十月二十四日(1883年11月23日),《野叟曝言》连载至第134回,所剩无多,为顾及今后报纸的销路,字林沪报馆开始筹划登载新的小说,并于该日登载《搜访异书》启事:"本馆今欲访求一新奇可喜,雅俗共赏,而又为世所不经见之书。诸君子邺架中如有珍藏者,请即送交本馆,壹是面议可也,此布。字林沪报馆启。"但奇书难求,告白连续登载了数十天,也未见结果。光绪十年十月二十八日(1884年12月15日),《野叟曝言》终于连载完毕,《字林沪报》特意为此刊登了启事:

> 本报后幅所印之《野叟曝言》,初则连日登印,继因新闻日多,告白亦日多,无奈随印随断,须竭力腾出余幅,间印一次。兹幸日积月累,得于今日藉手告竣。从此阅报诸君,逐一检出,装订成册,全豹同窥,何乐如之。惟是书卷帙既富,关目尤繁,偶一躁心,猝难理会。云间最不奇生,以其余暇,悉心考订,撰成《文素臣年谱》一书,邮赠本馆。详细披阅,罗罗清疏,实为奇书之良佐,且为阅者之导师。爰拟乘此北河冰冻,邸钞阻滞之际,偶有余地,陆续登印,想皆以先睹为快也。是为启。十月二十八日。

启事中言及的《文素臣年谱》,乃是目前所知时间最早的《野叟曝言》研究文字,但遗憾的是,笔者搜检了其后数月的《字林沪报》,均未见刊载,难窥其详。云间"最不奇生"的真实姓名,亦失考存疑。

（三）《沪报》本《野叟曝言》的学术价值

《字林沪报》连载《野叟曝言》，始于光绪八年四月二十七日（1882年6月12日），此时，"广平程君"尚未将汇珍楼本购寄"西岷山樵"，"西岷山樵"的序言还未动笔，"瀛海词人"的足本《野叟曝言》也不及排印面世。因此，《沪报》本在《野叟曝言》诸版本体系中，具有十分独特的价值：它是目前所知面世时间最早的154回本；《沪报》本第三回"蛟龙鼓浪全家都伴波臣，忠信涉川双手救回娇女"、第四回"宿古庙素臣认妹，掷烛台鸾吹惩奸"，其回目名称和具体情节，均与申报馆本大异，但又与汇珍楼本残缺的两端，衔接紧密，天衣无缝；《沪报》本第六十七回至七十回，即全书中色情描写最为集中的文字，其故事情节与汇珍楼本、申报馆本相比较，亦存在颇为明显的差异，而不仅仅是某些淫秽字词的删改。凡此种种，都显示出《沪报》本另有自己的版本来源。关于《沪报》本与《野叟曝言》小说现存各版本之间的异同及关系，笔者另文详述，兹不赘①。

如上所述，申报馆、字林沪报馆对于《野叟曝言》小说在晚清时期的搜求、刊印与传播而言，其重要性是不言而喻的。事实上，透过这一个案，我们可以关注到一个更具价值的课题，即"近代报馆与白话小说研究"，它包括两个彼此独立又互相关联的内容：其一是报馆与晚清新小说，其二是报馆与明清章回小说。关于前者，近年来的研究已颇为兴盛，而关于后者，则迄今仍较薄弱，有待引起研究者的关注。

（原载复旦大学主办《中国文学研究》2007年总第9辑）

---

① 参阅拙文《晚清〈字林沪报〉连载本〈野叟曝言〉考》《〈野叟曝言〉同治抄本考述》《〈野叟曝言〉光绪壬午本为增补本考辨》，《古代小说文献丛考》，中华书局2006年版，第79—133页。

【附注】关于存世的所谓申报馆铅排本《野叟曝言》,笔者近年来多所留意,迄今仍未发现有任何一套藏本的牌记、序跋或版心处刊有与申报馆相关的信息,因此,我有一个新的推测:申报馆实际上并未真正刊行过自己的《野叟曝言》,但它为"瀛海词人"代印了此书,时间在光绪八年十二月二十一日(1883年1月29日),其开本、版式及铅字字体,与通行的"申报馆丛书"相同,故后人误认为是申报馆本。至于《申报》登载的"新印各种书籍出售价目"收录《野叟曝言》的原因,大概是这一书目包含了为馆外客户代印的书籍。如果这一推测成立的话,那么长久困扰我们的两个问题,即"瀛海词人"刊本无迹可寻、申报馆本查无实据,皆可迎刃而解,因为它们可能就是同一部书,就是目前存世较多的光绪铅排本。2015年7月6日酉堂补记。

晚清上海地区小说版权的转让与保护
——以汪康年出版《巴黎茶花女遗事》为例

一、版权保护意识在近代中国的滋长

印刷术是古代中国的四大发明之一,自宋代以降,我国的出版印刷事业便渐趋繁盛,历朝政府也陆续出台了若干法令法规,对出版业进行有效的管理。但从总体上看,这些法令法规的制定,大多侧重于意识形态与道德风化的考量,譬如查禁"违碍"书籍及"淫词小说"的出版等。至于站在商业角度、为保护出版者利益而推出版权保护措施,则相对比较忽略。据目前所知,时间较早的一份图书版权保护文书,约出现于宋代。杨守敬《日本访书记》①卷六著录宋刻本祝穆《新编四六必用方舆胜览》前集43卷、后集7卷、续集20卷、拾遗1卷,书首嘉熙己亥年(1238)祝穆自序之后,有"两浙转运使录白",文云:

> 据祝太傅宅干人吴吉状:本宅见刊《方舆胜览》及《四六宝苑》《事文类聚》凡数书,并系本宅贡士私自编辑,积岁辛勤。今来雕版,所费浩瀚,窃恐书市嗜利之徒,辄将上件书版翻开,或改换名目,或以《节略舆地纪胜》等书为名,翻开搀夺,致本宅徒劳心力,枉费钱本,委实切害。照得,雕书

---
① 杨守敬《日本访书志》,辽宁教育出版社2003年版。

> 合经使台申明,乞行约束,庶绝翻版之患。乞给榜,下衢、婺
> 州雕书籍处张挂晓示。如有此色,容本宅陈告,乞追人毁
> 版,断治施行。奉台判备榜,须至指挥。右今出榜衢、婺州
> 雕书籍去处张挂晓示,各令知悉。如有似此之人,仰经所属
> 陈告追究,毁版施行。故榜。嘉熙二年拾贰月　日榜。衢、
> 婺州雕书籍去处张挂。转运副使　曾　台押。

祝穆家族耗费大量的心血与财力,编印了卷帙颇繁的骈文写作参考书,为防止盗版,特向地方政府申请版权保护,并得到批准,祝穆特将榜文刊刻于该书序言之后,以昭告天下。细阅全文可知,此则榜文堪称是一份真正具有现代版权保护意义的法律文书,虽然它的批准,也许和"祝太傅"的特殊身份有关,但毕竟体现了古代中国人版权意识的萌动。

令人遗憾的是,此类法令寥若晨星,极其罕见。法律制约的严重缺失,导致民间书坊盗版之风泛滥,这在小说戏曲的出版领域尤其突出。明代福建著名的通俗小说出版商余象斗,曾编刻通俗小说十数种,因迭遭盗版之苦,故在其所刊《新刊八仙出处东游记》书首"八仙传引"中愤怒控诉道:

> 不俗斗自刊《华光》等传,皆出予心胸之编集,其劳鞅
> 掌矣!其费弘钜矣!乃多为射利者刊,甚诸传照本堂样式,
> 践人辙迹而逐人尘后也。今本坊亦有自立者,固多;而亦有
> 逐利之无耻,与异方之浪棍,迁徙之逃奴,专欲翻人已成之
> 刻者,袭人唾余,得无垂首而汗颜,无耻之甚乎?[1]

然而此等批斥,在巨大的商业利润诱惑之前,显得苍白无力,即便出版者署上"翻刻千里必究""倘有棍徒滥翻射利,虽远必治,

---

[1] 参见孙楷第《日本东京所见小说书目》卷四,人民文学出版社1981年版。

断不假贷"之类的威胁文字,亦无济于事。于是,古代通俗小说出版史上盗版、挖改、删削、节略及易名等侵犯版权之事,几不绝于书。

至清代后期,随着西方印刷技术的传入,著作权及版权保护观念也开始东渐。综合地域及人群两个因素而言,要数上海的西人出版者领风气之先。譬如由西方传教士、在华西商及外交人员共同组建的"广学会",早在光绪二十二年(1896)十二月,就曾通过美国总领事向清政府施压,颁布《严禁翻刻新著书籍告示》[1],保护其编印的畅销图书,告示云:

> 钦命二品顶戴江南分巡苏松太兵备道兼办机器制造局刘　为出示谕禁事:本年十二月十八日接美领佑来函:"据本国林教士禀:《中东战纪本末》暨《文学兴国策》计订十本,倩图书集成局刊印行世。曾登告白,无论何人,不得翻印,如违禀究。兹尚有《中东战纪本末》(续编)两本一并行世,近闻有书贾翻刻冀图渔利,请饬查示禁"等由,到道,除函复并分行外,合行出示谕禁,为此示。仰书贾坊铺人等,一体知悉:尔等须知,教士所著前项书籍,煞费经营,始能成编行世。既登明告白,不准翻印,尔等何得取巧翻版,希图渔利。自示之后,切勿再将前书翻印出售,致干究罚。切切,特示。

光绪二十九年(1899)四月,由日人创办的东文学社通过清政府,颁布了保护其所印《支那通史》等数十种图书版权的告示;光绪二十九年五月,南洋公学译书院亦吁请苏松太兵备道,

---

[1] 载光绪二十三年正月(1897年2月)《万国公报》第97卷。另可参见李明山主编《中国近代版权史》第一章"清朝对版权的禁锢和版权保护文告的沿用与终结",河南大学出版社2003年版。

颁布告示:"凡译书院译印官书,均不许他人翻刻,以符奏案,而保版权。并恳分行上海县租界委员,一体出示,并照会驻沪领袖总领事立案"云云,末附《欧洲商业史》《日本近政史》等54种图书目录①。显然,迅猛发展的出版印刷业,再加上租界特殊的政治文化体制,上海地区的版权保护意识正悄然滋长。

在上述背景之下,身处媒体又颇尚西风的汪康年,并未如明清书坊主那样采取盗版的手段,而是通过友人高凤谦(字梦旦)的联络,以协商的方式,有偿取得了林纾所译《巴黎茶花女遗事》小说的合法版权,写下了晚清上海地区小说版权转让的一则佳话。

二、林译《巴黎茶花女遗事》版权转让始末

汪康年对小说文学的兴趣,早在他主持《时务报》时便已产生。《时务报》自第60册(1898年5月11日)开始,连载英国人解佳著、曾广铨译的《长生术》小说。资料显示:就报纸刊载小说一事,汪康年曾向高梦旦征询意见,高氏复函云:"附刻小说甚好,惟须少择有关系者较为有益,能言西国风俗尤妙。"②光绪二十四年六月二十一日(1898年8月8日),迫于种种压力,汪康年放弃《时务报》的名称,于同年七月一日(8月17日)另创《昌言报》,将《长生术》小说续登完毕。也许是为了增加新办《昌言报》的吸引力,汪康年开始物色一部优秀的小说,《巴黎茶花女遗事》遂进入他的视野。

光绪二十四年十二月下旬(1899年1月底或2月初),汪康

---

① 均见张静庐辑注《中国近现代出版史料·近代初编》卷五之插页,上海书店出版社2003年影印版。
② 光绪二十四年闰三月二十三日(1898年5月13日)高凤谦致汪康年函,收录于上海图书馆编《汪康年师友书札》,上海古籍出版社1986—1989年版。下文所引尺牍资料,出处均为此书,不再逐一注明。

年致函高梦旦①,询问《巴黎茶花女遗事》的翻译情况,他或误以为此书乃高梦旦之兄高而谦(字子益)所译。高梦旦于十二月廿九日(1899年2月9日)复函:"家兄子益并无译书、绘图之事,《巴黎茶花女遗事》一书,系友人王子晓、林琴南同译,已在闽刻梓②,明春可以印行。"又于光绪二十五年二月三日(1899年3月14日)信函中允诺:"《茶花女遗事》印成,即托尊处代售。"然而,汪康年的兴趣并非在"代售",而是希望能够取得此书在上海的版权。三月初五日(4月14日),汪致函高梦旦说明意图,三月十一日(4月20日),高氏复函云:

> 得初五日书,敬悉。《茶花女遗事》系王子仁、林琴南同译,魏季子③出赀刊刻。计雕工并刷印以送人者,得费八九十元,尚未细算。现在所以发售者,不过欲收回成本,并无图利之心。足下将以印报,原无不可,惟报章风行,得阅者既多,恐碍此书销路。尊处若能出雕刷各费,则原板可以

---

① 这里的资料来源,主要是上海图书馆所藏高梦旦、林纾等人写给汪康年的尺牍,但是由于汪康年写给高、林两人的尺牍已佚,故不能形成往还,汪氏的言行,只能通过高、林两人的信函予以推知。

② 林纾、王晓斋将《巴黎茶花女遗事》译出后,交由福州著名的吴玉田书坊出版,《巴黎茶花女遗事》小说现存最早的版本,即为吴玉田所刻巾箱本,书末有"福州吴玉田镌字",封面签条为"冷红生"自署"巴黎茶花女遗事",扉页背面刊有"己亥正月,板藏畏庐"字样。正文每半叶九行,行二十字。此"己亥"即光绪二十五年。林纾的另一本著作《闽中新乐府》,亦曾由魏瀚资助在光绪二十三年(1897)出版。

③ 此"魏季子"即福州人魏瀚,与林纾、高梦旦等人关系密切,但与汪康年则素未谋面。汪康年《汪穰卿笔记》卷三曾载:"闽人魏季抒京卿瀚,余初闻其为船政学堂学生出身,后以办船政与法人不合辞去。余颇企羡其为人。后闻其至粤,历见委任,顾出入十余年未尝有所表见,甚至以一人兼八局总办,事尽丛脞。前总办广九铁路,向例凡付款笔总办及洋帐房均署名乃可,魏以忙故,悉托之洋帐房赖德,从而生心,肆意吞没至七万余始觉。其法则以所署名之纸向银行取出,旋别立一簿为己存款,后虽拘交港官,判监禁作苦工二年,而吞没之款则不可复得矣。"可见汪氏对魏瀚的人品颇有微词。

奉送,即已印成书者所存无多,亦只留以赠人,不复续印再行发售。足下将此书或登报,或印行,敝处并不过问。若以所费太钜,则请俟此书售价略抵成本之后,亦可将原板奉送,如何之处,统希示知。

令人遗憾的是,我们今天未能见到汪康年的回信,无从得知他是如何答复高梦旦的。但旁证资料表明,汪康年的决定乃是:将《巴黎茶花女遗事》与之前刊载于《时务报》的《长生术》小说以及新译的《包探案》小说,合为一书,铅印出版。三月十五日(4月24日),汪康年以昌言报馆的名义,在其主办的另一份报纸《中外日报》上,登载了"《巴黎茶花女》《新译包探案》《长生术》三种合印发售"的告白,文云:

《巴黎茶花女》小说,情节变幻,意绪凄恻,前经福建某君译出付刊。现本馆特向译书之人,用巨赀购得,另用铅字排印,发各省销售,并附新译《包探案》《长生术》二种,不日出书。如有喜阅者,请至本馆及各书坊购取可也。昌言报馆白。

这则告白在《中外日报》上连续登载了数十天,产生了极为广泛的影响。就在告白登出的当日,汪康年向高梦旦发去一信,告知了自己的决定。三月二十二日(5月1日),高梦旦复函称:

得十五日书并读十六日报,知不要《茶花女》原板,将另行铅印。此书本系游戏之作,意不在利。今刻工既有所出,原版自无所用,仍以奉上,不必更行铅印以省糜费,并乞更登告白,将"重价购取"一语削去,但云译书人不受酬赀,只收板价而已。此书魏君所刊,林、王二君不愿得酬赀,尊处之款,自当以归魏君。若将原板留下另印发售,所得余利将何所归?若只收工料价值,不取赢余,则价值太廉,或碍

> 尊处销路,亦断不可行。故弟拟以原板奉上,较为直截。且前者仓卒出书,讹字甚多,现加复校,将次就完,并将校本奉缴,原板刊改毕后,不过旬日可以寄沪,如何之处,统希尊酌,明示为盼。

显然,高梦旦对汪康年上述"先斩后奏"式的举止,颇有微词,尤其不满意《中外日报》所登告白的措辞。但碍于朋友的情谊,他仍然较为谦让,希望此事能获得一个皆大欢喜的结果。汪康年收到此信后,没有立即作出回复,四天之后,即三月廿六日(5月5日),高梦旦又追发一函:

> 昨奉一函想已登览。《茶花女遗事》告白曾否代为更正?林琴南、王子晓既不受酬赀,断无虚被重价购取之名。林、王二君交游颇广,此书虽不署名,然人多知为出其手也。请即日登报声明,译者不受酬赀,只收回刻工而已,庶弟可以对住前途。告白仍须列于封面,须连登数日为要!详细情形,具详前函,不复赘述。

连接高梦旦两函,汪康年终于对告白作出了修改,三月廿七日(5月6日),《中外日报》所载《巴黎茶花女遗事》告白,原"现本馆特向译书之人,用巨赀购得,另用铅字排印"数句,改成"现本馆特向译书之人,将书板照价购归,特行刷印",余均不变。

此处,有个异常的现象值得关注:那就是作为《巴黎茶花女遗事》的主要翻译者——林纾,似乎始终处于这场小说版权协商的局外。但是,如果考虑到林纾与高梦旦兄弟的亲密关系①,

---

① 林纾与高梦旦兄弟关系颇笃,《畏庐续集》载有《送高子益之官云南序》,《畏庐三集》载有《祭高子益文》《高子益哀辞》;而高梦旦则为《畏庐三集》作序。此外,高梦旦后进入商务印书馆的管理层工作,林纾的翻译小说亦大多由商务出版,且得享优厚的稿酬。

便可推想:高梦旦与汪康年的协商,当是接受了林纾的委托,至少,林纾也应知道协商的大致情形。只不过,一则晚清时期的通讯尚不够迅速,二则林纾此时正在杭州县署任职,故他对上海《中外日报》所载告白的反应,显得有些滞后①。直至三月廿九日(5月8日),林纾才致函汪康年,首次对《巴黎茶花女遗事》的版权转让之事,发表了自己的看法:

> 沪上展谒,未得把晤,因致《茶花女》小说两部而别。昨阅《中外日报》,有以巨赀购来云云。在弟游戏笔墨,本无足轻重,唯书中虽隐名,而冷红生三字颇有识者,似微有不便。弟本无受赀之念,且此书刻费出诸魏季渚观察,季渚亦未必肯收回此款。兹议将来赀捐送福建蚕学会,请足下再行登报,用大字写"《茶花女遗事》,每部价若干",下用小字写:"前报所云,致巨赀为福建某君翻译此书润笔,兹某君不受,由本报捐送福建蚕学会。合并声明。"鄙意如此,意亦两所无碍,想足下当可允从也。此问箸安。弟林纾顿首。三月廿九日在杭州仁和县署发。

汪康年于四月初三日(5月12日)复函林纾,解释了自己出版《巴黎茶花女遗事》的缘由;林纾接信后于四月初六日(5月15日)再次致函汪氏,称:"初六日得沪上所发初三日手函,述《茶花女遗事》排印之由,将以津贴馆中经费。此举至妥至善,寸心想先生已曲谅之矣,慰甚。""年底归闽,拟同魏季渚再翻外国史略或政书一部,成时当奉商也。"则汪康年在四月初三的复函中,或还曾向林纾约请译稿。

---

① 光绪二十五年四月四日(1899年5月13日),林纾的同乡友人高凤歧(字啸桐)亦致函汪康年,称:"琴南应仁署之聘,年底方能赴申回闽。前日为小说一事,有书请足下改登报纸,将'巨赀'二字声明。昨阅报已在先略改,但琴南之信似亦无碍,可以再登否?季渚本将板价捐入蚕会也。"其反应也较滞后。

然而，林纾的建议最初并未被汪康年采纳，《中外日报》的告白依旧如故，林纾、王晓斋遂分别函请高梦旦从中斡旋。四月七日（5月16日），高梦旦致函汪康年："读廿七日报，知《茶花女》小说已经更正告白矣。昨得林、王二君来函，知颇以此事为不然。因渠只见重价购买之告白故也。拙见似应更登'告白声明'较为妥善，另拟一条如下，乞即照登封面，应费若干，即于板价扣还可也。"高氏所拟告白为：

《茶花女遗事》告白

此书为福建某君所译，本馆喜其新颖，拟用重价购买。承译者高义，不受酬赀，只收原刻板价，并将原板寄来。特此声明，并志谢忱。昌言报馆告白。或将板价下注明若干元亦可，酌之。

四月十二日（5月21日），高梦旦再次致函汪康年："得手书具悉。闽中试办蚕学，所需经费，多半由魏季子所出。《茶花女》板价，季子亦拟以助蚕学，故琴南有此言，甚妥之至，请即照办！并拟告白一条呈鉴，如何之处，请一酌之。""昨上一书，所拟告白可以勿用。因此款捐助蚕学，较为两妥也，原板俟有官船赴沪，即行奉上。"高梦旦新拟告白为：

《茶花女遗事》告白
此数字用大号铅字，最好登于封面，数为盼

此书闽中某君所译，本馆现行重印，并拟以巨赀酬译者。承某君高义，将原板寄来，既不受酬赀，又将本馆所偿板价若干元捐入福州蚕桑公学。特此声明，并志谢忱。昌言报馆告白。板价若干？应否登明，祈一酌！

经林纾、高梦旦、高凤歧等人的多番劝说，汪康年终于情面难却，四月十七日（5月26日），《中外日报》头版左下角登载了新的"《茶花女遗事》告白"，其文字与高梦旦四月十二日函所拟，一字不差。至此，关于《巴黎茶花女遗事》小说版权的协商，算是基本告成。六月九日(7月16日)，高梦旦函告汪康年："家兄子益月内赴杭，道过上海，当趋谒左右，《茶花女》书板即由家兄缴上。"光绪二十五年(1899)夏，汪康年以"素隐书屋"的名义，委托昌言报馆将《巴黎茶花女遗事》铅印出版。

令人颇感意外的是，当《巴黎茶花女遗事》小说铅印出版之后，汪康年却又提出了新的小说版权转让方案，八月初八日(9月12日)，他函询高梦旦：原应支付的小说原板成本费，能否代之以二百部新版的《茶花女》小说或其他书报？高梦旦接信后，即与魏瀚诸人商量，至八月廿日(9月24日)始复函汪氏：

前得初八手书，具悉。《茶花女》刻费系魏季子所出，兹已与之商量，渠却无他意。惟此书前刷若干部用以赠人，现尚有余，尊处再寄二百部，无所用之。所云他种书报折送一节，却属可行。请先将书单寄来，以便择其合用，或兼要《茶花女》少许亦可，再行函告。单中乞载价目、部数为祷。

魏瀚、林纾等人又一次作出了让步。最后，汪康年仅支付了四十元的现款，其余部分则均以书报折算。光绪二十五年十一月十四日(1899年12月16日)，高梦旦致函汪氏："前得手书并书报价单，所以迟迟未覆者，知足下有湖北之行也。昨日又得惠函并书款四十元，已转致魏君矣。魏君云贵处书报需用时，当作书往取，并嘱转告足下，不必以此款为着急也。"

自光绪二十四年(1898)十二月下旬至今，关于《巴黎茶花女遗事》小说版权转让的协商，历时近一年，高梦旦、汪康年、林纾及高凤歧等人，往还书札数十通，颇费周折，终于促成了这一桩颇具时代意义的版权转让。

三、汪康年求取小说版权的动因及余绪

由前文可知:汪康年翻印《巴黎茶花女遗事》小说的心情,可谓迫切异常;而他面对林纾、魏瀚等人的谦让,却一再拖延,甚至变相逃脱支付小说原板费用的行为,也委实有些不近人情。那么,此事背后究竟有无特殊的情由呢?

据相关史料记载:光绪二十四年(1898)底至二十五年(1899)初,汪康年集资创办的《昌言报》,出现了严重的财务危机①。光绪二十五年三月廿四日(1899年5月3日),《中外日报》登载了一则"昌言报馆告白",声称:"本馆因被各处代派处积欠款项至二万金,致《昌言报》自十一期起至今未印,实为抱歉。惟本馆存报尚值二万元,现定三月廿三日起,将存报跌价发售,以期集款出报。"但此法似未能奏效,《昌言报》的经费问题,仍然困扰着汪康年。四月十二日(5月21日),《中外日报》再次登载"《昌言报》告白",云:

> 本馆前因各处积欠太多,致报册迟迟未出,现已一面催欠,一面筹款,俟有端绪,即行开印。惟已收去冬报赀等处,自应设法拨还,以免悬盼。请自四月十五日为始,已出去冬报赀及三年、五年报赀者,可持票来本馆划取书籍。至外埠各处,惟兰州电局、济南洋务局、南京陈寓、安庆支应局、寿州文德堂、镇江裕兴康、扬州电局、淮安刘寓、清江善后局、

---

① 《昌言报》自1898年8月17日创办之后,适逢上海订书作坊工人罢工,致使报纸不能准时装订、分送;《昌言报》是偏重政论性质的报纸,不登商业广告,几乎没有广告收入,经济很快就出现亏空;再加上报馆内部也存在复杂的人事矛盾,因此,该报仅仅出版至第10册,便已难以为继。但汪康年并不甘心,他四处努力筹款,希望能够尽早复刊。可参见廖梅《汪康年:从民权论到文化保守主义》第八章"《昌言报》和《中外日报》",上海古籍出版社2001年版。

通州森昌、苏州吴寓、昆山振记、台州张宅、建宁电局等处，已付去冬报赀，应由本馆寄去书报划抵。或有不愿取书，必欲收回报赀者，须俟敝馆收到外欠，当即照数算还。又各代派处欠款已连函催取，务请将该款及余剩书报，分列清单，速行寄还。因秋间敝馆当将清单登报也。

为多方筹集资金，帮助《昌言报》度过难关，尽早复刊，汪康年遂计划出版《巴黎茶花女遗事》小说，企盼迅速赚取利润，贴补报馆。光绪二十五年四月初三日（1899年5月12日），他在回复林纾的信中就曾明确表示："《茶花女遗事》排印之由，将以津贴馆中经费。"经过高梦旦的联络，汪氏与林纾、魏季渚等人达成《巴黎茶花女遗事》的版权转让协议，铅字版的《茶花女遗事》很快就出版发行，该书扉页署"书经存案，翻刻必究"，背面则标有"己亥夏素隐书屋托昌言报馆代印"的牌记。

汪康年对出版《巴黎茶花女遗事》小说寄予厚望，早在光绪二十五年三月十五日（1899年4月24日），《中外日报》即登出"《巴黎茶花女》《新译包探案》《长生术》三种合印发售"的预售广告，至四月十七日（1899年5月26日），《中外日报》复载"《巴黎茶花女》《新译包探案》《长生术》发售告白"，称："《茶花女遗事》一书，情节变幻，译笔又佳，现已印出，并附《新译包探案》《长生术》二种，每部白纸价洋三角，洋竹纸二角五分。不折不扣，如欲购者，请向昌言报馆及各书坊购取可也。"此告白排日连载，至四月廿六日（6月4日），《中外日报》又推出新的广告文案"译印《巴黎茶花女遗事》"，对该小说极尽荐举之能事：

> 此书为西国著名小说家所撰，书中叙《茶花女遗事》历历如绘，其文法之妙，情节之奇，尤出人意表。加以译笔甚佳，阅之非独豁人心目，且于西国俗尚，亦可略见一斑，洵为小说中出色当行之品，非寻常小说所可同日语也。

虽然目前尚无资料载及汪康年版《巴黎茶花女遗事》的销售数量,该小说的出版也未能令昌言报馆起死回生,但此后上海地区书局竞相翻印《巴黎茶花女遗事》小说的事实,却已从一个侧面证明了其在上海的风行与热销。

这里,还有一个有意思的问题:既然汪康年版《巴黎茶花女遗事》小说采用的乃是新兴的铅印技术,那么高梦旦转交给汪康年的福州原板,后来是否再次印刷过小说呢?

阿英《关于〈巴黎茶花女遗事〉》曾列举了其收集到的该小说版本 7 种,计有:福州吴玉田巾箱本(1899)、素隐书屋托昌言报馆代印本(1899)、玉情瑶怨馆红印本(1901)、玉情瑶怨馆黑印本①(1901)、文明书局本(1903)、广智书局《小说集新》第一种本及商务印书馆本等。其中属于木刻本的,只有福州吴玉田巾箱本和玉情瑶怨馆本两种。关于后者,阿英云:"至丁可钧题署、王运长书签的玉情瑶怨馆木刻本,究为谁氏所刊,现在还未能查清。"阿英此文写作于 1961 年,事实上在他之前,已经有人关注过该本的刊刻者问题。

1953 年,上杂出版社出版了张静庐辑注的《中国近代出版史料初编》,书中收录有一页书影,正是玉情瑶怨馆本《茶花女》的扉页及正文首页,图注文字云:"林纾译《巴黎茶花女遗事》,光绪辛丑(一九〇一年)玉情瑶怨馆木刻本",尚未涉及刊者情况。但到了 1957 年中华书局再版《中国近代出版史料初编》中,该书影的图注文字已改为:"林纾译《巴黎茶花女遗事》,光绪辛丑(一九〇一年)玉情瑶怨馆汪穰卿家刻本",不过,关于改动的原因或依据,编者未作相应的说明。阿英撰写《关于〈巴黎

---

① 据笔者核查:国家图书馆藏玉情瑶怨馆木刻红印本(1901),扉页篆题"巴黎茶花女遗事","沅陵丁可均题",钤有"丁可均印"(白文);扉页背面刊有"光绪辛丑秋玉情瑶怨馆校刻"的牌记;正文半叶十六行,行二十八字;版框高 15.5 厘米,半叶宽 11.9 厘米;国家图书馆另藏有玉情瑶怨馆木刻黑印本(1901)及玉情瑶怨馆石印本(1901),版式行款,均与红印本相同,当属同版别刷。

茶花女遗事〉》时,也没有提及张静庐的观点,是未曾注意到此则资料,还是根本不同意张氏的说法,今难确知。1982 年,上海学林出版社出版郑逸梅的《书报话旧》,在"林纾译《茶花女遗事》及其它"一篇中,郑先生转录了《中国近代出版史料初编》(1957 年中华书局版)的书影,并且明确指出:"玉情瑶怨馆的木刻本,原来是钱塘汪穰卿斥资付梓的",但同样没有列举出任何证据。

因此,将玉情瑶怨馆本定为汪康年所刻,看来尚缺乏有力的证据。实际上,即便玉情瑶怨馆本确实是汪康年的家刻本,他也并非利用高梦旦所转送的福州原板而刷印,因为福州吴玉田刻本《巴黎茶花女遗事》,每半叶九行,行二十字;而玉情瑶怨馆本则每半叶十六行,行二十八字,两者显非同版。如此说来,汪康年几经周折,从林纾、魏瀚等人手中取得的《巴黎茶花女遗事》小说福州原板,最后竟然变成了一堆无用的朽木。

四、晚清上海地区书局的小说版权保护

虽然《巴黎茶花女遗事》小说版权的成功转让,发生于几个彼此交好的朋友之间,也许并不具有普遍意义,但它体现了国人版权意识的觉醒与提高,却是毋庸置疑的。特别是在出版业飞速发展的上海地区,面对日渐激烈的同行竞争,各家出版机构已不得不开始关注图书版权的保护问题,以维护其商业利益。这对于竞争渐趋白热化的小说出版业来说,尤显必要。兹略举数例:

(一) 小说林社的小说版权保护

光绪三十年(1904)八月,常熟人曾朴、徐年慈及丁祖荫合伙在上海创办清末著名的小说林社,该社的业务重点即在于新小说,尤其是翻译小说的撰译和出版,它曾在广告中宣称:"泰

西论文学,推小说家居首,诚以改良社会,小说之势力最大。我国说部极幼稚不足道,近稍稍能译著矣,然统计不及百种。本社爰发宏愿,筹集资本,先广购东西洋小说三四百种,延请名人翻译。复不揣梼昧,自造新著,或改良旧作,务使我国小说界,范围日扩,思想日进,由翻译时代而进于著作时代,以与泰西诸大文豪,相角逐于世界,是则本社创办之宗旨也。今拟每月出书五六部,首尾完具,板片如一,积少成多,可成丛书,有稗官癖者,盍先睹为快。"①可以想象,当小说林社投入巨资、推出如此规模庞大的小说出版计划之时,它必定会采取相应的措施,来保证自身的经济利益不会遭受盗版的损害。果然,光绪三十一年(1905)三月,小说林社为自己的小说作品,申请了上海地方政府的版权保护:

> 钦命二品顶戴江南分巡苏松太兵备道监督江海关袁为给示谕禁事:据职商孟芝熙禀称:窃职等以输灌文明、开通风气,推小说为最。爰纠合同志,集有成款,择欧美小说中之新奇而宗旨正大者,翻译成书,增进国民智识,以辅教育之不及。租定上海棋盘街房屋,定名小说林,陆续付印,平价出售。诚恐书贾射利翻印,或增损字句,改换名目,希图朦混。嗣后凡本社印行,不准他人翻刻。除另禀商务局宪外,禀求准予立案,出示严禁翻印,并请札饬县廨一体示禁,并照会租界领袖、总领事立案,以重版权,并具切结,声明所著《双艳记》《美人妆》《福尔摩斯再生一案》《福尔摩斯再生二、三案》等书,委系自行编辑,并无翻印情弊,如有朦混,愿甘罚办等情。各到道据此除批示分行县廨一体立案外,合行给示谕禁。为此仰书贾人等一体知悉,毋得将小说林陆续所印各书翻刻渔利,如敢故违,一经查出,定行究罚

---

① 《新小说》第 11 号(1904 年 10 月 24 日)载"小说林社特别广告"。

不贷。其各凛遵,切切。特示。光绪三十一年三月十一日。①

光绪三十三年(1907)正月,小说林社又创办《小说林》月刊,专载各类著译小说,结果刚刚出至第4期,便遭遇了盗版:光绪三十三年六月(1907年7月)《小说林》第1期再版,书首登载"特别广告"一则,文云:"本社所有小说无论长篇短著,皆购有版权,早经存案,不许翻印、转载。乃有□报馆,将本社所出《小说林》日报第二期《地方自治》短篇,改名《二十文》,更换排登;近又见□报馆,将第一期《媛香楼传奇》直钞登载,于本社版权大有妨碍。除由本社派人直接交涉外,如有不顾体面,再行转载者,定行送官,照章罚办,毋得自取其辱。特此广告。"此处,小说林社手下留情,隐去了该报馆的真实名称,但"直接交涉"与"特别广告",显然收到了令人满意的效果,因为自此之后,再也未见小说林社刊载类似的告白。

(二) 商务印书馆的小说版权保护

光绪二十三年(1897)二月,近代中国最负盛名的出版机构——商务印书馆在上海创立。除开种类繁多的教科书,商务印书馆早期的拳头产品,就要算"说部丛书"了。该丛书共出版了10集,每集10种,凡100种,时间自1903年延至1908年8月,前后长达近6年。如此漫长的出版周期,"说部丛书"遭受盗版的风险,无疑也会大大增加。光绪三十二年(1906)三月三十日,商务印书馆为保护版权事宜,专门在《申报》登载了广告:

> 本馆编译各种图书小说,均经具禀商部暨京师学务处立案,禁止翻印。今将本年三月十三日商部批词登录,以供

---

① 1906年小说林初版《钱塘狱》小说书后附载之广告。

众览。商部批候选道夏瑞芳,编译精详,足称善本,其说部各种类,皆彼国名著,加以通才翻译,倍觉可观。此种书籍,洵乎政界学界良多裨益,自应准予立案,禁止翻印,为此批示,仰即知照,书存此缴。

(三) 月月小说社的小说版权保护

光绪三十二年(1906)九月,晚清四大小说期刊之一的《月月小说》于上海创刊,其第2号(1906年11月)便登出"本社紧要广告",警告其他书局不准转载、翻印自己的小说:

> 启者,本报内所载各种撰稿,皆由巨金购来,取有版权证书,访求不易,煞费苦心,且稿中一字一句,皆经同人意匠经营,悉心校勘,以期精益求精,用副阅者诸君之望。各处书坊毋得改头换面,任意翻印,致干未便。报界诸君,如蒙不弃,愿为转载,亦须注明出处,仍存原著原译之人姓氏,以昭公道。幸勿任意转录而隐去撰译者姓名,致蹈采美之嫌。幸甚!幸甚!

不仅如此,月月小说社甚至还登载告白,声称即便是在《月月小说》刊物上发表小说的撰译者,也不得擅自将作品转售于其他报刊:

> 启者,本报内所载各类撰译小说稿,皆以巨资购来,得有撰译之版权,他日印刷告全后,其版权均为本社所特有,他人固不得改头换面,任意翻刻。即原撰译之人,亦不得擅自转售、刊发,以重版权。如有欣赏奇文,欲转载他书者,亦须标注摭录某报,仍存原撰译之姓氏于下,幸勿任意剽窃,

隐去撰译姓名,致蹈采美之嫌。幸甚！幸甚！①

（四）林纾与文明书局之间的小说版权交易

《黑奴吁天录》小说,是林译小说中的又一名作,初版于光绪二十七年(1901),木刻四册,题"武林魏氏藏板"。三年之后,即光绪三十年(1904)三月,该小说的版权售归文明书局。林纾、魏易在《时报》上登载广告,云:"林译《黑奴吁天录》声明版权:是书版权并原刻书版,自甲辰三月售归文明书局,特此声明,不准翻印。林琴南、魏聪叔告白。"②不仅如此,林纾还曾主动向文明书局提供有关盗版的线索,文明书局也悬赏重金追查盗版者:

  本局自甲辰三月,即出重赀,购得《黑奴吁天录》版权并原刻木板,精印出售,每部四大册,定价八角。上年屡经登报声明,不准翻版。近接林先生函称,坊间有翻印铅字小本③,舛误至不可读,实于是书名誉有碍,且背版权法律,属速查究。用再登报声明版权,如有人确知翻印之家,能代扣留全书,来本局密告者,本局查确后,当以二百元奉酬,并将所获翻印之书全数奉送,决不食言。④

必须指出的是,文明书局实乃清末版权保护的急先锋,其总办廉泉曾先后上书管学大臣张百熙、直隶总督袁世凯及商部,呼

---

① 《月月小说》第14号(1908年3月)所载"紧要广告",该广告文字中"本社所特有"及"原撰译之人"等语,还特别使用了大字,以示醒目。
② 《时报》1905年6月23日广告。
③ 此盗印本,或即阿英著录的"光绪翻五号铅印本,一册",参见《晚清小说目》"翻译之部",古典文学出版社1957年版。
④ 《时报》1905年7月9日文明书局所登载之广告。

吁制定法律，保护图书版权，还曾状告北洋官报局盗印文明书局的《中国历史》等书，这些事件经《大公报》追踪报道之后①，在光绪二十九（1903）至三十（1904）年间，产生了十分强烈的社会影响。

（五）上海书业公所的小说版权登记

上海书业公所成立于光绪三十二年（1906），同年它对申城的出版机构进行了一次规模较大的"书底挂号"，实即图书版权登记。根据上海市档案馆保存的《上海书业公所书底挂号》，参加登记的有扫叶山房、江左书林、著易堂、广百宋斋、理文轩、醉六堂等57家书局，各类图书2470种，其中传统书籍2020种，新学书籍450种②。在传统书籍中，"时文"与"通俗小说"两类所占比例最高。譬如文宜书局登记的书底总数为186种，而通俗小说（包括弹词）竟占119种；其他如源记书庄22种、广百宋斋21种、有益斋20种、理文轩19种、申昌书室18种、文富楼15种等。作为传统出版业的行会组织，上海书业公所对各书局进行书底的登记，其目的乃在于摸清各书版权所属，以便相互尊重，共同保护，避免行业内出现盗版翻刻、盲目刊印等恶性竞争事件。

上述所举，均为晚清出版机构（含著作者）及行业组织自我保护版权的例子。倘若将晚清苏松太兵备道所颁保护小说林社

---

① 参《廉部郎上管学大臣论版权事》，《大公报》1903年5月22日；《管学大臣答廉惠卿部郎呈请明定版权由》，《大公报》1903年6月4日；《查办书局咨文》，《大公报》1904年3月3日；《书局停办》，《大公报》1904年3月6日；《廉部郎声复商部请奏定版权法律呈稿并批》，《大公报》1904年4月17日等相关报道。另请参见李明山主编《中国近代版权史》第一章第三节"文明书局总办廉泉上书反盗版与大清商部初拟版权律"，河南大学出版社2003年版。

② 此统计数字据王永进《档案里的〈书底挂号〉》文，《档案与史学》2003年第1期。《上海市书业公所书底挂号》原件现藏上海市档案馆，档号为S313-1-77。

版权的告示，与宋代两浙转运使颁布的榜书两相对阅，其行文语气竟然惊人地相似。近七百年的时间过去了，清朝政府制止盗版、保护版权的方式却依然如故，这不免令人感到悲哀。事实上，晚清政府也曾颁布过有关出版及媒体的法律，譬如光绪三十二年（1906）年颁布《大清印刷物专律》，光绪三十三年（1907）颁布《大清报律》，然其立法的重心，仍在于限制舆论自由，查禁所谓"毁谤"印刷物件，而非真正的版权保护。直至宣统二年十一月（1910年12月18日），就在辛亥革命即将爆发的前夕，中国历史上第一部版权保护法——《大清著作权律》，终于由清廷民政部正式颁布施行，尽管在此后很长的一段时期内，这部法律的内容条款及具体实施均存在种种的缺陷与漏洞，但它毕竟标志着我国的版权保护事业已开始迈入有法可依的历史新阶段。

（原文题为《晚清汪康年出版〈巴黎茶花女遗事〉始末考》，收入《古代小说文献丛考》，中华书局2005年版第203—218页，本次收录时改作今题，并作了局部文字调整和修订。）

《松荫庵漫录》与《申报》所载晚清笔记小说

创刊于清同治十一年(1872)的《申报》,是近代中国十分重要的报刊之一,除登载时事新闻、评论政见之外,它也刊载了数量可观的文艺作品,诸如小说、诗词、传奇之类,其中尤以小说为著。或许是因为资料较为分散的缘故,学界对于《申报》所刊小说的研究几为空白。笔者曾撰有《〈申报〉所刊晚清小说辑目》一文,辑录了《栖霞女侠传》《人面兽》《寿头大会》《拆字谈》《滑稽谈》《奈何天》《学界小说》《自由女》等数十种长、短篇小说。但对于《申报》所刊笔记小说,亦未加关注。

偶于冷摊购得《松荫庵漫录》一书,四册,自由杂志社1926年初版,编辑者为松荫庵主。前有编者自序:

> 笔记一类,大都涉笔谨严,意存劝惩。本编为五十年前《申报》所载,自同治十一年至光绪二年,综计四百八十五则,为闻见所及之事,非向壁虚造者可比。其时主笔政者,如天南遁叟王韬等,多一时知名之士,用笔简练,读之津津有味。其间所纪孝义节烈,及奇闻轶事,诛奸谀于既死,发潜德之幽光,可泣可歌,可喜可愕,洵足以针砭薄俗,昭示来兹。用是择尤摘录,刊印成书。复追记报载年月,以志由来,为关心风化者之稽考云。中华民国十五年七月松荫庵主序于海上。

书分四卷,卷首存目录,目录后另署《尊闻阁笔记》一名。尊闻阁,乃《申报》创办者英国人美查的室名。第一卷138则,第二卷104则,第三卷124则,第四卷119则,总计485则,与序言所称相合。

关于《松荫庵漫录》的编者"松荫庵主",今人陈玉堂编《中国近现代人物名号大辞典》认为,《松荫庵漫录》乃王韬所著,复将"松荫庵"列入王韬书斋的别称,实误!因为"松荫庵主"的序言,写于民国十五年即公元1926年,此时王韬墓木已拱矣。

笔者遍查有关工具书,也未找到"松荫庵主"的真实身份。但《松荫庵漫录》本身提供的一条线索,却使我们可以作出某种推测。该书卷一《马宝即鲊鳎》篇后,存有按语一段,文曰:"栩按,今淮安县即旧山阳,前次予征集出品赴巴拿马赛会时,曾得马宝一枚","据商会总理徐君钟性云,淮安素产此物"。

此段按语,当非出自该篇笔记原作者之手,因为,如果是作者原文的话,那它就应该与正文的排印方式一致,譬如卷四《英国侯失勒传》(原载同治十一年八月二十二日、二十六日《申报》)篇后,存有原作者王韬的按语"逸史氏王韬曰",它即与正文一样顶格排印。而《马宝即鲊鳎》的按语,却比正文低一格,表明它乃是编者松荫庵主所加,也就是说,松荫庵主的名字为"栩"。

那么,"栩"又是谁呢?或即著名的鸳鸯蝴蝶派小说家陈蝶仙。陈蝶仙(1879—1940),原名栩,别署天虚我生,代表作有《泪珠缘》《玉田恨史》等小说。1916年10月31日至1918年10月,曾担任《申报·自由谈》主编,与《申报》大有渊源,又嗜好说部稗史,由其来编集《申报》所刊笔记,可谓适得其人。至于为何命名《松荫庵漫录》,查陈蝶仙的斋名、室号之中,未发现名"松荫庵"者。笔者的推测是:王韬著有《淞隐漫录》一书,颇有影响,而《申报》所载笔记小说,部分即出自王氏之手,故编者使用了一个读音相近的书名,以此来暗示两者的内在关系。

《松荫庵漫录》所载485篇笔记小说,其内容十分广泛,可粗略分为社会新闻、海外轶事、自然奇谈及狐鬼、爱情故事四个大类,试分述如下。

一、社会新闻

综观《松荫庵漫录》选录之笔记,正如其序言所言,具有"为闻见所及之事,非向壁虚造者可比"之特点,故社会新闻类占据了相当的比例,大至国家政事,下及风俗民情,地域上也不限上海一隅,旁及杭州、金陵、苏州及广东、安徽等地区。兹略举数则:

(一)鸦片之害

鸦片战争之后,西方对中国的鸦片贸易被合法化,在巨额利润的驱使下,流入中国的鸦片数量与日激增,仅广州一地,每月就不下七百担。与此相对应,国人吸食鸦片之风也越来越盛,《上海新报》同治八年(1869)七月二十一日报道:

> 自发逆作乱,国家暂以洋药(笔者注:即鸦片)之税稍补军需,而百姓似开鸦片之禁,卖烟卖土,吸烟有瘾,毫无惧法。有等下流不堪,腹中颇知文墨,先以吸烟为乐,若无事业,即开烟间,令妻子挑膏,殊不为耻,与花烟不分别也。且居然自以吸烟为尊,不许亲友劝导,觉为应分吃烟也。

此风遍及城镇乡村,无论男女老少,一沾鸦片,便上瘾难戒,甚至出现举家吸食的现象。清徐珂《清稗类钞》载一王姓烟鬼,出行时"坐车、行李车之后别有一车,所庋置者皆烟具。询其仆,曰:'中有烟枪三十六支,盖自王而外,若所谓太太、姨太太、少爷、少奶奶、孙少爷、孙少奶奶者,无不吸烟。益以幕友家丁,适得

《水浒》天罡之数'。"上海,作为烟花满地的十里洋场,鸦片的侵蚀,自亦无孔不入。《申报》同治十一年(1872)年六月十五日载文称:"烟铺之设","盛则无过沪上,虽吴下不及也。沪上之盛又无右于万里云也。华其居,丽其设,精其器,工其烟,是以海内文人商贾,无不闻其名,仰其景,偶一至沪,甫停骖,即往一爽素志"。据称,当时开设于上海城厢的烟馆,竟多达1700余家。

《松荫庵漫录》选录了多篇反映鸦片之害的笔记,如卷一《羊瘾》、卷二《袁琛》、卷三《巧骗》等。《袁琛》篇,叙东莞袁琛,"业贾仙城,积资颇裕",但其子"年甫二十,洋烟瘾成",他一气之下,遁入罗浮山中。其子遂终日"匿于烟馆赌场",不久,家产耗尽,"蓝缕其衣,烟云其面,鹑形鹄态"。后来,在友人的劝说之下,幡然醒悟,决心戒烟,"斫烟枪,毁灯具,僵卧数日,若将气绝",痛苦万状,幸得友人"购戒烟药剂,灌食之,遂断其瘾"。最终重新做人,振兴家业,父子团聚。

最有意思的要算《羊瘾》一篇,叙某庖人购一羊于市,"不逾时,羊昏然倒,四足直伸,伏地上,俄而羊口鼻内皆流白涎","适有好事者自外入,戏曰:'此羊殆有鸦片烟瘾乎?'遂以纸裹烟灰,烧熏羊鼻,须臾,羊口内白涎渐干,自地跃起,雄健如初,众皆称异","后悉此羊系一乡老所畜,乡老乃巨瘾也。每逢乡老吸烟,羊辄以首探床上闻烟香,积日既久,遂亦上瘾云"。此则新闻,听来恍如天方夜谭,但它从一个独特的角度,深刻地揭示了鸦片对于晚清社会的巨大危害。

(二)剪辫事件

剃发蓄辫,这是清代中国男子的特殊标志。至晚清时期,因受西方生活风尚的影响,此传统开始遭遇挑战。从1898年康有为发表著名的《请断发易服改元折》、1900年章太炎在上海宣布割辫,到1911年11月7日,清廷下旨准许臣民自由剃发剪辫,其间经历了非常曲折、复杂的文化冲突。

《松荫庵漫录》收录了《剪辫子》《剪辫赘言》两则故事,分别发表于光绪二年(1876)三月十九日、光绪二年闰五月初一日。当时剪辫之风未起,国人对辫子仍敬重有加,因此剪辫之举,被描述成十分恐怖的事件:

> 盖别有异教,使用邪术,剪去辫发,俾人不疑耳。其剪去之法,均系旋风一阵,风中若有一团黑影,吹至面前,不觉毛发森竖,风过处,辫即失去,或三五寸,或八九寸不等。然至短亦必连发梢一二寸,从无仅失去辫线者。连日被剪之家,或有将剪剩一半,自家再剪去一二寸,或竟将全发剃下,置于便桶底下以厌之,次日或夜间,其失去之辫,即能送还。
>
> 连日因风来剪辫,故人多留神,欲破其法。如昨城西有胡姓绸号,及城东余姓成衣铺,暨新街口某姓家,均因风来时,急用污秽等物抛去,竟打落纸人一个,计长一尺一二寸,或手持小剪,或持小刀,两足尚有符篆。

(三) 民间陋俗

作为街谈巷议的小说家言,笔记一体,对民间风俗始终颇为留意。《松荫庵漫录》选录了数量可观的、有关民俗的篇章,特别是对民间陋俗的记述和揭示,如溺杀女婴、守节殉节等,更为真实、有力。

溺杀女婴,是清代社会的痼疾。譬如扬州地区"有贱女之习,产者辄恶之,而贫民尤甚,于是相率而溺焉"(吴承志《逊斋文集》卷七《江阴保婴局记》);浙江诸暨地区,妇女"衽时,先设谋积虑,一见为女,立置死地"(光绪《诸暨县志》卷十七《风俗》)。《松荫庵漫录》选录有两篇同名作品《溺女报》,记载了苏州娄县(即今江苏太仓)和上海浦东的两位妇女,因多次溺女而终遭报应的故事。尤其令人注意的是,作者还转录了当时的一首《戒溺女歌》，保留了社会道德良心的声音。歌云：

> 劝君莫溺女，溺女伤天性。男女皆我儿，贫富有分定。若云养女致家贫，生儿岂必皆怡亲？浪子千金供一掷，良田美宅等灰尘。若云生女碍生儿，后先迟速有谁知？当街玉树多先折，老蚌变珠不厌迟。有女莫愁难遣嫁，裙布荆钗是佳话。婚不论财礼义存，择婿安贫免牵挂。漫忧养女玷家声，为儿娶妇亦关情。淫首百恶尔先成，不种孽根孽不生。杀女求儿儿不来，暮年孤独始悲哀。不如有女送终去，犹免白骨委蒿莱。赎人妻女救人殃，阴骘缠绵后必昌。若还多女竟无男，前生借债今生偿。劝君莫杀女，杀女还杀子。仁人有后恶人无，桂折兰摧疾如矢。劝君莫杀女，杀女还杀妻。生殄婴儿死索命，牵衣地狱徒悲悽。劝君莫杀女，杀女还自杀。怨怨相报几时休，转世投胎定夭折。孺子入井尚堪怜，如何嫡女葬黄泉。及笄往嫁尚垂泪，何忍怀中辄相弃？古往今来多杀机，可怜习俗不知非。人命关天况骨肉，莫待白首泪沾衣。

自宋朝以来，女子守节殉节之风甚盛，文人所撰节女烈妇之传，不计其数。晚清时期，虽经西风吹荡，国人观念渐新，但社会舆论对女性节烈的鼓吹，却仍未见减弱。《申报》曾以新闻的形式，于1896年8月27日、9月22日，报道过两则女性节孝的事件，并且配发评论，大加赞赏。作为得风气之先的上海，竟然还在1896年成立了首个妇女"保节会"。与此风相适应，《申报》所刊笔记中，记述女性节孝的文字，也颇为集中。《松荫庵漫录》就选录有多篇此类作品，如卷二《孝女疗亲》、卷三《节母化子》《贞女获福》《费烈妇》《曾贞女》《朱烈妇》《陈节妇》《金节妇传》；卷四《朱烈妇传》《张姑娘》《孝妇刲肝》《李赵氏》《记张节妇事》《孝女伸冤》等等。于此，亦可得见晚清女性解放运动的艰难和曲折。

（四）新生事物

同治、光绪年间,正是中国社会向近代转型的时期。新观念、新文化、新事物不断涌现,令国人耳目为之一新。《松荫庵漫录》卷四选录有两篇关于制造局的笔记,一篇曰《制造局被焚》,载上海制造局失火,致令英国人克勒士的、免伦和威林士三人均"被烧毙";另一篇曰《杭城制造局》,载杭州新成立了"专造外国火药弹子、铜帽炸弹"的制造局,"凡上海炮局之工匠,多有前往工作者",作者由此感叹道:"盖自火器之制兴,交兵者非此不足以制胜。则凡行省一道一府一州一县之内,皆当设法制造,方克敷临阵之用矣。有备无患,谁谓非当今急务哉?"

卷四《纪福州之航海学院》篇,载福建新设"习用西国航海之器"的航海学院,作者对此大为赞赏,称"此事为现今一大要举"。《活字板原始》篇,则以十分简要的文字,从中国宋代的活字发明者毕昇,到欧洲西文活字发明者谷敦保,再到华文铅字的首创者马施曼、台约翰,清晰地考索了中西活字印刷术的发展源流,不啻一篇学术小论文。篇末,作者颇为沉痛地叹道:"说者谓活字之法,中国先于西国,而至今日,反向西国购置,不亦奇欤?"

最具史料价值的,当属卷四之《中国第一次派送之留美学生》(原载同治十一年六月十一日《申报》)篇,它详载了30位中国首批赴美留学的学生名单、年龄、籍贯,其中包括大名鼎鼎的詹天佑。事实上,晚清选派赴美留学一事,在当时并非一帆风顺,阻力主要来自于国人的闭塞观念,一般家庭都不愿将自己的孩子送出国外学习,甚至传言西方野蛮人,会把中国孩子活活剥皮,再将狗皮移植到他们身上,当作怪物展览赚钱。但《申报》却始终对此事持以积极的肯定态度,连续多日就此事刊发报道和评论,认为"从此源源而往,中国之聪颖子弟,可兼尽西人之长矣","诚亘古以来所未有之盛举也",还对选派的时间、规程、国家等细节问题提出了若干有益的建议,起到了良好的舆论导向作用。

二、海外轶事

《申报》所刊笔记的作者,虽多为土生土长的中国文人,但它毕竟是份由英国人创办的报刊,因此,关注、介绍海外事物,自亦属其题中之意。

《松荫庵漫录》所选关于海外轶事的笔记甚多,如卷一《西国公主》、《瑞典鲸鱼》、《义马》、《极贞草》、《大钻石》(英国)、《奇病》(印度)、《象牙洋琴》(英国)、《记日人打擂》、《暹罗孪生之奇人》(泰国)、《火鸡换表》(美国)、《情丝自缚》(英国);卷二之《航海余谈》、《一产男女七人》、《英孩的老》(英国);卷三之《南洋》;卷四之《美妇制蛇》(美国)、《火葬新法》(德国)、《西博士新著人本一书》(英国)、《纪埃及国皮拉米事》(埃及)、《美狼听琴》(美国)、《述电信缘起》、《英国侯失勒传》(英国)、《日本新创击剑会》、《纪希腊文学之原始》、《炫技亡身》(比利时)、《书波斯国沙与英商相约治国规条后》、《海岛风土略记》等,凡27篇。

上述诸篇,虽多津津乐道于海外的奇闻轶事,而未涉及其政治制度、科学文化,略显浅薄,但对于刚刚敞开国门,第一次面对外部世界的中国国民来说,这也算是真实、正常的反应。

三、自然奇谈

记录千奇百怪的自然万物,是笔记小说的文学传统,《松荫庵漫录》亦不例外。如卷一《象》《秃龙》《海中浮木》《鼠衔尾渡河》《四脚两头蛇》《海门巨鱼》《吴淞巨鲤》;卷二《记龙过南汇城事》《南汇龙现》《三手人五蹄牛》;卷三《大蛛》《巨蛇入裤》《鳝鸣》;卷四《五蹄牛》《异蛇为祸》等。这些文字,多据事实或传闻而写,间杂虚妄,聊以满足读者的好奇心理。

四、狐鬼、爱情故事

此乃《松荫庵漫录》全书之中描述最为精彩,情节最为曲折,也是最具文学意味的部分。鲁迅《中国小说史略》第二十二"清之拟晋唐小说及其支流",曾言及晚清笔记小说的创作渊源:"迨长洲王韬作《遁窟谰言》(同治元年)、《淞隐漫录》(光绪初成)、《淞滨琐话》(光绪十三年序)各十二卷,天长宣鼎作《夜雨秋灯录》十六卷(光绪二十一年序),其笔致又纯为《聊斋》者流,一时传布颇广远,然所记载,则已狐鬼渐稀,而烟花粉黛之事盛矣。"

从实际作品来看,《申报》所载笔记小说,尤其是狐鬼、爱情故事,存在明显的《聊斋》笔法。《松荫庵漫录》甚至还载有一篇《聊斋逸文》:

> 《聊斋志异》一书,经渔洋山人点定,始行于世,其中多有删汰事。尝见其原稿中有一条云:白下王生,字山石,以其与羲之同姓也,人咸以逸少称之。少时无赖,行歌于道,有蒙师见之,携归教之读书,稍知文义,便学吟咏。然性诡谲,每官吏下车,必以诗颂其德政,故恒往来于缙绅大夫之家,若夫寒儒硕生,不之问也。一日,被冥王摄去,大怒曰:"汝好以诗贡媚当路,借名士之风流,作乞丐之情状。阳律虽逃,冥罚难逭。今罚汝作九尾狐。汝再不得摇尾乞怜为求容之地。"言已,命鬼卒驱入畜生道中。王匍匐蛇行,甫离殿侧,仰见鬼卒,复颂以诗,有"但乞开恩私放出,年年愿把佛香焚"之句,鬼卒闻之大喜,私纵之去,而以他鬼代之。

时王死已一夜,以其心坎尚温,尚未就殓,忽悠然而醒,嗣是不识其亲,竟以鬼卒为重生父母云。

此则故事,未见今存《聊斋志异》各种版本所载,或确为逸文。唯不知该篇作者所云"原稿",究为何书?

《松荫庵漫录》中有关狐鬼、爱情故事的作品,主要有卷一《水鬼》《娶瞽女》《双龄》《薄倖郎》《奇遇》《网船女子》《海上奇缘》《让妻》《蚌精》《冶游遇故妻》《黄某妻》等;卷二《东乡奇遇》《狐女报恩》《桂林狐》《采药遇仙》《侠狐》《双鸳情死》《佩秋》等;卷三《蛙妻》《钱生》《狐妇》等;卷四《吴生奇遇》《狐女知理》《山阳狐》《痴情双缢》等。其中不乏结构灵巧、情节曲折、人物生动、描述细致、语言精彩的佳作。兹略举其中两篇,以供窥斑知豹之用:

> 扬州某甲者,寓于天宁门侧,家道尚康。膝下一子一女,子在外经纪,不常回家。女年届破瓜,虽碧玉小家,而姿首秀媚,又善自修饰,虽裙布荆钗,如出水芙蓉,自然淡雅,支卧之际,回眸一笑,能使人意动魄销,见者咸称为尤物。女左邻为某宦别业,其子为邑附生,亦翩翩顾影少年也,读书其中。女尝入园折花,以供簪玩。园丁以其邻也,亦不禁止。久之与秀才渐熟,两相倾慕,遂不能以礼自持。后为其嫂所觉,诉于其兄,兄转告母,母稍防闲之。由是别业之中,遂绝女迹。秀才晨占鹊喜,夕祝灯花,每见花影竹声,辄疑女至。诣望穿秋水,而女竟如黄鹤,销声匿迹。秀才积思成痴,遂至秋雨空斋,卧抱相如之病。一日午后,女悄然至,秀才大喜,细述相思之苦,且问何久不来。女曰:"我二人事已为堂上所觉,今将字吾。君速归家,使人求聘,或犹可及。否则,过此以往,恐天长地久,无复相见时也。"言已,匆匆而去。秀才即日归家,直告父母,父母不以为可。秀才欲吞

芙蓉膏自杀,母惧,急遣人媒之。而女母以齐大非偶,又为女先失足,恐为其家所轻,坚持不可,竟字女于别姓。及亲迎日至,女卧床不起,母往促梳裹,则双环紧闭。叩之不应,破窗入,女已不知何时自缢。抚之已冰,乃殓而停棺于某寺。秀才闻之,夜往祭奠,亦于女棺前解带自缢。次日哄传,咸以为异。秀才父某宦,以子终夜不归,深为骇异,及往视,果其子,遂棺殓告于女家而合葬焉。一时文人,争为诗以记其事。(卷二《双鸳情死》)

有书生读书野外古寺,苦岑寂,素习闻狐女故事,心艳羡之,冀有所遇,迄未得也。一日午餐毕,散步寺外,见丛莽中一物前驰,数犬从后追之急。往视,乃一狐,已为犬伤,毛血狼籍。悯之,乃持梃逐散群犬,而自抱狐归。置诸室中,以汤沃之,并以药敷伤处,俟其苏息,始纵之去。次夜,时已三更,星月皎洁,风露清冷。生独坐空斋,倦而欲寐,忽一人搴帘入,急起视,盖女子,缟衣素巾,居然绝代佳姝也。骇问何人,奚为夤夜至此?女子乃言曰:"昨遭大难,蒙郎君再生恩,特来拜谢。且闻郎君独宿无偶,倘不弃陋质,窃愿为拂枕席,侍栉浴也。"生喜出望外,即与共枕处,自是往来无虚夕。约两月余,生日就消瘦,心颇疑之,然相爱特甚,不能拒也。一夜,方共寝,忽闻窗外呼曰:"阿三贱婢,敢冒我名,来魅郎君耶?我受郎君厚恩,以养创甫愈,尚未报德,不图贱婢敢于如此。倘郎君因此致疾,脱有不讳,不知者谓我负心,即知事出于汝,而郎君救我,我忍坐视其死,而不一救耶?今偕姑姨来诛汝。"女子闻声惊起欲遁,业有数女排闼入,挈之立毙。生睹其状,颇惋惜。旋见一女向其再拜,自陈所以。生视之,容色尤佳。于是众女拥生,与女行夫妇礼。旋设酒筵,山珍海错,罗列满前。生于灯光下睨视女郎,不觉心摇摇焉,不自持矣。少顷,诸女哄然散,遂赋定情,锦衾角枕,乐可知也。自是女遂不去,后年余,生一子,

生亦遂不复娶,竟以伉俪终焉。(卷二《狐女报恩》)

前者记述人间男女痴心,后者则虚拟狐女重情报恩,皆曲折多姿,描摹细腻,读来真挚感人。特别是《狐女报恩》篇,一狐阴险,一狐纯良,两相映衬,更觉狐女之可人;情节安排上先抑后扬,柳暗花明,殊觉灵巧,可谓颇得《聊斋》之神韵。

事实上,《松荫庵漫录》所录十余篇以"狐"为主角的小说,虽多模拟《聊斋》而作,却亦有独创之处。譬如,《聊斋》描写的狐鬼多为女狐,而《松荫庵漫录》卷二所录《狐祟》篇,则叙述了一个男狐纠缠美妇的故事,颇为少见:

> 某甲者,安庆府人,向在金陵贸易。妻某氏,年二十余矣,风致绝佳,赁屋居钓鱼台湖南会馆间壁。一日白昼,氏方倚门立,忽见有美丈夫入,睨之而笑,正欲诘所从来,口噤不能语。知有异,急入房,而美丈夫已先在矣。氏遂人事昏迷,不知所以,听其轻薄而去。由是至无虚夕,氏则时而艳妆,时而曼声娇歌,作种种淫秽状。初犹疑屋之凶也,有劝其夫迁避者。因觅赁百花巷某宅,既迁后,妇态如故,或赤身裸露,不劝之衣不知衣;或终日不食,不劝之食亦不食。且或抛砖掷瓦,亦不知从何来也。甲正默祷,忽闻对面有人语云:"我,狐也,与氏宿缘未了,避我何益?"某闻是狐,心窃恨之,而亦无如何也。拟赴江西请天师治之,狐已知,尤忿怒,抛碗盏满室,继又将氏之净桶,升于空际,旋转不已,忽上忽下,飘飘焉如风吹落帽,家人集而观之。忽裂帛一声,净桶坠地,沾染观者衣履殆遍,而妇则终日嬉笑自若云。

值得指出的是,《松荫庵漫录》所选录的,仅仅是同治十一年(1872)至光绪二年(1876)五年间《申报》所刊载的笔记小说。实际上,光绪二年以后的《申报》,仍然保持了登载笔记小说的传统，其总数十分可观，就此而言，《申报》无疑是一个晚清笔记小说的资料宝库，值得关注。

(原载《上海师范大学学报》2003年第6期)

【附注】本文发表于2003年，其后关于《申报》刊载小说以及申报馆小说活动的研究，颇受学界关注。刘永文《晚清小说目录》(2008)"日报小说目录"收录了截至1911年之前《申报》所载晚清小说(不含文言笔记)，文娟出版有专著《结缘与流变：申报馆与中国近代小说》(2009)。不过，关于《申报》所载文言笔记似仍未有专门论著。此外，申报馆推出的数量可观的"申报馆丛书"，也值得进行专题研考，且俟来日。2015年7月6日酉堂补记。

民国时期上海地区侦探小说期刊述略

一、民国时期上海出版的侦探小说期刊

侦探小说自清末译入中国之后，大受读者欢迎，曾掀起一个翻译与模仿创作的热潮，其身影频频见诸早期各类报刊，尤其是小说期刊(如《新小说》《月月小说》《小说林》《绣像小说》《小说世界》等)之上。但是，侦探小说专业期刊的创办，却显得甚为滞后。根据目前掌握的资料，中国最早的侦探小说专业期刊——《侦探世界》，诞生于1923年5月，惜仅持续一年便告停刊。第二份期刊为《侦探》，创刊于1939年2月。二战结束后，随着欧美侦探小说的再度繁荣，上海出现了侦探小说译、著两盛的局面，侦探小说专业期刊的出版亦颇可观，主要有《新侦探》《大侦探》《蓝皮书》《红皮书》等。今以上海图书馆及笔者所藏为资料基础，按创刊时间之先后，择要绍介如下：

（一）《侦探世界》

创刊于1923年5月1日，版权页署：编辑者严独鹤、陆澹庵、程小青、施济群，发行者、印刷者、印刷所、总发行所均为世界书局。半月刊，每月1日及15日出版。第13期起，主编改为赵苕狂，版面也随之焕然一新。《侦探世界》共出版24期，停刊于1924年4月15日，该期登载有赵苕狂《别矣诸君》。

《侦探世界》是中国第一份专业的侦探小说期刊，名家汇

集,作品繁多,且大部分为创作型侦探小说,弥足珍贵。上海图书馆藏有全部 24 期。

(二)《侦探》

此刊较稀见,未见任何资料著录。笔者藏有其中第 29、31、33 期。根据第 31 期目录页题署可知:《侦探》为半月刊,每月 1 日、15 日出版,编辑者为今文编译社,发行者为友利公司,该公司地址为上海博物院路 131 号。从刊物封底所载"友利公司发行各刊订阅价目"广告知,该公司尚出版有《电影》(周刊)、《好莱坞》(周刊)、《滑稽世界》(周刊)、《儿童滑稽》(周刊)、《电影小说》(月刊)、《狄克探案》(月刊)等文艺刊物。

《侦探》第 31 期出版时间为:1940 年 5 月 1 日,据此推算,该刊当创刊于 1939 年 2 月 1 日。其停刊时间不详。

(三)《新侦探》

创刊于 1946 年 1 月 10 日,停刊于 1947 年 6 月 1 日,共出版 17 期。版权页署:编辑人程小青,发行人林鹤钦,发行所及经售处均为艺文书局。第 1 至 5 期为月刊,第 6 期开始改为半月刊,第 15 期起恢复月刊。

《新侦探》颇为稀见,范伯群主编《中国近现代通俗文学史·侦探推理编》及任翔《文学的另一道风景:侦探小说史论》均未曾提及,上海图书馆亦仅藏第 6、8、10、11、12、14 期,共 6 期。笔者藏有全部 17 期,其第 17 期封底载有"《新侦探》暂行停刊启事"。

(四)《大侦探》

范伯群主编《中国近现代通俗文学史·侦探推理编》称:"1945 年 11 月(?)中国第二份专载侦探小说的杂志《大侦探》,由第一编辑公司发行。这份杂志从第 1 期到第 19 期由孙了红主编,从第 20 期到笔者所见到的第 36 期,发行人和主编人均标吴承达。"或许因为作者未能看到全部《大侦探》,所以上述文字颇多讹误之处,今特为纠正如下:

《大侦探》创刊于 1946 年 4 月 1 日,而非"1945 年 11 月";就创刊时间而论,这是中国第四份侦探小说专业杂志,而非"第二份",第二份是《侦探》。《大侦探》主编前后更换过五个人,即孙了红、吴承达、吴怀冰、徐慧棠、紫虹,各人主编的期数分别为:孙了红主编第 1、2、4—8、11、12、14—17 期;吴承达主编第 9、13、20—26 期;吴怀冰主编第 27—32、34 期;徐慧棠主编第 33 期(与吴怀冰同为主编,但徐慧棠列于首位);紫虹主编第 35、36 期。需要说明的是,《大侦探》上海图书馆共藏有 33 期,缺第 3、10、19 期,所以此三期的主编未能确认。另外,第 18 期目录及版权页,均未标明主编是谁,也暂且存疑。

《大侦探》从第 1 期至第 21 期为月刊,第 22 期开始,"应多数读者要求","毅然缩短出版期,改为半月刊,以后准逢每月一日及十六日出版"(《〈大侦探〉重要启事》,《大侦探》第 22 期)。当然,由于种种原因,《大侦探》并未做到准时出版,但半月刊的体制却维持到了该刊终期。遗憾的是,《大侦探》最后 4 期(即第 33—36 期),没有标示出版时间,如果按照半月刊的规律,其第 32 期的出版时间为 1949 年 3 月 16 日,则第 36 期(停刊)出版时间应为 1949 年 5 月 16 日。不过,第 36 期的《大侦探》,售价标为"人民币五百元",上海解放的时间为 1949 年 5 月 27 日,推行使用人民币的时间更晚,故《大侦探》的停刊或在 1949 年的 7、8 月份。

(五)《蓝皮书》

创刊于 1946 年 7 月 25 日,第 1—3 期版权页题:编辑人上官楚,发行人冯葆善,发行所环球出版社,代理人罗斌。第 6—8、17 期,版权页署:编辑者蓝皮书编辑部,发行人冯葆善、罗斌。

第 19、21、23 期版权页署：编辑者罗锦培，发行人冯葆善、罗斌。第 24、26 期版权页署：编辑者罗锦培，发行人罗斌，出版者蓝皮书半月刊社。据任翔《文学的另一道风景：侦探小说史论》一书称，《蓝皮书》共出版了 26 期，也就是说停刊于 1949 年 4 月。《蓝皮书》第 1—19 期，为月刊。第 19 期登载启事，宣布"应读者需要"，自第 20 期起，改为半月刊，规定每月 5 日及 20 日出版，事实上后来并未严格按照此时间表出版。

《蓝皮书》颇为稀见，上海图书馆未藏。笔者藏有其中 12 期，分别为第 1、2、3、6、7、8、17、19、21、23、24、26 期。尚缺第 4、5、9 至 16、18、20、22、25 期，共 14 期未见。

（六）《红皮书》

据任翔《文学的另一道风景：侦探小说史论》第六章"中国现代侦探小说"之"现代侦探文学期刊"载，《红皮书》创刊于 1949 年 1 月 20 日，由郑焰、龙骧担任编辑，孙了红、程小青任顾问，仅出版四期就停刊了。

此刊十分稀见，上海图书馆未藏。笔者于 2004 年秋，偶于京城旧肆购得两册，乃创刊号及第 2 期。其中创刊号惜已残失版权页，故难印证任翔的说法；第 2 期封底刊有版权页，惜未署出版时间，但是详列了该刊编辑、出版及印刷人员与机构名称：

　　编辑顾问：程小青先生、孙了红先生
　　编辑人：郑焰
　　发行者：合众出版社（上海邮箱四三二一号）
　　发行者：郑焰
　　经售者：五洲书报社（上海山东路二二一号）
　　广告经理：王承天（上海九江路又新里六号）
　　印刷者：中和印刷厂（上海淮海路七二七弄三〇号）

制版者:现代制版厂(上海长治路二八八号)

第1、2期登载的侦探小说共14篇(不计连载),依次为:孙了红"侠盗鲁平系列"之《复兴公园之鹰》、程小青《间谍之恋》、姚苏凤译《世界上最可鄙的人》、路德曼《海底沉冤》、郁醇《当罂粟花盛开的时节》、程列水《战地疑云》、龙骧《绯色的创痕》、卫理《三支烛光的屋子》、孙了红《红领带的小故事之一》,以上为第1期;孙了红《红领带的小故事之二》、尧子《黑色的蜜月》、孙了红与龙骧合作之《祖国之魂》、史天行《雪地夜谈之一:竖琴》、姚苏凤译《世界上最可鄙的人》(续)、路德曼《海底沉冤》(续)、龙骧《绯色的创痕》(续)、程列水《战地疑云》(续)、郁醇《当罂粟花盛开的时节》(续)、林微音著长篇侦探小说《黑衬衫》,以上为第2期。

需要说明的是,民国时期的侦探小说期刊远不止上述六种,《大侦探》第6期(1946年10月)"编后记"云:"《大侦探》三字是深入小说迷的脑海中了,于是就有不少侦探月刊出现于市,这不能不使我们感到兴奋,也给我们最大鼓励。"《新侦探》第16期(1947年2月)"余墨"云:"自从本刊出版以后,同性质的侦探期刊陆续出版有三四种之多。"《大侦探》第33期(1949年4月)"大侦探话盒"亦云:"近来侦探杂志风起云涌,这是好现象。"可见,二战之后,上海曾经有过一个侦探小说期刊的出版小高潮。但令人遗憾的是,我们目前还没有找到其他的期刊,只有若干线索:譬如《侦探》第31期(1940年5月)封底载"友利公司发行各刊订阅价目"广告,其中有《狄克探案》月刊,每期价格为三角;《大侦探》第2期(1946年5月)有段广告文字,称"《大侦探》有一个儿子,就是《小侦探》,看过《大侦探》,请你们再看我们的《小侦探》",则似乎第一编辑公司还出版有侦探小说期刊《小侦探》。

二、侦探小说期刊的栏目设置与作者队伍

上述六种侦探小说专业期刊,由于办刊宗旨与特色不尽相同,其刊载作品的类别与栏目设置多有差异,譬如《侦探世界》以刊载侦探小说为主,兼顾武侠、冒险之作;《蓝皮书》亦以刊载侦探小说为主,但同时收录恐怖、刺激作品。不过,就整体而言,六种期刊所设之栏目,大致可分成如下三大块面:

(一) 发表各类侦探小说作品之块面

此块面刊载各类侦探小说。若据作品的编撰手段划分,有翻译、创作与实事探案等类;若据作品的篇幅长短划分,有短篇、中篇、短篇系列及长篇连载等类。

先来看看期刊所载侦探小说的译、著比例问题。

侦探小说源于域外,故多翻译之作。吴趼人《中国侦探案弁言》(1906)云:"近日所译侦探案,不知凡几,充塞坊间,而犹有不足以应购求者之虑。"阿英《晚清小说史》(1936)云:"当时译家,与侦探小说不发生关系的,到后来简直可以说是没有,如果当时翻译小说有千种,翻译侦探要占五百部以上。"在清末小说林社出版的"小说林丛书"、商务印书馆出版的"说部丛书"中,侦探小说皆占据着很大的比例。

但是,进入民国之后,随着大量西方侦探小说作品翻译的完成,而欧美侦探小说由于一战的爆发走向暂时的衰落,因此,翻译侦探小说的空间渐趋缩小,国人自己创作的比例则逐渐提高。我们对《侦探世界》(1923—1924)所载小说的著译情况,作了计量分析(请参见表11),其创作的比例,远远高于翻译的比例。至20世纪40年代,二战结束,欧美侦探小说重新盛行,产生了一批新的作品,翻译小说的空间又较前扩大了,因此,译著比例发生了某种合理的变化。我们对《大侦探》(1946—1949)部分

期数所载小说的著译情况,作了计量分析(请参见表12),发现它从开始数期的译大于著,到后来逐渐趋于著译平衡。这种变化的产生,除开大背景的原因之外,也包含着期刊编辑的不懈努力:譬如《大侦探》第6期(1946年10月)"编后记"云:"如果以第一期和这期比较,可告慰读者们的,显然的是有下列几点:(一)中国故事是一期一期加多,这不仅一定是读者的意见,而编者也认为侦探小说,如果一味多译西洋作品,正像天天吃大菜一般,未必我们中国人会合口味。"《大侦探》第12期(1947年8月15日)"编辑周年",总结了一年来的成绩,声称:"内容方面,创作与译作务求平衡。"《大侦探》第24期(1948年9月16日)"大侦探广播"云:"读者投稿,极为欢迎。如以创作见惠,稿酬从丰。"《大侦探》第24期(1948年12月25日)"征稿简约":"本刊欢迎短篇精彩创作及趣味测验短稿,如附照尤佳。"凡此种种,都体现着编辑部对创作小说的积极倡导。

表11 《侦探世界》《大侦探》发表作品之译、著比例

期刊名称	翻译小说数		创作小说数		总 数
	统计数	百分比	统计数	百分比	
《侦探世界》	29	10.8%	239	89.2%	268
《大侦探》	155	53.3%	136	46.7%	291

注:本表选取《侦探世界》24期、《大侦探》33期(除去笔者未见的第3、10、19期)所发表的全部小说为统计对象。

表12 《大侦探》部分期数发表作品之译、著比例

期 数	翻译小说数		创作小说数		总 数
	统计数	百分比	统计数	百分比	
第1期	9	100%	0	0	9
第2期	11	91.7%	1	8.3%	12

(续 表)

期 数	翻译小说数		创作小说数		总 数
	统计数	百分比	统计数	百分比	
第5期	8	66.7%	4	33.3%	12
第6期	6	66.7%	3	33.3%	9
第8期	3	30%	7	70%	10
第9期	5	45.4%	6	54.6%	11
第13期	1	20%	4	80%	5
第14期	1	12.5%	7	87.5%	8
第23期	5	71.4%	2	28.6%	7
第24期	4	57.1%	3	42.9%	7
第33期	4	50%	4	50%	8
第34期	4	50%	4	50%	8

再看期刊所载侦探小说的篇幅问题。

期刊具有相对固定的篇幅,因此,对刊载其上的作品,自亦会有所限制。短篇侦探小说,应该是期刊最欢迎的作品,那么具体的字数到底为多少呢?《新侦探》创刊号(1946年1月15日)"征稿简约"载:"本刊征求短篇小说,创作译述(请附原稿)均可,以七八千字以内为限。"《大侦探》第28期(1948年12月25日)"征稿简约"亦称:"来稿以三千字至八千字为限(佳作例外)。"可见最符合期刊要求的侦探小说的篇幅,一般在八千字以内。每篇的字数压缩后,同一本期刊刊载的小说种数就可增加,令读者扩大欣赏面,正如《大侦探》第6期(1946年10月4日)"编后记"所云:"每篇内容不特求其精彩,也尽量缩短,这样也可使读者们在手执《大侦探》一册的时候,不致太觉得吃力而枯燥。"

但是,短篇小说阅读起来不如长篇小说那么过瘾,因此,期刊也会适当连载一些比较精彩的长篇侦探小说,一方面满足读者的要求,另一方面也可使期刊获得若干相对固定的稿源。譬如:《侦探世界》推出了:①《东方福尔摩斯探案:怨海波》,程小青著,连载于第1—6期;②《第二号室》,程小青译,连载于第7—15期;③《毛狮子》,程小青著,连载于第16—21期;④《舞场奇遇记》,程小青著,连载于第22—24期。《侦探》推出了:《陈查礼探案:幕后的秘密》,程小青译。《新侦探》推出了:《霍桑探案:百宝箱》,程小青著,连载于第1—10期。《大侦探》推出了:①《健身房惨剧》,翠谷译,连载于第2—10期;②《蓝色响尾蛇》,孙了红著,连载于第8—15期;③《雪夜飞屋记》,林微音译,连载于第19—26期;④《皇苑传奇》,姚苏凤译,连载于第20—36期;⑤《黑石党》,繁景译,连载于第27—33期。这些长篇小说的刊载,引起了读者高度的关注与热情,提高了期刊的知名度,甚至还促进了期刊的销售,此详见后文。

此外,侦探小说期刊上刊载的短篇系列探案小说,也是非常值得注意的。民国时期,中国作家创作的侦探小说,多以系列探案为特征,这一方面可能是受到柯南道尔《福尔摩斯探案》等西方系列侦探小说的影响,另一方面,恐怕也是为了便于撰写和发表在期刊之上。今将《侦探世界》《新侦探》《大侦探》《蓝皮书》等刊载的短篇系列侦探小说,列示如下:

《侦探世界》登载有:①陆澹庵《李飞侦探案》之《隔窗人语》《夜半钟声》《怪函》;②程小青《霍桑探案》之《我的婚姻》《不可思议》《乌骨鸡》《毛狮子》《假绅士》;③王天恨《施蒂生探案》之《继母之赐》《黑衣妇人》。

《新侦探》登载有:①程小青《霍桑探案》之《百宝箱》《毋宁死》;②《包罗德探案》之《造谣者》(何澄译)、《黄色的泽兰花》(殷鉴译)、《遗传病》(汪经武译)、《梦》(殷鉴译);③曾孝先《章彬探案》之《车尸案》《黄金崇》《一粒纽扣》《疯女》。

《大侦探》登载有:①长川《叶黄夫妇探案》之《红皮鞋》《尾

随的人》《怪信》《翡翠花瓶》《大侦探车上失窃》;②静心《小平探案》之《梁上君子》;③范幼华《父子探案》之《鸿门宴》;④林季昌《狄克探案》之《中央银行神秘窃案》。

《蓝皮书》登载有:①郑狄克《大头侦探案》之《梁宅的悲剧》《三堂会审》《疯人之秘密》《皮箱中的女人》;②郑小平《女飞贼黄莺》之《黄莺出谷》《一〇八突击队》《二个问题人物》《三个女间谍》《血红色之笔》;③程小青《霍桑探案》之《灵璧石》;④孙了红《侠盗鲁平奇案》之《赛金花的表》;⑤龙骧《鲍沙奇案》之《神秘俱乐部的秘密》。

（二）刊载关于侦探小说理论与侦探技术杂著之块面

作为侦探小说的专业期刊,刊登有关侦探小说理论与侦探技术的文章,自亦是题中之意。目前,中国的学术界对侦探小说的研究颇为薄弱,因此,上述期刊所载研究资料,尤显珍贵。为方便使用,笔者据己所见,编制了两份表格,以供参考。

表13　侦探小说理论研究资料一览表

	作者	篇名	期刊名称及期数
1	范烟桥	侦探杂谈	《侦探世界》第1期
2	程小青	侦探小说作法之管见	《侦探世界》第1期
3	何朴斋	侦探小说之价值	《侦探世界》第2期
4	范烟桥	侦探小说琐话	《侦探世界》第2期
5	姚赓夔	侦探小说杂谈	《侦探世界》第2期
6	范烟桥	侦探与《洗冤录》	《侦探世界》第3期
7	程小青	侦探小说作法之管见	《侦探世界》第3期
8	范烟桥	侦探小说琐话	《侦探世界》第3期
9	何朴斋	侦探小说的作法	《侦探世界》第3期
10	赵芝岩	最好没有题目	《侦探世界》第4期

(续　表)

	作　者	篇　名	期刊名称及期数
11	范烟桥	侦探小说琐话	《侦探世界》第 4 期
12	王天恨	侦探小说杂话	《侦探世界》第 4 期
13	范烟桥	侦探小说琐话	《侦探世界》第 4 期
14	范烟桥	我之所好旧小说	《侦探世界》第 4 期
15	何朴斋	谈侦探小说	《侦探世界》第 5 期
16	范烟桥	侦探小说琐话	《侦探世界》第 5 期
17	郑逸梅	侦探琐话	《侦探世界》第 9 期
18	俞慕古	侦探译稿和创作的两面观	《侦探世界》第 10 期
19	胡亚光	侦探小说拾零	《侦探世界》第 10 期
20	程小青	侦探小说的效用	《侦探世界》第 10 期
21	程小青	小说中的四大侦探	《侦探世界》第 10 期
22	程小青	侦探小说和科学	《侦探世界》第 13 期
23	郑逸梅	侦探琐话	《侦探世界》第 14 期
24	赵芝岩	事实探案和侦探小说	《侦探世界》第 14 期
25	胡寄尘	我之侦探小说谈	《侦探世界》第 14 期
26	张碧梧	侦探小说之三大难点	《侦探世界》第 15 期
27	张碧梧	侦探小说琐话	《侦探世界》第 15 期
28	张碧梧	侦探小说琐话	《侦探世界》第 16 期
29	张碧梧	侦探小说之难处	《侦探世界》第 16 期
30	张枕绿	侦探小说与神怪小说	《侦探世界》第 16 期
31	徐耻痕	侦探小说琐话	《侦探世界》第 17 期
32	张碧梧	侦探小说琐话	《侦探世界》第 17 期
33	徐耻痕	侦探小说琐话	《侦探世界》第 18 期

（续　表）

	作　者	篇　名	期刊名称及期数
34	姚赓夔	侦探小说杂话	《侦探世界》第19期
35	何朴斋	亚森罗苹与福尔摩斯	《侦探世界》第22期
36	天壤王郎	侦探小说的题名	《侦探世界》第23期
37	程小青	论侦探小说	《新侦探》第1期
38	姚苏凤	《霍桑探案》序	《新侦探》第1期
39	程小青	侦探小说真会走运吗	《新侦探》第16期
40	怀冰	你要写侦探小说吗	《大侦探》第34期

表14　侦探技术研究资料一览表

	作　者	篇　名	期刊名称及期数
1	曾经沧海室主	指纹略说	《侦探世界》第1期
2	曾经沧海室主	指纹略说	《侦探世界》第2期
3	曾经沧海室主	指纹略说	《侦探世界》第3期
4	曾经沧海室主	指纹略说	《侦探世界》第4期
5	曾经沧海室主	指纹略说	《侦探世界》第5期
6	茧翁	女子警探的成绩	《侦探世界》第5期
7	曾经沧海室主	指纹略说	《侦探世界》第6期
8	茧翁	探访案情的竞争	《侦探世界》第6期
9	曾经沧海室主	指纹略说	《侦探世界》第7期
10	闸北徐公	牙医与搜查	《侦探世界》第16期
11	闸北徐公	古指纹	《侦探世界》第16期
12	程小青	科学的侦探术（一）	《侦探世界》第18期
13	程小青	科学的侦探术（二）	《侦探世界》第19期

(续 表)

	作 者	篇 名	期刊名称及期数
14	程小青	科学的侦探术(三)	《侦探世界》第 20 期
15	吴羽白	侦探常识一斑	《侦探世界》第 21 期
16	罗 薇	科学侦探术(秘密通信)	《新侦探》第 1 期
17	罗 薇	科学侦探术(隐色墨水)	《新侦探》第 2 期
18	罗 薇	科学侦探术(尘屑)	《新侦探》第 3 期
19	罗 薇	科学侦探术(头发)	《新侦探》第 4 期
20	黛	为什么人的指纹不会改变	《新侦探》第 4 期
21	磊 立	科学侦探术(血迹)	《新侦探》第 5 期
22	磊 立	科学侦探术(验尸)	《新侦探》第 6 期
23	白 苹	催眠术与伪造	《新侦探》第 6 期
24	磊 立	科学侦探术(验尸)	《新侦探》第 7 期
25	云	罪犯的特殊心理	《新侦探》第 7 期
26	程育德	毒物谈(一)	《新侦探》第 7 期
27	罗 薇	科学侦探术(被焚尸体的检验)	《新侦探》第 8 期
28	程育德	毒物谈(二)	《新侦探》第 8 期
29	罗 薇	科学侦探术(被焚尸体的检验)	《新侦探》第 9 期
30	程育德	毒物谈(三)	《新侦探》第 9 期
31	罗 薇	科学侦探术(枪杀案的检查上)	《新侦探》第 10 期
32	程育德	毒物谈(四)	《新侦探》第 10 期
33	罗 薇	科学侦探术(枪杀案的检查下)	《新侦探》第 11 期
34	程育德	毒物谈(五)	《新侦探》第 11 期
35	罗 薇	科学侦探术(枪和枪伤一)	《新侦探》第 12 期
36	程育德	毒物谈(六)	《新侦探》第 12 期

(续 表)

	作 者	篇 名	期刊名称及期数
37	罗 薇	科学侦探术(枪和枪伤二)	《新侦探》第 13 期
38	罗 薇	科学侦探术(枪和枪伤三)	《新侦探》第 14 期
39	罗 薇	科学侦探术(枪和枪伤四)	《新侦探》第 15 期
40	罗 薇	科学侦探术(枪和枪伤五)	《新侦探》第 17 期
41	俞叔平	指纹的认识和用途	《大侦探》第 15 期
42	王 珍	侦查须知	《大侦探》第 18 期
43	湘 谭	在美国受训的中国大侦探	《大侦探》第 33 期

资料来源:《侦探世界》《大侦探》《新侦探》《蓝皮书》等侦探小说期刊。

(三) 读者参与栏目之块面

阅读一篇侦探小说,仿佛就是完成一个谜语的猜解,具有较强的实验性与趣味性。侦探小说期刊为了调动读者的积极性,分别设置了形式多样的参与性栏目。

譬如《侦探世界》从第 13 期开始,增设"五分钟小说""侦探谈话会""银幕上的侦探""侦探谜"四个栏目,其中"五分钟小说"专载短峭的小说,"侦探谈话会"专载有趣味的谈片,"银幕上的侦探"专载关于批评或讲述侦探影片的作品,"侦探谜"载两个有趣的画谜。主编赵苕狂颇为自得地说道:"以上几门,自信很能引起读者的兴趣的。"[1]

《侦探》设有"五分钟破案",其广告语称:"读者们,请试试你们的侦探能力!"

《新侦探》设有"小侦探""图照探案"栏目。

---

[1] 《侦探世界》第 13 期"编余琐话"。

《蓝皮书》先后开设有"趣味测验""五分钟破案""读者园地""残局征答""看图破案"等栏目,其中"残局征答",是为象棋爱好者而设;"读者园地"专供读者"发表亲身经历的一些奇闻怪事","内容以紧张刺激恐怖为主";"看图破案"则"假设发生了一件案子,旁边附有图照,以便读者按图索骥,找出破案线索,这可以借此试试自己的侦探才能"①。

此处,我们不妨来考察一下"趣味测验"栏目的设置内容及实际效果,事实上,这是侦探小说期刊非常重视的一个活动。《大侦探》在每期的封面、目录页或封底,均设有"探案测验"题目:有的是讲述一件案子,请读者猜测凶手是谁,或梳理破案的线索;有的则是对读者侦探素质的测试,如第 27 期的题目是"怎样做个大侦探",第 28 期的题目是"侦探术测验",第 30 期的题目是"你是个侦探吗"等等,这些题目无疑会引发读者的极大兴趣。"趣味测验"的答案,一般公布于同期的某一页上。

再来看《蓝皮书》,编辑部设有固定栏目"趣味测验",还曾聘请著名侦探小说作家郑狄克担任主持人,推出了诸如"共遇七班火车"(第 16 期)、"战舰上的绳梯"(第 17 期)、"油瓶"(第 20 期)、"江亚轮上的牺牲者"(第 21 期)、"香烟屁股"(第 23 期)、"一根镂空金条"(第 24 期)、"大树将军"(第 25 期)、"偷渡淮河"(第 26 期)等许多有趣的智力测试题目,其效果之佳,读者参与热情之高,出乎编辑者的意料之外。《蓝皮书》第 21 期载"本刊启事",声称:"自从我们举办'趣味测验'以来,先后曾接到不少读者来信拥护应征。最近廿期本刊'油瓶'一题,截止目前为止竟收到一千六百余封来信,高堆案头,琳琅满目。有些并在出版那天一早就亲自送到本社,这使我们对于热心爱护本刊的读者们,感到意外的震惊和兴奋。"惊喜之情,溢于言表。《蓝皮书》第 19 期公布第 18 期"趣味测验"前 20 名应征者名

---

① 《蓝皮书》第 24 期"编后记"。

单,其中上海市区9名,杭州3名,常州2名,苏州2名,长沙1名,汉口1名,浙江建德1名,上海松江1名;第21期公布第20期"趣味测验"前20名应征者名单,其中上海市区10名,苏州2名,常州3名,常熟1名,无锡2名,上海嘉定1名。这些得奖读者的地域,主要分布在上海及周边地区,参与面不算太广,这大概是受到参与方式限制的结果。

而作为比较晚出的《红皮书》,则推出了"读者俱乐部"的新做法。第1期登载的广告标语称:"不收任何费用,享受种种权利。"编辑部制定了俱乐部的章程,其中"会员"一项云:"凡《红皮书》读者,不论男女老少,均可申请入会。""权利"一项云:"(一)订阅《红皮书》可享受半价优待;(二)参加各项有奖游戏、交谊集会、通讯、征友及读书会。""义务"一项云:"(一)指正本俱乐部之缺点;(二)提供有关本俱乐部会务发展之建议与意见;(三)介绍亲友同学参加本俱乐部。"这一活动似乎受到了读者的欢迎,《红皮书》第2期登载了一份"《红皮书》会员录",凡320人,地域上以上海、江苏、浙江为主,该文末尾说:"前后我们一共收到七百多封读者来信申请入会,为了篇幅的限制,只能先发表这三二〇位会员的名单。"可见其踊跃程度。

侦探小说专业期刊的作者队伍,一般来说由两部分构成:其一为主编的朋友和同仁,譬如《侦探世界》的主要投稿者范烟桥、徐卓呆、张舍我、张碧梧、胡寄尘、俞天愤、王天恨、李涵秋、向恺然等人,基本上多是鸳鸯蝴蝶派作家,与前后两任主编陆澹安、赵苕狂关系密切;其二为主动投稿的普通作家及读者。

这里,值得特别关注的,乃是侦探小说期刊编辑部举办的征文活动。譬如《侦探世界》第14期(1923年11月15日)登载"侦探小说大悬赏"启事:

题目:唯一之疑点。
体例:白话体。

字数：千字以外二千字以内，过多或过少者均不录。
限期：限阴历十一月三十日截止，逾期不收。
录取：共十名。
酬赠：第一名奖金牌一事，第二名赠银盾一事，第三名赠翡翠一枝，四名至十名赠书券。
发表：准在本志第二十期发表。
手续：应征者须附粘本志内所刊投稿印花方为有效，无者不录。
寄稿：请寄虬江路世界书局内本社，函面并请标明悬赏小说字样。

本次悬赏小说，因为应征稿件太多，来不及阅读评审，所以其结果的公布，延至第21期。该期登载主编赵苕狂《编余琐话》称："悬赏小说披露：此项悬赏小说，投来者不下二三百篇，现已披阅事，共取十篇，本期先刊三篇。"分别是陶啸秋、吴说珍和著名作家俞天愤的同名小说《唯一之疑点》。

《大侦探》第11期（1947年7月1日），载有"《大侦探》下期一周年纪念特大号""百万奖金·小说比赛"启事：

《大侦探》于去年出现，到如今，快将一周纪念了。在这一年中，我们自信做到了两点：第一点是取得大量的读者，第二点是为中国杂志界创一新风格。自然，我们感到不曾做到的，也有着两点：第一点是发行路线不能遍及小地方，常有许多村镇上的读者，要我们设法推广；第二点是封面够漂亮了，内容还是不能篇篇动人，尤其是创作方面，仍嫌缺乏。我们经此自我检讨之后，准备在下期举行一周纪念特大号的时候，公开征求读者投寄创作小说，藉助兴趣，并订规章八则于次：

（1）应征小说，以创作为限，并不得超过一万字，如有事实根据,而能附图照者更为欢迎。

(2)应征小说,概须白话文,加以新式标点,并另列登场人物表。稿前注明发表时之署名,稿末注明姓名及详细地址,并盖印章。

(3)截稿日期为七月十五日。不取稿件,于七月底前挂号退还。

(4)发现抄袭或改头换面时,得公布其姓名,并将奖金取消。

(5)敦请严独鹤、周瘦鹃、孙了红三位先生评判。

(6)录取十名,第一名奖现金五十万元,第二名奖现金廿万元,第三名奖现金十万元;第四至第十名,概以字数每千字一万元计算,分别给酬。以上十名,另各赠一周纪念特大号一厚册。

(7)第一名至第三名之得奖小说,即在一周纪念特大号优先发表,第四名至第十名之得奖小说,则于第十三期起陆续发表。

(8)附寄图照,一律璧还。

《大侦探》第12期(1947年8月15日)目录页,载有"征文揭晓,奖金待领"启事,称:"《大侦探》欣逢一周年,上期公开征求读者赐寄小说,计收到五十二篇,兹经严独鹤、周瘦鹃、孙了红三先生评定如下:第一名《蜘蛛精》,杨恨吾;第二名《血溅西湖》,孙贰;第三名《一刻之差》,封其伦。"

编辑部举办的特别征文活动,事实上可以视作是对侦探小说稿件风格与作者队伍的宏观调控与主观引导,通过广大读者的积极参与,不仅刊物在社会生活中的知名度与影响力获得提高,而且,也确实会给某些普通文人,提供一个崭露头角的机会。譬如《大侦探》杂志1947年7月举办的征文比赛,其头名得主杨恨吾,后来就与《大侦探》结下不解之文字姻缘,成为该刊重点培植的侦探小说作家之一。杨恨吾发表于《大侦探》的创作型侦探小说计有 7 篇:①《蜘蛛精》(第 12 期),1947 年 8 月 15 日;②《你不要走》(第 14 期),1947 年 10 月 15 日;③《画轴里的秘密》(第 17 期),1948 年 2 月 1 日;④《沪杭道上》(第 26 期),1948 年 10 月 16 日;⑤《黑丝绒的窗帘》(第 29 期),1949 年 1 月 20 日;⑥《你知道谁吻了她》(趣味题,第 29 期),1949 年 1 月 20 日;⑦《杨庆和银楼案》(第 30 期),1949 年 2 月 15 日。

三、侦探小说期刊的宣传广告与销售流通

(一) 宣传广告

从 1946 年至 1949 年,是侦探小说期刊比较兴盛的时期,彼此间的竞争相当剧烈,由于侦探小说的读者群体是相对固定的,因此,这种竞争有时候也颇为惨烈:譬如《蓝皮书》创刊以后,颇受读者欢迎,于是当它出版至第 21 期的时候,出现了同类刊物《红皮书》,仅从刊名来看,《红皮书》存在故意模仿《蓝皮书》的嫌疑。《蓝皮书》第 24 期(1949 年 3 月 5 日)"读者呼声"栏目,载有读者来函《替〈蓝皮书〉不平》,文云:"世界上往往有许多冒名影射,奸邪淫恶的事实,我觉得《红皮书》的出版,便是一件杂志界中的丑事。那天我看了新闻报广告,好奇地去买一册来翻看,内容真是糟不可言,尤其有一篇叫《世界上最可鄙的人》,我好象在别处见到过,倘或如此,那真是'可鄙'之至了","我现在替我最珍爱的好杂志《蓝皮书》代抱不平!"《蓝皮书》编辑部为此专门配发了《编者按》,称:"我们《蓝皮书》的出版,已有二十余期的历史,本外埠读者一再来信推崇,我们感到荣幸。先生提出:《红皮书》中刊《世界上最可鄙的人》一稿,确乎早经本书去年六月第十四期上发表,是属奎宁探案的《恶汉之死》。承先生替《蓝皮书》不平,说《红皮书》冒我们的牌,这种信件我们已收

到一百余封之多了。事实上,我们《蓝皮书》销量太广,因此别人看了眼'红',蓄意冒牌,倒也下了一番苦心。但画虎不成反类犬,我们不以为奇,反正当它'厚皮'书看待,嗤之以鼻而已。"面对《蓝皮书》的发难,《红皮书》自然也不甘示弱,《红皮书》第2期,登载了若干读者的来函,除赞扬、鼓励与建议之外,也涉及一个较为敏感的话题,那就是对《红皮书》的竞争对手如《蓝皮书》《大侦探》等杂志的评价,譬如广州一位名叫洪志的读者来函称:

> 环球出版社出版的《蓝皮书》,最近显然也日渐不受读者欢迎了,内容与编排的渐次退步,可以说是它失败的主因,一本优良的杂志不能完全迎合低级趣味的,有些侦探小说往往受人歧视的原因,就是由于它的取材不能得当,而著作者自难逃其责任了。孙了红先生与程小青先生两者作品,我很爱好,而前者文字之风雅,后者布局之巧妙,尤为可取。

《红皮书》与《蓝皮书》都采用读者来函的方式,相互攻击,这些"读者函"是确有其事,还是编辑部的故弄玄虚,今天已难确知。不过,由此不难看出当时竞争的激烈程度,这对期刊编辑部构成了不小的压力,正如《大侦探》编辑部在《大侦探话盒》中所说的那样:"近来侦探杂志风起云涌,这是好现象,唯其如此,《大侦探》更应一贯站在最前面,随时展现新的状貌。"[①]

那么,如何保持自己在同类刊物中的竞争力呢?兹以六大期刊中出版时间最长的《大侦探》为个案,稍作论述。

数据显示,《大侦探》采取的策略,可以用三句话来概括:内容精彩,形式漂亮,适当宣传。

---

① 《大侦探》第33期。

所谓"内容精彩",就是根据读者的口味,不断调整刊物的稿件风格,重点推出若干名家名篇,以牢牢抓住读者的注意力。如前文所述,《大侦探》逐期增加讲述"中国故事"的创作型侦探小说,适时推出多篇上海实事探案,确立以短篇为主但杂以短篇系列与长篇连载的收稿原则,这些举措,在当时都收到了良好的效果。特别值得一提的是,《大侦探》非常擅长利用名家名篇的社会效应来扩大刊物的影响,激发读者的关注。譬如《大侦探》聘请著名侦探小说家孙了红担任主编,并从第 8 期至第 15 期,连载其代表作《蓝色响尾蛇》,结果大受读者欢迎,纷纷来信要求补购第 8 期,《大侦探》第 14 期"编者的话"云:"读者来信补第 8 期的太多了,可是《大侦探》第 1 期至第 8 期,已全部售罄,只得一一邮壁。但是,为了补救读者没有看到《蓝色响尾蛇》第一节起见,决定于下期补登一次,如此,要看这一长篇,从第九期起补买便得了。"第 15 期"发行人语"云:"孙了红先生的名作《蓝色响尾蛇》,首尾都在本期一次刊出,想必也是读者非常欢迎的。《蓝色响尾蛇》的结束,是任何读者所意料不到,布局之谲奇,行文之美丽,亏了红先生生有此神笔。(许多读者函索了红先生的题字和照片,恕难照办)",可谓掀起了一个孙了红热潮。再如,《大侦探》从第 20 期起,开始连载美国畅销侦探小说《皇苑传奇》,该期"《大侦探》向读者播音"宣传道:"接到很多读者来信,希望添刊长篇小说,我们除了上期起刊登房子会飞的《雪夜飞屋记》新奇长篇外,又把美国去年度最最有名、销量逾千万册的《皇苑传奇》原本买到,恭请第一流大作家姚苏凤先生逐期精译,全文多十二万言,预期本年度可以登完。"结果该小说一直连载到《大侦探》停刊为止。

所谓"形式漂亮",就是不惜工本,在刊物的纸张、印刷、花色上面,引领风骚,精益求精。《大侦探》第 6 期"编后记"云:"下期起,我们再要增加像封面封底——《大侦探》的最大特色——那样的七色插页,使得《大侦探》格外漂亮起来。"第 12

期"编辑周年"云:"《大侦探》的封面和封底,是中国杂志中最富丽的一本,第八期起,改为玻璃纸后,彩色也由七色增至十一色,这是不惜工本,要为杂志界增一光辉。因为,一本杂志的形式,也是万分重要和必要的。"第 15 期"发行人语"云:"封面改变,是早有计划的,根据欧美最近侦探杂志的新趋势,其封面都是用最单纯也是最优美的彩色精印,《大侦探》产生了整整十四个月,为中国杂志界再换一新面目,也就决然废弃了复色的印制,并且,又为更进一步起见,另配纸带,以区别于国内外的杂志。依目前的物价,本书仅仅封面与封底两面,其成本已足敷出版任何一本杂志的总成本。"第 33 期"大侦探话盒"云:"从第一期至第十四期,封面是彩色图案,从第十五期至卅二期,封面是绝无仅有的彩色玻璃纸。这期起,我们不特仍旧采用玻璃纸,而且摄取外间不经见的命案彩色照片,深信这又是其它侦探杂志所没有见过的。"很明显,封面封底的不断革新,追赶潮流,乃是《大侦探》引以为傲的成绩,也是它受到读者欢迎,得以出版三年之久的重要原因。

所谓"适当宣传",就是编辑部采用刊载"启事""编后记"等方式,向广大读者预告精彩内容,推出改革计划等,《大侦探》在此方面也有周密的策划和步骤。《大侦探》第 17 期载有编辑部的一段广告文字,声称:"《大侦探》是一本已有一年以上销路、执着杂志界牛耳的中国唯一有名侦探读物。《大侦探》重视宣传,并不弱于重视内容。因为宣传是一件十分重要的工作,假使一本好杂志,不经宣传,读者便少,而就影响到它本身宝贵的生命了。《大侦探》的宣传计划已有了四个时期:第一时期是宣传七彩封面和七彩封底;第二时期是宣传七彩玻璃封面和七彩玻璃封底;第三期是宣传刊登上海最新实事探案;第四时期便是去年份在本市第一流电影院遍映《大侦探》灯片。到这一时期——第五时期,预备着大批《大侦探》广告牌赠送给各位经销商了。"《大侦探》的广告意识,实在令我们感到吃惊,不仅思路清晰,而且形式多样,从文案,到灯箱,到 POP 广告牌,果真如其所说"一贯站在最前面,随时展现新的状貌"。

(二) 销售流通

销售问题,乃是困扰侦探小说期刊编辑们的头等大事,因为期刊办得再好、再精彩,倘若销售出了问题,造成库存积压,最终也只能亏本停刊。根据资料,其通常采用的办法主要有以下三种:

1. 委托经销处销售

《蓝皮书》第 24 期版权页,登载了该刊的经销处名单,包括"本埠经销处"与"外埠特约经销处"两部分,其中"本埠经销处"有真善美图书公司、联合书报社、上海杂志公司、五洲书报社、天下书报社、陆开记书报社、中国图书杂志公司、上海杂志书报联合发行所等 8 家;"外埠特约经销处"有苏州五洲书店、无锡日新书店、常州世界书局、杭州西蒙书店、青岛祥记行、厦门焕新书店、广州国光书店、中国文化服务社、汉口中国文化服务社、上海杂志公司、台湾中国书报发行所、前锋文化服务社、长沙中新书店、大公书店、四川自流井兴华书店、天津中国文化服务社、北平中国文化服务社、沈阳中国文化服务社、南京中国文化服务社、昆明上海杂志公司、安南三友图书公司、菲律宾中国书局、星加坡星洲文化服务社、爪哇讴凯公司等 24 家,遍布全国各地及东南亚地区。《大侦探》第 17 期(1948 年 2 月 1 日)载有该刊广告宣传文字,云:"《大侦探》足迹已遍海内外,经销的书店,也续有增加。"《大侦探》第 26 期(1948 年 10 月 16 日)版权页列有该刊经销处名单:总经销为上海新光社报社;各地经售处有五洲书报社、中国图书杂志公司、联合书报社、上海联合书报发行所、真善美图书公司、中国文化服务社等 6 家。

2. 直销

《大侦探》第17期（1948年2月1日）所载广告宣传文字云："我们最欢迎直接经销，因为不如此，不能争取时间。反之，书未正式发行，而我们已将外埠经销的《大侦探》全数快递；同时，彼此间也发生了感情，沟通着消息……我们希望京沪、沪杭、浙赣以及津、汉、港、粤、筑、渝，甚至海外各地，都来函直接认销。"可见，直销乃是侦探小说期刊最快捷的方法。

3. 读者直接征订

对于编辑部来说，读者的直接征订，不需经过中间流通环节，流通成本相对最低，所以，编辑部可以向征订的读者提供不同程度的价格优惠。《侦探世界》每期封三载有定价表，零售每册三角，但订半年十二册者，只需支付三元二角，若订全年二十四册者，则需六元，可比分期购买便宜一元两角。《大侦探》第1期载有"征求自由订户"广告，称："请预付订阅费八千元，当将本刊每月挂号寄奉，每册按订价八折实收，挂号费另加。"至第24期"《大侦探》广播"公布的订阅办法，则更为优惠："订阅者一次付款五圆，每期即照订价八折扣算，寄费免收。外埠可以邮汇，本市可拨电20299，当派员持定阅证趋前收费。"

四、侦探小说期刊难以久办的原因分析

本文所录六种侦探小说期刊，虽质量、风格不尽齐整，但"短命"乃是其共同的特征：《侦探世界》办了整一年，出版24期；《侦探》办了一年零四个月（截至第33期）；《新侦探》办了一年零五个月，出版17期；《大侦探》办得最长，也不过三年零一个月，出版36期；《蓝皮书》办了两年零十个月，出版26期；最"短命"的是《红皮书》，才出版4期就夭折了。

侦探小说既然深受读者欢迎,那么,为何侦探小说期刊却难以久办呢?《侦探世界》第24期(1924年4月15日)载有主编赵苕狂《别矣诸君》一文,交代了《侦探世界》无奈停刊的三大理由,颇具代表性:

其一,侦探的作品太少。

"同文中,做别的种小说的却很多,做侦探小说的,不过廖廖数人。并且侦探小说,比别的一般小说,来得费时,来得难做,不要说别人了,就是这几位侦探专门作家,也都视为畏途,轻易不肯落笔。因此一来,侦探的作品就少了起来,作品一少,编辑就大感困难,不能指挥如意了。"

其二,编辑的时间太短。

"半月一期,编辑别种杂志,或狠觉从容。编到侦探杂志,那就十分困难了。因为就把这半月中,全国侦探小说作家所产出来的作品,一齐都收了拢来,有时还恐不敷一期之用,何况事实上不见得能办到如此呢。但是光阴是不等待你的,眨眨眼半个月已到了,为要免去脱期起见,不免胡乱排入几篇,至于说到选择精严四个字,那是在如此现状的侦探小说界中,万万不能办到的了。"

其三,读者的责备太多。

"读者对于侦探小说,意见最是纷纭。有的绝对喜创作的,有的绝对喜译作的;有的喜情节热闹的,有的喜思想空灵的。而且一般喜侦探小说的读者,比别的读者来得认真,他们对于这侦探小说,确是出自衷心的喜爱,不肯推扳一点,所以你偏于甲方,就来乙方之责备;偏于乙方,就来甲方之谩骂。因此一来,我们对于编辑上的方针,更是无所适从了。"

赵苕狂最后感慨道:"有了以上这三种原因,我们这本杂志,不会有什么鲜明的色彩,那是无可讳言,不必讳言的。所可告无罪于读者诸君的,就是我们始终秉着极热的一颗心,不敢懈怠一点罢了。现在我们已决定一桩事,觉得仍旧如此下去,实在没有什么大道理;而在我个人一方讲起来,另编别种杂志或者来得事半功倍。所以大家商议一下,决定暂时把他停刊。"尽管赵苕狂声称:"这次的停刊,的确是暂时的,我和我那一班同人,仍时时刻刻研究着改良的方法,筹算着复活的计划,少则半年,多则一载,仍旧要把他继续出版的。"但1924年4月之后,专门的侦探小说期刊始终没有出现,直至1939年2月《侦探》的创刊。

(一) 创作之难

《侦探世界》停刊的三大理由,归结起来,其关键在于:侦探小说的创作,较之其他类别的小说甚有难处,因为难,所以从事创作的作家少了,作品问世的也少了,最终导致期刊的编辑困难。那么,侦探小说的创作之难,到底难在何处呢?根据当时侦探小说作家的切身体会,可以概括为如下"五难":

1. 取材难

《侦探世界》第3期(1923年6月1日)载程小青《侦探小说作法的管见》云:"凡做小说的人,大概都承认做小说最难得的一点,就是取材。而侦探小说的取材,尤其不是容易。"

《侦探世界》第15期(1923年12月1日),载有侦探小说作家张碧梧《侦探小说之三大难点》云:"在各种体裁的小说当中,我以为侦探小说最是难做。因为做别种体裁的小说,不愁没有材料,凡耳闻目见的事情,都可信手拈来,加以渲染,做成一篇小说,但这些事情中要求含有侦探性质的,恐怕是很少很少,那末要做侦探小说,自不得不凭空设想了,这是取材之难。"

《侦探世界》第16期(1923年12月15日),另载张碧梧《侦探小说之难处》云:"我们做社会或家庭等小说,因为取材容易,二三十万言也能够做下去,但若只撷取一件事实的最有精彩的一段,也能做成短篇,要长就可长,要短就可短,是很容易伸缩的。侦探小说却不然了,倘要得长,自必有曲折奇巧的情节,岂是容易凭空想得出的；短篇又最容易犯平淡无奇的毛病，所以侦探小说不论篇幅长篇，都是很难做的。"

《侦探世界》第 2 期（1923 年 5 月 1 日）载赓夔《侦探小说杂话》亦论及"选材"问题："做侦探小说最难，盖他种小说，材料不患缺乏，而侦探小说则否。他种小说有小疵，尚可敷衍过去，侦探小说而有小疵，不惟不能敷衍过去，且致全局失败矣。故小说界中侦探小说家不多觏也。"

事实上，侦探小说的取材之难，一方面是受到侦探小说文体本身的限制，另一方面，或亦与现实生活中侦探、侦探故事的缺乏有关。当时的侦探小说作家，曾不止一次地为此大发感慨。譬如李涵秋《中国侦探之趣史》小说载：

> 大凡喜读侦探小说诸君，没有个不喜读福尔摩斯侦探案的，以为福尔摩斯所办的案，其中情节离奇的，到十居八九，若在别人早已神思错乱、茫无措然，而他忘餐废寝，绞尽脑汁，终必达到水落石出目的而后止，所以他在世界上能享盛名，也就是这个缘故。至于我国的侦探，非但不敢望其肩背，就连这侦探两个字，恐怕还配不上呢。我何以说这句话？因为我国充当侦探的，大率胸无点墨的居多，那里还有什么学术？况且他们一味的石上栽桑，乱敲竹杠，犹说是自家的能力，这也言之可丑了。①

范烟桥《中国式的侦探》小说写道：

> 侦探小说家和一个爱读侦探小说的说："实在中国人不挣气，不能产生几个足与外国颉颃的侦探来，我们只得把外国人做书中主人翁了。"那位读者说："这到不成问题，我

---

① 《侦探世界》第 3 期。

们只求情节好,笔墨好,像看影戏一般,不管他是那一个的出品,总对胃口的。其实侦探小说尽管多,和真实侦探的养成是不相干的。外国的侦探,也未必能够像小说家的幻想一般能干,中国的侦探,有时也有会心独到的地方,我们倒不便一概而论呢。"侦探小说家摇头说:"中国的侦探坏极了,何尝是侦探,简直是鹰犬罢了。"①

2. 结构难

张碧梧《侦探小说之三大难点》云:"侦探小说必须呼应灵活,上半篇布设的种种疑问,好似播种的因,下篇一一的结束,好似收获的果,必须因果相生,息息相通,才是佳作。倘呼应稍为呆板些,那便不足观了,这结构之难,也胜过别种体裁的小说。"张碧梧《侦探小说之难处》云:"做别种体裁的长篇小说,大概都是做到那里,想到那里。譬如要做第三回,才想第三回的情节,第四回中是甚么情节,并不顾到,等到第三回已经做完,这才用心思想起来,或是继续第三回的情节做下去,或是另外寻一个头绪,这都无不可的。但是做侦探长篇绝对的不能这样,在刚正动笔做起的时候,必须把全篇的情节,大概拟个腹稿,然后一层层的做下去,才能前后贯通,有呼有应。因为前面所述,都是后面的根由,后面所述,又都是结束前面的,倘胡乱的做起来,便难免有错误和矛盾的地方了。这也是做侦探长篇的一种难处。"

3. 行文难

张碧梧《侦探小说之三大难点》云:"不论做那一种体裁的小说,行文都应该简净,做侦探小说,更要简净。因为别种体裁

---

① 《侦探世界》第 16 期。

的小说,多半是叙述事实,行文纵稍为繁冗,尚无大碍。侦探小说却是重在论理,行文若不十分简净,自然便噜噜苏苏,把读者弄得不能明白了,这又是做侦探小说的行文之难。"

4. 题名难

《侦探世界》第 23 期(1924 年 4 月 1 日)载有天壤王郎《侦探小说的题名》云:"常有人说,小说容易做,题名难,往往一篇小说做成,要找一个适当的题名,竟想不出来,因而影响到那篇小说本身的价值。我以为他种体裁的小说,尚不十分难。惟有侦探小说最难题。空泛的字面,便不像侦探小说;太显豁又不免使读者看穿内幕。因为侦探小说和哑谜无异,万不能把案中的真相,使读者见了题名而料知,所以最难,不比他种小说,尽可随便拈几个字的。佳的题名,如《箱尸》《破屋中的血渍》,一瞧便知是侦探小说,而又不能推测案中的真相怎样,使人急于要读下去。若《宝石案》《项圈案》等一类的题名,虽也一瞧便知是侦探小说,然就觉得拙劣了。"

有人甚至主张侦探小说不设题目,《侦探世界》第 4 期(1923 年 6 月 15 日)载"芝"《最好没有题目》,文云:"我以为侦探小说顶好没有题,这句话虽然有些突兀,一时似乎不能够做到,然而我终希望有此一天。因为一有题目,读者先存着几分主见,兴味便减少了。"

5. 篇幅难

《侦探世界》第 5 期(1923 年 7 月 1 日)载王天恨《侦探小说杂话》云:"侦探小说不能短亦不得短也(指千字以内者言),过短之作,必非侦探,虽竭全力以成之,亦不能极曲折离奇之妙。""侦探小说固不得短,然亦不得长,至长不过五六万言而已,否则,必参以言情或社会琐事,予盖见之稔矣。"

正是由于上述数难,因此,撰写一篇侦探小说,"费去的工夫也独多,做一篇五千字的别种体裁的小说,假定约需四个小时,若做字数相等的侦探小说,需时纵不必加倍,怕也要多上一半,因此耗费的心血也要加多不少"①。文人们将侦探小说创作"视为畏途,轻易不肯落笔",这令侦探小说期刊的编辑们大伤脑筋。这里,不妨来读读胡寄尘《外行侦探案》小说中的一段描写:

> 我从来不曾进过侦探学校,也不曾读过侦探小说,并不曾读过侦探杂志,所以,我对于侦探的常识,可算是完全没有,可算是完全外行。却是我有一位朋友,名叫×先生,他是一位老小说家,凡是上海滩上的小说名家,他都认识。有一天,×先生有意寻我开心,在《侦探世界》主任先生面前,说我做得一笔好小说,而且擅长的是侦探小说,可以算得是中国的柯南达利。那位主任先生听了×先生的话,信以为真,忙千叮万嘱的,请我替他做一篇稿子,我连忙逊谢不遑。却是主任先生误会了,以为我是搭架子不肯做,又说了许多好话,说得我面红了他也不管,我只好含糊答应下来,以为当面不好不答应,等到一背面便算了,他未必再来追究了。谁知这位主任先生十二分认真,他以为我答应了,恐怕不能算数,定要我先收了稿费,他才放心。第二天,他便写了一封信,并预先付了稿费洋十五元,要我做一篇短篇的侦探小说,只须三千字便够了。
>
> 他这封信送到我家里时,刚巧我不在家,由内人收了下来。内人打开信来一看,见是一笔意外的收入,以为三千字的小说,只消半点钟便做成了,有甚么难呢?他也不管三七二十一,将这一笔意外的收入,充作额外的用途,拿往洋货店里去剪了一件衣料,不消十五分钟,十五元已用完了。

---

① 张碧梧《侦探小说琐话》,《侦探世界》第 17 期。

等到我回来,他才告诉我这一件事,我急得双脚乱跳,逼着内人将衣料拿出退还人家,然而已经剪了下来的衣料,那个肯收回呢?这笔稿费收了下来罢,又做不出稿子来给人家;不收罢,用也用光了,我又没有他项闲款来还人家,又不愿拆烂污,这真是一个二十四分困难的问题。

那位主任先生见我收了钱,老大的高兴,以为定有我的大稿,可以光他的篇幅了。谁知等了三个月,不说三千字,连三个字也没有交去,讨稿的信不知来了多少,最后他来了一封极恳切的信,说是无论甚么,只要是我亲笔写了三千个字给他,他总要,只希望将这旧帐算清了便是,他好交帐。

我到了这时候,真不得不冒充内行,大做特做起来了。好在他说了的,不管是甚么,只要写了三千个字就算了。我只得献丑献丑,瞎写一些罢。诸君,请看我的《外行侦探谈》来了。①

侦探小说期刊的编辑,为了约请稿子,不仅情愿预付优厚的稿费,而且还得不厌其烦地一次次催讨,其艰辛困苦,真是令人同情。胡寄尘小说中所写"我"与"《侦探世界》主任先生"之间的滑稽故事,或许未必属实,但其反映的个中细节,无疑就是当时侦探小说创作与出版界真实情形的缩影。

(二) 经济之难

《侦探世界》的最终停刊,固然是因为稿源的入不敷出,但对于《侦探》《新侦探》《大侦探》《蓝皮书》等刊物来说,其不能久办、被迫停刊,除去稿源一项之外,还有另外一个重要的原因,即经济因素。

---

① 《侦探世界》第 23 期。

事实上，因物价飞涨而对期刊出版造成的压力，早在《侦探》身上已经显现，《侦探》第 31 期(1940 年 5 月)将售价从原来的每册三角，调整为每册四角，刊物所载"编者的话"云："本刊的另售价格原来是每册三角的，但晚近因纸价飞涨，以至成本倍增，于不得已之下，只得将售价增为每册四角，藉资贴补，俟将来纸价回低时售价当随之复原。本期底封面所刊载的'友利公司各刊订阅价目表'，因付印得早一步，隔天纸价猛涨终于至今临时变更各刊订价，以致不及改正。如承各界订阅当以临时更增之价计算，并此声明。"

二战之后，中国经济满目疮痍，危机四起，通货膨胀极其严重，上海也未能幸免。这令包括侦探杂志在内的期刊出版，举步维艰。《新侦探》第 17 期(1947 年 6 月)载"《新侦探》暂行停刊启事"："《新侦探》于卅五年一月创刊以来，共已出版十七期，备受读者欢迎。深为感荷。现因工料暴涨，维持不易，自第十八期起暂行停刊，一俟物价转稳，再行继续出版。除长期订户另行函知外，特此通告，尚希读者鉴宥为幸。艺文书局敬启。"这里，我们不妨再以《大侦探》为个案，就其价格问题稍作分析：

《大侦探》杂志的售价，先后使用过四种货币：第 1—23 期，标以国币，第 1、2 期为 1000 元，第 4 期为 1200 元，第 5、6、7 期为 1500 元，第 8 期为 2000 元，第 9 期为 4000 元，第 11 期为 7000 元，第 12、13 期为 1 万元，第 14 期为 1.2 万元，第 15 期为 1.5 万元，第 16 期为 2.2 万元，第 17 期为 3 万元，第 18 期为 4.5 万元，第 20 期为 10 万元，第 21、22 期为 15 万元，第 23 期为 30 万元。第 24 期开始，标以金圆券，第 24、25、26 期为 6 角，第 27、28 期为 10 元，第 29 期为 15 元，第 30 期为 100 元，第 31 期为 400 元，第 32 期为 1200 元，第 33 期为 1800 元，第 34 期为 70 万元。第 35 期标以人民券，为 200 元。第 36 期标以人民币，为 500 元。

显然，《大侦探》的售价，几乎每期都在变动之中：从第 1 期

(1946年4月1日)的国币1000元,到第23期(1948年7月16日)的30万元,在27.5个月中,价格上涨了300倍,平均每月上涨10.9倍;改用金圆券之后,售价仅稳定了三期,随即一溃千里,从第24期(1948年9月16日)的六角,竟然飞涨至第34期(1949年4月16日)的70万元,短短7个月中,售价上涨了近117万倍,平均每月上涨16.7万倍。

在如此恶劣的经济情况下,再加上局势动荡、工人罢工、人心惶恐等因素,《新侦探》《大侦探》《蓝皮书》《红皮书》诸侦探杂志,均好景不长,半途停刊,也就不足为奇了。

(原载上海图书馆主办《历史文献》2004年总第8辑)

【附注】本文发表之后,笔者又续有发现:1.《侦探》实际至少出版至第57期,已知其第31期出版时间为1940年5月1日,按照半月刊的周期推算,第57期出版于1941年6月1日,该刊停刊时间当更在此后。2.《每月侦探》,创刊于1940年2月1日,出版者为上海精华出版社,目前仅见创刊号,刊载有《书中的秘密》《半夜枪声疑案》《死的香气》《咫尺凶魔》等中篇侦探小说。2015年7月6日酉堂补记。

商务版冯梦龙《古今小说》印行始末考
——以王古鲁、张元济、朱经农诸人书札为史料

冯梦龙编撰的"三言"(即《喻世明言》《醒世恒言》及《警世通言》),乃我国古代白话短篇小说集的代表作,如今已是家喻户晓,流播极广。然在古代小说学科兴起的20世纪二三十年代,它们却殊难获见。鲁迅《中国小说史略》(1924年6月初版)曾说:"三言云者,一曰《喻世明言》,二曰《警世通言》,今皆未见。"收藏古小说甚富的马廉,也在《关于白话短篇小说三"言"二"拍"》(1926年12月)中感叹:"五大丛刻六部书,《醒世恒言》及《初刻拍案惊奇》两种,还不甚难得。其余四种是很不易搜寻了。"由此可见一斑。后虽经日本学者盐谷温、长泽规矩也、辛岛骁以及中国学者马廉、孙楷第、郑振铎、王古鲁等人的努力搜访,各种庋藏于海内外的三"言"二"拍"版本逐渐为人所知,但其文本却仍少有出版①,尤其是作为三"言"之中最早刊行的《古今小说》②,迟至1947年10月,才由商务印书馆首次排印出版(以下简称"商务版")。商务版《古今小说》书末附有海虞

---

① 所知仅有1935年上海杂志公司"中国文学珍本丛书"排印张静庐校点本《拍案惊奇》36卷(底本为清姑苏万元楼覆刻本)、1936年生活书店"世界文库"排印本《警世通言》《醒世恒言》(底本为明衍庆堂刊39卷本)等数种。

② 关于《古今小说》与三言的关系,大致如下:冯梦龙原拟以"古今小说"为总名,出版三种各由40篇构成的小说集,天许斋刻本《古今小说》目录页题"古今小说一刻",后出版续集时改名《警世通言》和《醒世恒言》,故《古今小说一刻》重刊时也改名《喻世明言》。惟《喻世明言》40卷原刻本已佚,存世为衍庆堂刊24卷本,其中21卷见于天许斋本《古今小说》,2卷见于叶敬池本《醒世恒言》,1卷见于兼善堂本《警世通言》。

（今江苏常熟）王古鲁《后跋》，交代出版底本为日本内阁文库（今属公文书馆）所藏明天许斋刊本，间有缺页则替之以日本尊经阁藏本，两本均使用王氏摄归之原书照片。而为了本次出版，商务印书馆元老张元济、总经理朱经农[①]与王古鲁三人书札往还，就具体校订排印事宜，多所商讨，张元济还曾亲自校阅照片，可谓重视有加。

商务版《今古小说》成为该小说后来多次重印的祖本，对于其现代传播，居功至伟。1955年9月文学古籍刊行社据商务原书"纸型"重印，其《出版说明》云："原书为明代天许斋刻本，日本内阁文库收藏，一九四七年常熟王氏以所摄照片并据日本尊经阁藏别本校定，交由上海涵芬楼排印出版。""涵芬楼本曾经删节一些色情严重的文字，原书总目上的'古今小说一刻'六字，不知何故也被删去，这一行字跟研究三言源流有很大关系，现在特据原照片补刊出来，其他错落、断句不妥的地方，也尽可能作了订正；图像也用原照片重行放大，汇印在书的前面。"1958年4月人民文学出版社再次重印，许政扬所撰《前言》云："原书为明天许斋刻本，藏日本内阁文库。一九四七年商务印书馆根据摄归的照片排印。内阁文库本间有缺页，则系据日本尊经阁别本校订补足。一九五五年文学古籍刊行社又重印了这部书。现在即以文学古籍刊行社重印本作底本，校以原照片，并参考《清平山堂话本》和《今古奇观》，订正了一些错字。原书句读，易成标点符号。为了帮助一般读者阅读，还作了一些注解。"两篇重印说明均提及以"原照片"校核之事，可知商务当年据以出版的《古今小说》原书照片，递藏有序[②]，保存良好。而幸

[①] 朱经农（1887—1951），江苏宝山（今上海宝山区）人，曾任北京大学教授、齐鲁大学校长、教育部政务次长等职。后由胡适举荐并经商务印书馆董事会通过，于1946年9月14日正式出任商务总经理。

[②] 文学古籍刊行社成立于1954年9月，实际上乃人民文学出版社的一个副牌，至1989年停用，正式并入人民文学出版社。

运的是,笔者偶然购得这批照片①以及商务排印《古今小说》的相关档案资料,照片上还留有张元济、王古鲁等人的亲笔校语,弥足珍贵。王古鲁和我同是海虞人氏,又皆对古小说文献满怀兴趣,不禁令人相信冥冥之中真有所谓因缘存在。

一、王古鲁赴日摄取中国古小说书影之经过

在考察商务版《古今小说》出版始末之前,不妨先追述一下王古鲁摄取日本所藏珍稀小说书影的情况。王古鲁(1901—1958)②,原名锺麟,江苏常熟人,曾于1939年4月赴日,任教于东京文理大学、东京高等师范学校、东京帝国大学等学校。1940年年末至1941年上半年③,他得到南京伪国民政府所设中日文化协会资助,赴日拍摄中国旧刻小说书影,关于此事,近年新公

---

① 笔者所得照片除《古今小说》全书(略有缺失)外,尚有明刻本《新刊京本春秋五霸七雄全像列国志传》《京板全像按鉴音释两汉开国中兴传志》两书全套,均为王古鲁摄自日本蓬左文库者,三书照片相加总数有1800余张。《新刊京本春秋五霸七雄全像列国志传》《京板全像按鉴音释两汉开国中兴传志》两书,虽已有中华书局《古本小说丛刊》影印本,但所据底本为复印件,部分书叶靠近版心的两行文字,多有变形或模糊之处,而王古鲁所摄照片则极为清晰,实有据此重印之必要。王古鲁曾在写给胡适的信札(收录于苗怀明整理《王古鲁小说戏曲论集》,中华书局2013年版,第298—299页)中云:"前天看到正中吴士选先生,他告诉我,他最近到上海去,一定要设法把蓬左文库所藏《列国志传评林》照片,设法影印出来。"而笔者得到的《新刊京本春秋五霸七雄全像列国志传》照片,多装于"正中书局"专用邮寄袋中,大概当年王古鲁将照片交给了正中书局,而该书局未能出版,故又将照片转给了同在上海的商务印书馆。可惜,商务印书馆最终亦未出版此书。

② 关于王古鲁的生平和学术研究,可参阅罗景文《王古鲁对古典小说文献的搜访与研究——兼论北京商务印书馆刊印〈王古鲁藏书目录〉的来历与内容》,载台北《"国家图书馆"馆刊》2009年第1期;苗怀明《一位不该被遗忘的学人——王古鲁和他的小说戏曲研究》及《王古鲁生平年表》,均收入苗氏所编《王古鲁小说戏曲论集》。

③ 此据苗怀明《王古鲁生平年表》,年表主要依据北京师范大学所藏王古鲁人事档案编制。

布的王古鲁致日本学者青木正儿信札①,言之甚详,特引录相关文字如下(参见图10):

> 麟此次回国,得南京国民政府主席汪精卫先生赞助,交议于中日文化协会补助,摄取贵国公私所藏中国旧刻小说书影,经费法币陆千圆(合日币三千五百円左右),现正分头接洽,务期少有遗漏。久仰先生对于此道,夙有研究,如能指示若干种珍本,俾便采访,亦可留一中日文化交流史上一佳话也。此次因限于经济关系,每种珍贵小说摄取部分,豫定:(1)封面(因上刊署名、刊行场所以及类似广告性之启事,有时颇足以助考定年代及变迁痕迹也)。(2)序文。(3)凡例之类。(4)目录(今按旧刻小说,不仅因刊行书铺或刊行年代之不同,而版形相异,且内容亦有繁简之别。关于此点,亦可资考证其演变历史)。(5)插图之有刻工者。(6)插图之有关风俗习惯者。(7)本文第一页。(8)本文内容有特异之处者。(9)末叶之附有刊行年月者。同时拟以贵国所藏者为干,再加大连图书馆、北京大学图书馆所藏马廉氏遗书、孔德学校、北平图书馆现存图书以及上海郑振铎氏、周越然氏等处所藏,虽不能说搜罗无遗,大体轮廓或可具备也。先生如有高见,尚希赐教为荷。

在日本友人的帮助下,王古鲁陆续拍摄了内阁文库、宫内厅图书寮、蓬左文库、尊经阁文库、日光轮王寺慈眼堂等公私机构所藏中国珍稀小说戏曲的书影照片,凡摄得全书者10种,摄取部分书影者100余种,照片总数达七八千张。归国后,王古鲁一边利用这些资料撰写论文,一边设法影印出版。1943年8月,

---

① 见张小钢编注《青木正儿家藏中国近代名人尺牍》王古鲁致青木正儿之十七,大象出版社2011年7月版,第174—177页。

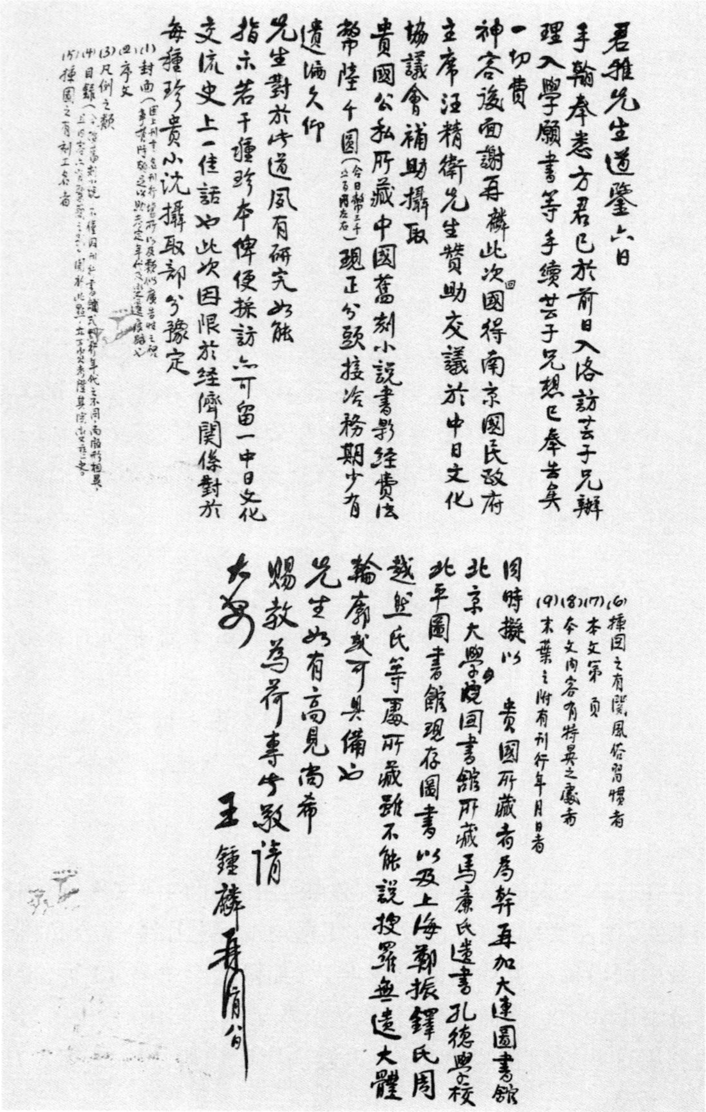
君雅先生道鑒　六日
手翰奉悉方君已於前日入洛訪芸子兄辦
理入學願書等手續芸子兄想已奉告矣
一切費
神容後面謝再麟此次回國得南京國民政府
主席汪精衛先生贊助交議於中日文化
協議會補助攝取
貴國公私所藏中國舊刻小說書影經費法
幣陸千圓（合日幣三千五百圓左右）現正分頭接洽務期少有
遺漏久仰
先生對於此道夙有研究如能
指示若干種珍本俾便採訪亦可留一中日文化
交流史上一佳話也此次因限於經濟關係對於
每種珍貴小說攝取部分豫定
(1)封面（[illegible]）
(2)序文
(3)凡例之類
(4)目錄（[illegible]）
(5)插圖之有刻工名者
(6)插圖之有關風俗習慣者
(7)本文第一頁
(8)本文內容有特異之處者
(9)末葉之附有刊行年月日者
同時擬以
貴國所藏者爲幹再加大連圖書館
北京大學圖書館所藏馬廉氏遺書孔德學校
北平圖書館現存圖書以及上海鄭振鐸氏周
越然氏等處所藏雖不能說搜羅無遺大體
輪廓或可具備也
先生如有高見尚希
賜教爲荷專此敬請
大安
王鍾麟拜啟

图 10　王古鲁致青木正儿书札(1941 年 2 月 8 日)

他在《华北作家月报》发表《日本所藏的中国旧刻小说戏曲》一文，首次公布了其"影印十种孤本小说戏曲"的学术计划，但时值抗战，诸事艰难。1943年年末，曾有北平"新民印书馆"有意出版王氏之"孤本小说戏曲丛书"，然因"纸张及材料缺乏，尚未能决定何日着手也"①，最终仍不了了之。

二、商务印书馆排印《古今小说》始末及其意义

正当王古鲁焦急之时，商务印书馆张元济向他伸出援手。目前尚不清楚王古鲁自何时又是如何与张元济建立联系的，或与他1942—1943年间应周作人之邀，担任伪北平图书馆秘书主任一职有关②。1947年3月初，张元济致信商务总经理朱经农，转交王古鲁所摄照片一包，朱经农于3月5日复函，之后两人多次书札往来，商讨出版事宜。今将朱经农函中有关《古今小说》

---

① 王古鲁致青木正儿信札之二十有云："麟自前年接收北京图书馆以来，因周公作人政务忙碌，实际上由麟负责代表执行馆务。惟事务行政，积重难返，决非书生所能处理。故于善本书返馆及决定豫算之后，即商同周公，辞职以轻担负，去年一月底即已离馆矣。此后时回故乡，奔走洽影印《孤本小说戏曲丛书》，去年年末始决定由此间新民印书馆发行，终以纸张及材料缺乏，尚未能决定何日着手也。最近撰《日光访书记》一文，已由上海《风雨谈》刊载，兹另邮寄奉，敬乞教正。"王古鲁《日光访书记》刊载于《风雨谈》1944年2月刊行之第9期，据此推算，王古鲁入职北京图书馆在1942年，离职在1943年1月底，新民印书馆有意出版《孤本小说戏曲丛书》则在1943年年末。王古鲁致青木正儿札，收录于张小钢编注《青木正儿家藏中国近代名人尺牍》，第184—186页。

② 王古鲁致青木正儿信札之十九有云："麟自去年归国以后，即任北大文学院教授，本年四月，周作人先生兼任本馆馆长，坚邀麟兼任秘书主任，主持日常馆务，数月以来整理内部，稍有头绪。又以本馆书籍善本大都南运沪上，藏书地点略得线索，曾去沪两次，结果尚佳，所有存沪书籍，除一部分已被运往美国外，业已运回馆中，敬以奉闻。"据此札，可知王古鲁兼任北平图书馆秘书主任，乃在1942年4月；据第二十札（参见上注），离职在1943年1月底，实际在馆工作约10个月。王古鲁致青木正儿札，收录于张小钢编注《青木正儿家藏中国近代名人尺牍》，第182—184页。

出版的文字,摘录如下①:

> 手示敬悉。王古鲁先生在日本所摄小说、戏剧孤本影片,拟请其将《古今小说》及戏曲三种出让本馆承印,恳代征其同意,并询明出让条件。照片一包编审部同人拟留阅,一、二日内再行送还。(3月5日函)
>
> 古鲁先生已来此接洽,照片四种初拟以一千万元购印,经再三磋商,最后改为一千二百万元,外赠拾部,照片已面交王先生带回。(3月8日函)
>
> 三月八日两手教均拜悉。农星期四以前不致离沪,古鲁先生如能于星期二、三来此,即当照前议与之订约。倘其来迟,则苏继赓兄亦可代为接洽,伯嘉兄处亦当以详情告之。《小说辑佚》②亦移存继赓兄处,闻印事拟从缓。《古今小说》估价单附呈一阅。(3月10日函)
>
> 十二日手示敬悉。关于印行《古今小说》各点,当一一遵办。已将原信交苏继赓兄保存,以便逐条执行。关于《东方杂志》利用此种孤本照片问题,顷与继赓兄及吴泽炎兄详商,有二点顾虑:一、《东方》向来仅刊印现代文艺,

---

① 分别采自张人凤辑注《1946—1948年间朱经农致张元济信》(一)、(二),《出版史料》2007年第1、2期。

② 此《小说辑佚》亦为王古鲁所编,王古鲁曾在致胡适札中提及此书:"《小说戏曲辑佚》:内收《明熊龙峰刊四种小说》《警世通言》'万秀娘仇报山亭儿''红莲女淫玉通禅师'(附《古今小说》'月明和尚度柳翠'后半篇)、'张于湖宿女贞观''绿珠坠楼记'等八篇传奇及平话。戏曲方面收《宋公明闹元宵》杂剧一篇暨无名氏《长城记》'姜女亲送寒衣'等,共九种已佚之戏曲散出十出。"此书一度交由上海正中书局出版,但未成功,见下文所引1948年10月10日倪青原《影印崇祯版英雄谱图赞缘起》。后来此书"小说"部分的底稿散佚,"戏曲"部分则经王古鲁增补后,题为《明代徽调戏曲散出辑佚》,由古典文学出版社于1956年出版。

对旧小说及旧剧本,尚少采登;二、《东方》如先将此类稿件登出,恐将来影响原书销路。不知尊意以为何如?(3月13日函)

手示敬悉。《古今小说》照片及付印事宜,已托黄龙光兄负责办理。(4月1日函)

《古今小说》已检查一过,提出有问题者共十二面,另开清单,连同原照片呈核。又出版科送来样张四页,字体大小,以何者为宜,亦恳俯赐择定为感。王古鲁先生来信奉缴,证明书已办妥,面交古鲁先生矣。农又及。(5月13日函)

昨奉手教,敬悉一是。关于《古今小说》排印事,编审部方面认为有困难,兹将其签注意见附呈核示。(5月27日函)

上引朱经农3月13日函中有"关于印行《古今小说》各点,当一一遵办"诸语,虽然因为张元济致朱经农信札未见留存①,无从窥知当时他究竟提出了哪些意见,但借此足以看出张元济对此事的关切。5月13日函又提及将《古今小说》"原照片"送呈张元济审核之事,这从笔者所得照片上多有墨笔校语,可予验证。张元济在审看照片过程中,提出了不少有益建议,譬如第一卷《蒋兴哥重会珍珠衫》第25叶有少量色情描写文字,张元济以黑色"「 」"括出需要删去的文字,并在照片左侧批云(参见图11):"删去字数「 」改用□□表明,以下同。"这种方法后亦成为古典小说整理出版中处理色情文字的惯例。譬如第二卷《陈御史巧勘金钗钿》第5叶B面第9、10行及第6叶A面第1、2、3、4行首字均有残缺,照片左侧有张元济墨笔校语:"缺字请留空格,末校时请王古鲁先生查补。"后来王古鲁在末校时补出了大

---

① 《张元济全集》第一卷收录张元济致朱经农信札7通,但均未涉及《古今小说》出版事。商务印书馆2007年版。

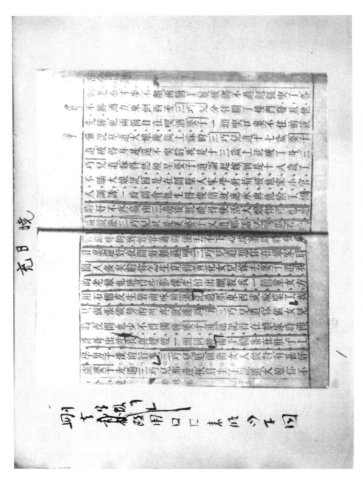

图11 《古今小说》第一卷第25叶张元济墨笔校语

部分缺字(参见图12)。

实际上,王古鲁与张元济还曾就如何处理文本中的缺字和俗字问题,通信相商,《张元济全集》第一卷录1947年6月21日《致王古鲁》札[①]:

> 古鲁先生阁下:敬复者,奉十九日手教,知《古今小说》第一、二卷校样已邀青览,承示尊经阁照片存在故都,甚盼从速取到,可以互相参校,在未到之前,敝处应将原片随校样寄上。第一、二卷原片今亦补呈,统祈察入。再,尊处校毕,交由南京分馆寄还,亦当遵办,此间亦已去函知照。至原片模糊,尊意不欲随意填补,自是正当办法。鄙意代以●圈黑点,可不致与□方框空格混乱。又原书俗体字鄙意以订正为宜,因此系排印,而非影印,性质固有不同也。未知卓见以为何如?专此布复,顺颂旅祺。弟张元济。六月二十一日。阁下在南京,现在何处担任职务,并祈示及。

有意思的是,张元济曾修改了王古鲁为排印本《古今小说》所撰"跋"文(参见图13),今择其要者,略陈于下。

王古鲁原文:

> 其在小说史上所占重要位置,业经日本盐谷温氏、我国马隅卿氏、郑振铎氏、孙楷第氏,论之甚详,似无赘述之必要。

张元济改为:

> 其在小说史上所占重要位置,我国马隅卿氏、郑振铎氏、孙楷第氏暨日本盐谷温氏,论之甚详,无俟赘述。

---

① 《张元济全集》第一卷,第220页。

274　物质技术视阈中的文学景观

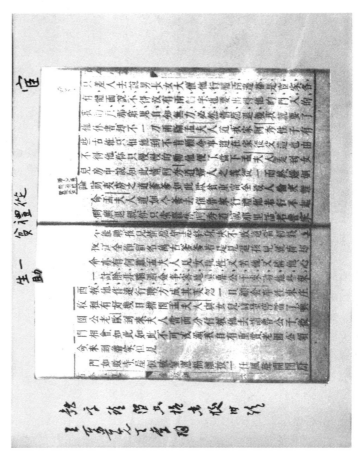

图12 《古今小说》第二卷第5叶B面、第6叶A面张元济、王古鲁校语

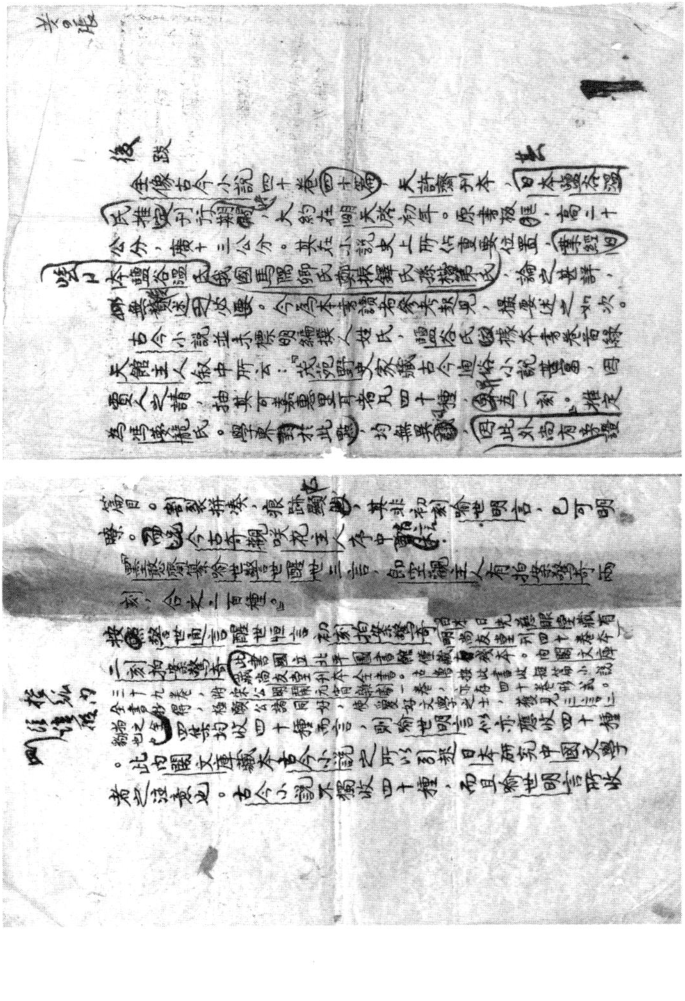

图13　王古鲁手稿、张元济校改之《古今小说》后跋

之所以如此改动,大概是因为当时抗战刚结束,商务不欲凸显日本学者而招致国人反感。不过,若从调查研究的实际情况来看,盐谷温对于《古今小说》的学术贡献,确实超过马廉等中国学者。

在"按《警世通言》《醒世恒言》《初刻拍案惊奇》(日本日光慈眼堂藏有明尚友堂刊四十卷本)、《二刻拍案惊奇》"书名之下,王古鲁原有小注:

> 此书国立北平图书馆仅藏残本。内阁文库藏尚友堂刊本全书。古鲁按此书收短篇小说三十九卷,附《宋公明闹元宵杂剧》一卷,亦存四十卷形式。全书抄得,极愿公诸同好,使爱好文学之士,获见《三言》《二拍》之全貌也。

张元济将这一段注文悉数删去。

关于《二刻拍案惊奇》,王古鲁赴日时曾抄得全书归国,商务印书馆也曾计划出版,1947 年 8 月 15 日朱经农致张元济函有云:"本日手示敬悉。顷与伯嘉兄商妥:《拍案惊奇》一稿仍以购印为便(不采版税办法),拟先付五百万元,俟全稿交到,再照《古今小说》比例结算清楚。恳费神与古鲁先生洽商为感。"8 月 19 日函又云:"古鲁先生在馆已领取稿费六百万元,俟《拍案惊奇》全稿送到,再行结清余款。据其一再表示,《古今小说》价格过低,且币值日落,稿费标准必须提高,故伯嘉兄已允其酌予提高,将来除已付之六百万元以外,尚须补给一千万元左右,方能交割清楚。农对于议价不甚内行,故由伯嘉兄与之交涉,两方已有相当谅解矣。"① 朱经农信札中提及的《拍案惊奇》实即《二刻拍案惊奇》,当时王古鲁已预支了部分稿费。1948 年 10 月 10

---

① 朱经农函末又云:"此信甫写就,得古鲁先生来书,一并呈核。"此王古鲁札云:"经公尊鉴:今晨趋谒,承嘱向李公接洽,已遵嘱前往,承李公推诚相见,已完全解决矣。知注敬闻,并谢厚意。专此,敬请崇安。王锺麟敬启。八月十六日。"俱见张人凤辑注《1946—1948 年间朱经农致张元济信》(二)。

日倪青原撰《影印崇祯版英雄谱图赞缘起》载:"幸而商务印书馆有一位提倡搜罗珍籍的张菊生老先生,在万分困难之下,使得王氏所摄中国文学界不经见的明代著名短篇平话集《三言》之一的《古今小说》,于去年十一月排印出版(王氏手抄的《二拍》之一的《二刻拍案惊奇》,现亦由商务排印中)。"王古鲁《〈二刻拍案惊奇〉的介绍》(1956年9月)亦云:"我在内阁文库中抄回的《二刻拍案惊奇》手抄本,虽则也于一九四七年同时交给商务印书馆,一直到去年,还没有刊印出来。""后来据说其中的猥亵文字等关系,所以决定不印了。"这是令人遗憾的。1957年古典文学出版社出版了王古鲁编注本《二刻拍案惊奇》。

跋文最后一段涉及《古今小说》校勘整理细节,故改动颇多,王古鲁原文、张元济改稿以及最终出版稿,皆有不同(参见图14)。

王古鲁原文为:

> 《古今小说》此土已佚,日本尚存二部。一即内阁文库藏本;一为前田家尊经阁文库藏本。二书形式完全相同,惟后者为白纸本,至于孰前孰后?尚无定评。二书均有残阙,均摄有照片,本拟影印,今遵菊生先生之意见,排印行世,以内阁本为主,而以尊经阁本补其残阙,俾成较完备之本。菊生先生以耄耋高龄,时虑校对不精,不辞劳瘁,亲自校阅,每有一字一句疑难,不肯轻易放过,前辈谨严精神,颇令古鲁折服。至于摄影之时,历尽艰辛,亦笔难尽述,所有协助古鲁达到摄影目的者,时阅多年,已难一一举名,附志于此,以表感谢之意。海虞王古鲁识。三十六年八月。

张元济改稿:

> 《古今小说》中土已佚,日本现存二部。一藏内阁文

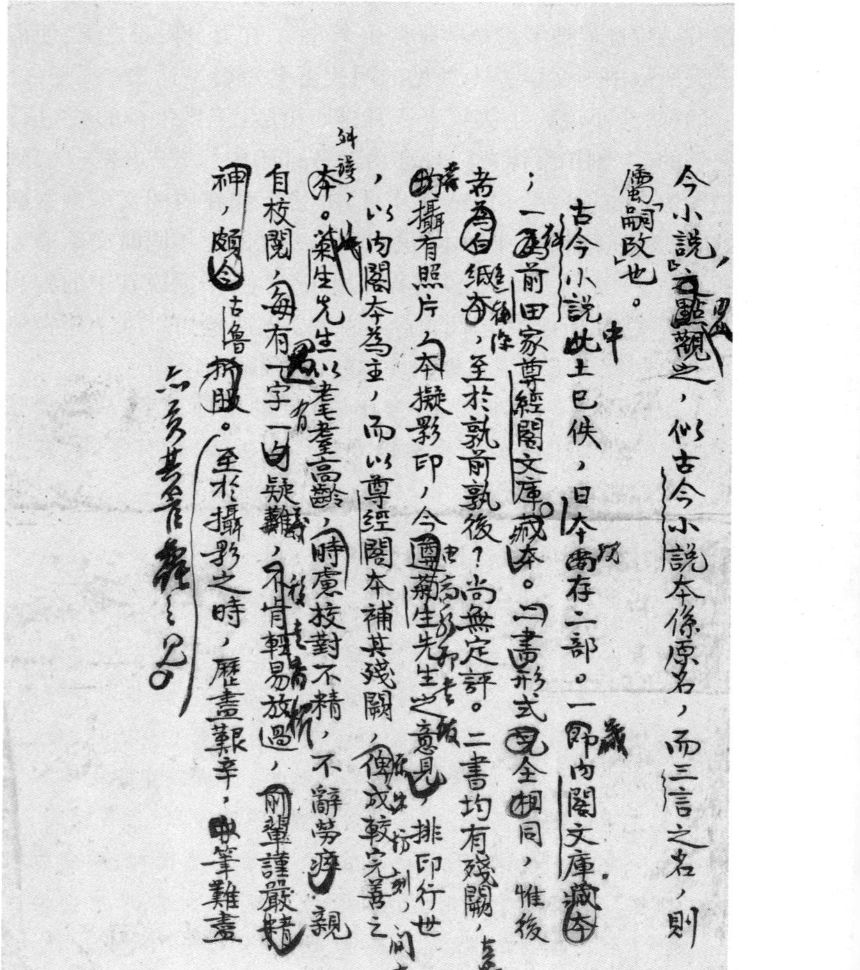

图 14　王古鲁手稿、张元济校改之《古今小说》后跋

库;一存前田家尊经阁文库。形式全同,惟后者纸色较深,至于孰前孰后? 尚无定评。二书均有残阙,古鲁尝摄有照片,今由商务印书馆排印行世,以内阁本为主,而以尊经阁本补其残阙,原出坊刻,间有舛误。张菊生先生以耄耋高龄,亲自校阅,遇有疑义,移书商榷,古鲁亦贡其管蠡之见。至于摄影之时,历尽艰辛,笔难尽述,凡有协助古鲁达到摄影目的者,时阅多年,已难一一举名,附志于此,以表感谢之意。海虞王古鲁识。三十六年八月。

商务出版稿:

《古今小说》中土已佚,日本现存二部。一藏内阁文库;一存前田家尊经阁文库。形式全同,惟后者为白纸本,至于孰前孰后,尚无定评。二书均有残阙,古鲁尝摄有照片,今由商务印书馆排印行世,以内阁本为主,而以尊经阁本补其残阙,原出坊刻,讹文脱字,不少概见。张菊生先生以耄耋高龄,亲自校阅,遇有疑义,移书商榷。古鲁亦贡其管蠡之见,确知其谬误者,咸予纠正,其疑不能明者,仍从阙如。至于摄影之时,历尽艰辛,笔难尽述,凡有协助古鲁达到摄影目的者,时阅多年,已难一一举名,附志于此,以表感谢之意。海虞王古鲁识。三十六年八月。

对读三段文字,其改动乃集中于三点:其一是关于《古今小说》的出版形式问题。王古鲁本拟影印,而张元济则建议排印,作为古籍专家的张元济当然明白影印更能保持古籍原貌,但他担心影印成本过高,不利销售,遂改用铅排,此等苦衷不足为外人言,故删去"本拟影印,今遵菊生先生之意见"诸语。其二是关于尊经阁本的纸质问题。王古鲁初稿定为"白纸本",张元济改为"纸色较深",此乃据王氏提供的尊经阁照片而言,或因拍摄技术的原因,尊经阁本照片看上去确比内阁文库本"纸色稍深",然王古鲁目验过尊经阁原书,故最终又改回"白纸本"。其三是关于张、王在小说校理中的作用问题。王古鲁出于对张元济慨允出版《古今小说》的感激,原文中颇多称颂之辞,张元济一概删削,而代之以"遇有疑义,移书商榷"一句,正式出版时又增入"确知其谬误者,咸予纠正,其疑不能明者,仍从阙如"诸语,比较客观地记录了校理工作的实际情形。

商务版《古今小说》的顺利出版,对于像王古鲁那样热心于古代小说文献调查、搜集和整理的学者来说,无疑是一个极大的鼓舞。1948年6月28日王古鲁在《中央日报·文史周刊》第93期登载《稗海一勺录》,公布了其摄自日本的全部珍稀小说戏曲目录,并向各方发出诚挚求援的呼声,希望能够早日印行。王古鲁的呼声很快有了回音,南京东西文化学社和金陵大学文学院受到商务的影响,决定选印明崇祯刻本《英雄谱》的插图和赞语,主事者倪青原于1948年10月10日满怀感情地写下了一篇《影印崇祯版英雄谱图赞跋》,文中有云:

> 海虞王古鲁教授,费了两年的时间,历尽艰辛,摄得海内外孤本小说戏曲全书十种,其他明版小说书影照片一百余种,抄得《二刻拍案惊奇》《隋史遗文》各一种,并辑得《小说戏曲辑佚》一种,确实值得学术界注意的。可是近数年来,任何方面,都受着物价腾涨的威胁,其中尤以文化界受创最深。所以大家——尤其是出版界,虽然都知道珍籍资料的价值,但是一想到影印的成本时,便不能不估计一下读者的购买力,若干书局大都望而却步。幸而商务印书馆有一位提倡搜罗珍籍的张菊生老先生,在万分困难之下,使得王氏所摄中国文学界不经见的明代著名短篇平话集《三言》之一的《古今小说》,于去年十一月排印出版(王氏手抄的《二拍》之一的《二刻拍案惊奇》,现亦由商务排印中)。

正中书局吴俊升先生闻风继起,也接受了《小说戏曲辑佚》(在排印中)以及王氏所摄蓬左文库珍藏孤本万历版《列国志传评林》全书照片。依照王氏所摄得之全部照片及所获之资料而言,付印数量,不过占其十分之一二。最近他因所摄好片为时已久,深虑南方气候潮湿,保存不易,时感寝食不安。这就是他在本年六月二十八日南京《中央日报》第九十三期《文史》版上发表他《稗海一勺录》的动机,也就是他向各方发出诚挚救援的呼声! 我们——东西文化学社和金陵大学文学院听到了这种呼声,虽有同感,然以财力有限,只能略尽我们的微力,假使因此唤起海内有识之士,能够帮助王君继续刊布,使得已佚的这些珍藏资料完全问世,则此举亦未尝无益。我们在此种见地之下,同时又顾虑目前经济情形,只能挑选内阁文库珍藏的二刻《英雄谱》卷首的"图赞"影印,意在先行供应爱好此类古籍者的欣赏。

此套色影印本《英雄谱》图赞,朱墨灿烂,极为精美,如今已成为藏书家的心爱之物。可惜跋文中提及的《二刻拍案惊奇》《列国志传评林》以及《小说戏曲辑佚》诸书,后因故均未出版。

总之,《古今小说》的整理出版,是张元济、王古鲁以及商务印书馆同仁协心合力的成果,而身为商务元老、古籍版本大家的张元济,对该小说的出版关切有加,甚至亲自校阅,也从一个侧面体现了《古今小说》的学术价值。更为值得关注的是,商务版《古今小说》从底本择定、文本校勘、不雅文字删削等方面,皆为古代小说的学术整理工作提供了一次有意义的实践个案。

三、关于商务版《古今小说》的若干问题

商务版《古今小说》印行后也曾受到一些指责,谭正璧《话本与古剧》(1956)上卷《三言二拍本事源流考》云:"1947年,上

海涵芬楼曾据王古鲁所摄日本内阁文库与尊经阁所藏两种明刻本的照片，排印行世，我们始能读到原书。可惜的是校订者颇不知尊重古籍，每多删改之处，因此不足称为善本。"①这令王古鲁颇感委屈，他在1957年修订版《稗海一勺录》中申辩道："我不了解他所指的是什么，所根据的是什么？删是删了'淫秽之语'，'改'却没有改什么。我希望他是在不明了情况下，才如此说的。"那么，商务版《古今小说》究竟是否删改过原文呢？

如前所述，遵照张元济建议，商务版以"□□□"方式删去了小说中若干色情描写文字②，此即王氏所承认的"删是删了"部分，但他并不承认"改"动原文。笔者依据照片，发现商务编辑初校时确有改动原本文字者，譬如第十卷《滕大尹鬼断家私》第24叶B面第5行"这屋内破家破火，不值甚事"，编辑在照片天头将"破家破火"校改为"破家火"；第十九卷《杨谦之客舫遇侠僧》第6叶B面第8行"诸江会割，水最湍急利害"，编辑在照片天头将"会割"校改为"会合"。其后张元济、王古鲁覆校时，不合理的编辑初校改动未被采纳，譬如上引《滕大尹鬼断家私》例，商务版仍作"破家破火"而不是"破家火"，虽然这两个词语意义相同，但前者更具小说语言的鲜活俚俗特点，自不宜改动。但也有个别初校改动被采纳了，譬如上引《杨谦之客舫遇侠僧》

---

① 上海古典文学出版社1956年版，第112页。
② 已故藏书家黄裳《再谈禁书》(1980)记载："记得也已是三十多年前了，商务印书馆新出版了据明刻本排印的'古今小说'，买来看了，其中有些篇中出现了一些□□，虽然数量不多，但读了究竟不免气闷，就写了一封信给张菊生先生。张先生当时是商务印书馆的董事长，年纪也有八十多岁了。但第三四天就收到了他一封亲笔回信，作了详细的答复，还请馆员把缺文抄下来附给我。"收入其《榆下说书》，安徽教育出版社2006年版，第62页。黄裳另文《涉园主人》(1982)也载及此事，并称在张元济回信之中："附有请秘书用恭楷在红格纸上抄下的缺文，行款规格与《四部丛刊》后面所附校记一样，同时还详细告诉我王古鲁先生怎样从日本带回了这些珍本小说照片的经过。"收入其《珠还记幸》，生活·读书·新知三联书店1985年版，第258—259页。

例,商务版作"诸江会合",大概覆校者也认为原文"会割"不通,故同意初校改为"会合"。笔者查阅了中国古籍数据库,未发现"会割"作为一个词语使用的例证,校改应是正确的,这表明商务版的文字校勘颇为精谨。而如果剔除此类校改的话,商务版《古今小说》确实不存在谭正璧所谓随意改动原文的不足。

此外,关于王古鲁摄取书影以及利用书影出版整理本之事,日本方面也颇有微词。长泽规矩也《〈金瓶梅词话〉影印的经过》[①]曾云:

> 战时,我任东京大学讲师时,曾将附属图书馆的和汉书全部浏览了一下,其中见到了题作"日光慈眼堂藏书目录抄出"的南葵文库旧藏本,在里面得到《金瓶梅诗(按:原本作"诗")话》十六卷的记载。我十分高兴地告诉了同好丰田君,由于丰田君告诉了王古鲁君,不知礼节的王古鲁通过外务省硬是要求去轮王寺,后在丰田君的陪同下闯进了轮王寺。这时接待他的是现在的执事长法门院先生,这种死乞白赖和厚脸皮令人实在为难,王君大量地拍摄了我国传存的古书,归国后又大量地出版。可是忘记了将出版的书送给原藏者,真是一件遗憾的事。现在他虽然业已成为古人了。

这位"丰田君",就是时任东方文化学院东京研究所研究员的丰田穰,王古鲁在《稗海一勺录》(1948)中写道:"我的知道慈眼堂法库中藏有中国古典小说,由于当时的东方文化学院东京研究所研究员丰田穰氏借到了藏书目录来告诉我。后来由我出面,经过了相当手续,好容易得到了寺中的许可。同去的,除丰田氏

---

① 日文版原载 1963 年 5 月《大安》第 9 卷第 5 号,收入《长泽规矩也著作集》第五卷,汲古书院 1985 年 2 月版第 447—452 页;中文版收入黄霖、王国安编《日本研究〈金瓶梅〉论文集》,齐鲁书社 1989 年版,第 83—84 页。

之外,还有摄影师中岛忠正氏。"王氏拍摄计划中本来也包括长泽规矩也藏书,他还曾请青木正儿先生予以"恳托"①,最终却未能成功,王古鲁自己解释道:"有几位私人的藏书,如德富苏峰、长泽规矩也二氏,最初我认为总很容易去借摄书影,岂知等到古鲁去接洽的时候,德富氏本人因病入院疗养,长泽氏家中亦有病人,当然不好去惊动他们的了。后来实在苦于抽不出时间去接洽,所以竟没有机会照到他们照(藏)书的书影。"②而据上引长泽规矩也文字,或许,缘于轮王寺一事所产生的芥蒂,才是王古鲁未能获准拍摄长泽藏书的真正原因。当然,此事恐怕不能简单归咎于王古鲁的"不知礼节",对于20世纪四五十年代的中国学者以及出版界来说,尚无明确的影印古书需要申请藏书机构授权的现代版权意识,这是令人遗憾也是值得检讨的事实。

(原载《中国典籍与文化》2014年第3期)

---

① 王古鲁1941年2月8日致信青木正儿,请他帮助"指示若干种珍本,俾便采访,亦可留一中日文化交流史上一佳话也"。2月10日,青木正儿复函,2月14日,王古鲁再次致函青木氏云:"十日大函奉悉,承指示,甚感。长泽先生处已稍有接洽,先生如能再代为恳托,收效必多。仓石先生亦已略为谈及,吉川先生前便乞代告,将来入洛时总希诸位先生鼎力指教也,专恳。"此"仓石"即日本著名汉学家仓石武四郎(1897—1975),"吉川"即吉川幸次郎(1904—1980),两人均藏有一定数量的中国旧刻小说。王氏札见《青木正儿家藏中国近代名人尺牍》"王古鲁致青木正儿"之十七、十八,第176—181页。

② 见王古鲁《摄取日本所藏中国旧刻小说书影经过志略》,《中日文化月刊》1941年第1卷第5期,收入《王古鲁小说戏曲论集》,第120页。

清末民初文人的小说阅读与研究
——以常熟徐兆玮为学术个案

明清以降,常熟藏书、校书、刻书、著书之风颇盛,毛氏汲古阁、钱氏绛云楼、赵氏脉望馆、瞿氏铁琴铜剑楼,皆一时翘楚,并为学林书林所重。其刻藏之书,经史子集,无所不包,即便于一般藏家士子所轻之稗官野史,亦多有留意:万历时赵琦美刊唐段成式《酉阳杂俎》,明末钱遵王有"宋人词话"专藏,清咸丰时顾氏小石山房刻《绣像三国志演义》六十卷(是为清代后期《三国志演义》通行之本)。迨清季,国门开放,西风劲吹,梁任公倡导"小说界革命",应者云集,小说遂从不登大雅之"小道",迅速跃升为"文学之最上乘"。虞山毗邻申江,乃得风气之先,曾氏孟朴、徐氏念慈、丁氏初我、朱氏积熙诸贤,近承乡邦余绪,远效泰西流风,于沪上创设小说林社,译印东西说部百余种,其《小说林》专刊,得与《新小说》《月月小说》《绣像小说》合称晚清四大小说期刊,虽非宋椠元刻,然借新小说"不可思议之魔力",声震沪渎,名播海内,实近代吾虞之有足称者。或受乡风熏染,清季民国时期,海虞多有研治稗史者,黄摩西[①]、徐兆玮、王古

[①] 黄摩西(1866—1913),常熟人,原名振元,字慕韩,一作慕庵,号摩西,别号江左儒侠,笔名蛮,室名"石陶梨烟室""揖陶梦梨拜石耕烟之室"。南社成员,光绪二十六年(1900)被聘为苏州东吴大学教授。译有《大复仇》《日本剑》《哑旅行》《银山女王》等小说;撰有《小说小话》,著录通俗小说 87 种,其中包括 41 种疑佚或已佚小说,具有十分重要的小说文献价值。今人龚敏有《黄人及其小说小话之研究》,齐鲁书社 2006 年版。

鲁①等人即为其中代表。

徐兆玮(1867—1940),字少逵,号虹隐,别署剑心,常熟何市镇人。光绪十四年(1888)举人,十六年(1890)进士,选庶吉士,授翰林编修。三十三年(1907)赴日本研修法学,曾参加同盟会。民国初,任国会议员。曹锟贿选总统,徐氏拒贿南归,居"虹隐楼",专心读书著述,后丁祖荫总纂《重修常昭和志》,徐任副总纂,丁殁后又继任总纂,续成全书。徐兆玮广学博识,勤于著述,常熟县文物保管委员会于1951年接收虹隐楼藏书,编就《虹隐楼图书文物暂编目录》两册,其中徐氏个人著述②六十余种,多为未刊稿本,蝇头小楷,密密麻麻,令人叹服。徐氏对新旧小说情有独钟,虹隐楼曾购藏大量新小说单行本及小说报纸杂志;编制《演义弹词传奇存目》一卷、《新书目录》二卷;辑纂小说资料汇编《黄车掌录》。尤为值得一提者,徐兆玮坚持每天撰写日记,数十年如一日,其虹隐楼日记③,今存自光绪二十年二月十二日(1894年3月18日)年始,终于民国二十九年六月十二日(1940年7月16日),中缺1895、1896、1897、1904年四年,另缺1911年3至5月、1937年11月27日至1938年1月30日。

---

① 王古鲁(1901—1958),常熟人,原名王锺麟。民国九年(1920)赴日本,次年考入东京高等师范学校研究科学习,民国十五年(1926)归国,历任北京女子师范大学讲师,金陵、北京、中央、辅仁等大学教授。民国二十七年至三十年(1938—1941),充日本东京文理科大学讲师,新中国成立后任北京师范大学教授。撰有《王古鲁日本访书记》《稗海一勺录》《〈水浒传〉现存各本的关系》《〈水浒全传〉校勘之校勘》《读〈水浒全传〉郑序》《南宋说话人四家的分法》《话本的性质与体裁》等小说论著多种,校注、整理《全像古今小说》(1947)、《水浒志传评林》(1956)、《熊龙峰四种小说》(1957)、《初刻拍案惊奇》(1957)、《二刻拍案惊奇》(1957)等小说作品。

② 参阅曹培根《虹隐楼主人徐兆玮及其著述考略》,《图书馆杂志》2008年第7期。

③ 徐兆玮虹隐楼日记全稿,已由常熟图书馆整理完毕,近期即将出版。撰写本文时,承常熟图书馆苏醒先生提供日记电子版,并慨允引用其中涉及徐氏小说活动之资料,谨致谢忱。

所涉内容极为丰富,而关于其小说活动(包括购藏、阅读、著述等方面)的文字记载,篇幅可观,引人瞩目,徐兆玮也因此具有近代小说史研究之重要个案价值。

一、说部荒唐遣睡魔①:徐兆玮的小说阅读与购藏

徐兆玮自谓"喜阅本朝说部书,取其有资掌故也"②,并由此引发贯穿其一生的工作,即辑纂小说资料汇编《黄车掌录》。据虹隐楼日记,《黄车掌录》辑纂约始于光绪二十五年(1899),在此后一两年内,徐兆玮集中阅读了大量笔记小说杂著,其《己亥日记》《庚子日记》记下每月读书书目,譬如:

光绪二十六年(1900)三月:读《苕乡赘笔》三卷、《述异记》三卷、《旷园杂志》二卷、《果报闻见录》一卷、《信征录》一卷、《见闻录》一卷、《冥报录》二卷、《泰山纪胜》《匡庐纪游》《登华记》《游雁荡山记》《瓯江逸志》《守汴日志》《坤舆外纪》《台湾纪略》《台湾杂记》《安南纪游》《峒溪纤志》《西征纪略》《现果随录》各一卷、《岭南杂记》二卷、《滇行纪程》《谈往》《读史吟评》《湖壖杂记》各一卷、《筠廊偶笔》二卷、《碑传集》一卷(卷八十一);

四月:顾炎武《京东考古录》《山东考古录》《救文格论》《杂录》、张学礼《使琉球记》各一卷、周亮工《闽小纪》二卷、许缵曾《东还纪程》、方拱乾《绝域纪略》、吴绮《扬州鼓吹词序》、张鹏翮《奉使俄罗斯日记》各一卷、高士奇《金鳌退食笔记》二卷、《扈从西巡日录》《塞北小钞》各一卷、《松亭行纪》《天禄识余》各二卷、方象瑛《封长白山记》、余怀《板桥杂记》、陈尚古《簪云楼杂说》、闵叙《粤述》、陆祚蕃《粤西偶记》、陈鼎《滇黔纪游》、虞兆

---

① 采自徐兆玮《游戏报馆杂咏》诗,收入清孙雄所编《道咸同光四朝诗史一斑录》(1908),北京大学图书馆藏油印本。
② 见《己亥日记》光绪二十五年正月十四日(1899年2月23日)。

滢《天香楼偶得》、王逋《蚓庵琐语》、王崇简《冬夜笺记》、王士禛《陇蜀余闻》、李仙根《安南杂记》各一卷；

七月：袁枚《随园诗话》二卷、《补遗》十卷、沈涛《交翠楼笔记》四卷、翟灏《通俗编》十三卷(卷九至二十一)、蒋超伯《南漘楛语》八卷、程庭鹭《多暇录》二卷、朱煮《北窗呓语》一卷、程嗣章《明宫词》一卷、周寿昌《思益堂日札》五卷；

八月：翟灏《通俗编》四卷(卷二十二至二十五)、史震林《西青散记》八卷、陆以湉《冷庐杂识》八卷、宋咸熙《耐冷谭》十六卷、《荆驼逸史》、李逊之《三朝野纪》七卷、无名氏《东林事略》三卷、吴应萁《启祯两朝剥复录》三卷、《熹朝忠节死臣列传》一卷、钱邦芑《甲申忠佞纪事》一卷、《甲申纪变实录》一卷、程正揆《甲申纪事》一卷、陈洪范《北使纪略》一卷、白愚《汴围湿襟录》一卷、钱澄之《所知录》三卷、顾炎武《圣安本纪》六卷；

闰八月：陈其元《庸闲斋笔记》八卷、柴绍炳《省轩考古类编》十二卷、洪迈《容斋随笔》十六卷、《续笔》十六卷、《三笔》十六卷、《四笔》十六卷、《五笔》十卷、《荆驼逸史》、韩菼《江阴城守纪》二卷、许德士《荆溪卢司马殉忠实录》一卷、李清《袁督师计斩毛文龙始末》一卷、丁大任《入长沙记》一卷、华复蠡《粤中偶纪》一卷、汪光复《船澥遗闻》一卷、虞山逸民《平蜀纪事》一卷、蔡士顺《李仲达被逮纪略》一卷、文震孟《念阳徐公定蜀纪》一卷、徐如珂《攻渝纪事》一卷、聋道人《遇变纪略》一卷、无名氏《四王合传》一卷、钱仪吉《碑传集》六卷(卷八十二至八十七)。

需要指出的是，光绪二十六年(1900)正值"庚子事变"，外敌入侵，京师沦陷，天地变色，徐兆玮内心忧愤，所谓"燕都倾覆，乘舆播迁，半壁江山终难支撑，惟有以眼泪洗面，以浊酒浇胸，以牢愁寄之苦吟，以长日付之醉梦，得过且过，如是而已"①。阅读笔记野史，成为其唯一之精神消遣。

---

① 见《庚子日记》光绪二十六年七月三十日(1900年8月24日)。

如果说，徐兆玮阅读稗史小说，还有辑纂《黄车掌录》之"功利"动机的话，那么，他对新小说的搜集阅读，则更多出于一种内心的喜爱与推崇。据《剑心簃壬寅日记》记载，光绪二十八年十一月十四日（1902年12月13日），徐兆玮首次读到《新小说》杂志："读《新小说》第一号，卷中如《新中国未来记》《世界末日记》，思想微渺，不可思议，仙乎？仙乎！"《癸卯日记》光绪二十九年三月初四（1903年4月1日）载："读《新小说》报第三号，五花八门，殊令人有观止之叹。"惊赏之情，跃然纸上。而梁启超借助小说展开对于国家民族未来的想象及追寻，当即激起了徐兆玮的创作欲望，他在四天之后写给翁泽芝①的信札中说道："《新小说》思想入微，弟拟取东林、几、复轶事作一章回小说，必有可观，惜不能坐定构思耳。"②从徐氏将小说创作题材选定为晚明文人与天下兴亡主题，可以清楚地看出其接受梁氏小说影响的痕迹，可惜这部作品并未问世。

之后，徐兆玮成为新小说的长期忠实拥趸，关于其购阅新小说的记载，屡屡见诸日记，无论是在家乡常熟，还是寓居上海，或者任职京师，他始终对新小说关注有加，即便是赴日研修期间，亦不改初衷。光绪三十三年（1907）二月初三日，徐兆玮乘坐"博爱丸"轮船，自上海赴日本东京法政大学进修法学，法政大学毗邻日本著名的神田神保町古书街，他隔三岔五，流连书肆，购阅了新版日本小说《绝岛军舰》《南洋王》《新日本岛》《地下战争》《电力舰队》等，并将后两部邮寄给远在上海的丁初我，希望小说林社予以翻译出版；购阅了日本汉文小说家依田学海的《谭海》、菊池纯的《虞初新志》，并选辑其中若干篇目，编为《海

---

① 翁泽芝，常熟人，名之润，翁同龢之曾侄孙，常熟小说家张鸿所著《续孽海花》中翁家的"珠官"，即以翁泽芝为人物原型。

② 《剑心簃壬寅日记》十一月十八日（1902年12月17日）录徐兆玮复翁泽芝信札。

客谈瀛录》三卷①；他还购阅了日本早稻田大学宫崎繁吉之《支那近世文学史》《支那小说戏曲文钞释》《续支那小说戏曲文钞释》以及笹川临风之《支那小说戏曲小史》等书，对于日本学者的中国小说研究，殊为佩服，自诫"学问无穷，幸勿沾沾自足"②。

从现有资料来看，徐兆玮阅读新小说最为热情高涨的时期，乃在光绪三十一年(1905)至光绪三十二年，其中尤以光绪三十二年(1906)闰四月至六月为最，几乎每天皆有阅读新小说的记载，今不烦琐，列举如下：

闰四月：

初一(1906年5月22日)：阅《洪罕女郎传》二卷；

初六：阅吴趼人《中国侦探案》一卷、蟠溪子《迦因小传》一卷；

初七：阅林纾译足本《迦茵小传》二卷；

初八：阅林纾译《撒克逊劫后英雄略》二卷；

初九：阅林纾译《斐洲烟水愁城录》二卷；

---

① 此书稿本现藏常熟图书馆古籍部，其卷一、卷二均选自菊池纯《虞初新志》，卷三则选自依田学海《谭海》卷二。

② 《丁未日记》光绪三十三年(1907)十一月初十日载："午后，至神田购《英国众议院先例类集》《英国国会选举诉愿判决例》二书，又购早稻田讲义中《支那近世文学史》《支那小说戏曲文钞释》两种。"十一日载："早稻田大学讲义中宫崎繁吉《支那小说戏曲文钞释》凡例列举支那小说、传奇，元时小说首推《水浒传》，戏曲推《西厢记》《琵琶记》；明时小说推《西游记》，戏曲推《玉茗堂四梦》；清时小说推《红楼梦》及《儿女英雄传》，戏曲推《桃花扇》及《长生殿》。此期讲述四种，即元代所作《水浒传》《西厢记》及清初所作《红楼梦》《桃花扇》也。《支那近世文学史》亦宫崎繁吉所讲述，分三编，一金元间文学，二明朝之文学，三清朝之文学，标举作家大率略于文而详于诗，旁及戏曲、小说，靡不淹贯，较久保天随《支那文学史》博洽过之，而精审不及。"十三日载："午后，至神田购《帝国百科全书》、中岸崎昌、中村孝合著之《国法学》一册、笹川临风《支那小说戏曲小史》一册。笹川书分四篇：第一篇支那于小说戏曲之发展，第二篇元朝，一概说，二杂剧，三《水浒传》及《三国志》，四《西厢记》，五《琵琶记》。第三编明朝，一概说，二《西游记》，三汤若士。第四编清朝，一概说，二《红楼梦》，三金圣叹，四李笠翁，五《桃花扇》。后附录《金云翘传》梗概，其推重《金云翘传》，谓是支那小说中杰作，然予固未见此书也。学问无穷，幸勿沾沾自足。"

十三:读林纾译《鲁滨孙飘流记》二卷;

十五:阅成城子译《怪獒案》一卷、陆康华、黄大钧同译《降妖记》一卷;

十六:阅林纾译《埃及金塔剖尸记》三卷;

十七:阅《忏情记》二卷;

十八:阅林纾译《英孝子火山报仇录》二卷;

十九:阅林纾译《鬼山狼侠传》二卷;

二十:阅吴步云译《一封书》二卷、《双指印》一卷;

二十一:阅《美人妆》一册、《恩雠血》一册、《大复仇》一册;

二十二:阅《新舞台二编》一卷、《军役奇谈》一卷、《奇狱》一卷;

二十三:阅《福尔摩斯再生后探案》十卷;

二十四:阅《无名之英雄》三卷、《卖国奴》一卷;

二十五:阅《指环党》一卷、《昙花梦》一卷,林纾译《玉雪留痕》一卷;

二十六:阅《新小说》第2年第3号一册、第4号一册;

二十七:阅《新小说》第2年5号、6号、7号三册;

二十八:阅新译《包探案》一卷、《长生术》一卷、《金银岛》一卷、《环游月球》一卷;

二十九:阅《小英雄》二卷、《小公子》二卷;

三十日:阅《最新侦探案汇刻》一卷、《瑞西独立警史》一卷、《续译华生包探案》一卷。

五月:

初三:阅《极乐世界》一卷;

初四:阅《新新小说》二册(7、8号)、《侦探新语》一卷;

初五:《巴黎繁华记》二卷;

初六:《补译华生包探案》一卷;

初八:阅《经国美谈》二卷、《银行之贼》一卷;

初九:阅《侦探谈》四册;

初十:阅桑伯勒《包探案》一卷、《彼得警长》三卷;

十一：阅《女魔力》三卷、《黄金血》一卷；

十二：阅《车中毒针》一卷、《情海劫》一卷、《泰西说苑》一卷、《小仙源》一卷；

十四：阅《女娲石》甲乙二卷、《海外天》一卷、《虚无党》一卷、《玉虫缘》一卷、《新蝶梦》一卷；

十五：阅《俄宫怨》二卷、《貍奴角》一卷、《一捻红》一卷、《侠奴血》一卷、《车中美人》一卷；

十六：读《自由结婚一二编》二卷、《枯树花》二卷、《侠男儿》一卷、《离魂病》一卷；

十七：读《儿童修身之感情》一卷；

二十一：《英国诗人吟边燕语》一卷、《美洲童子万里寻亲记》一卷；

二十二：《官世界》一册、《洗耻记》一册；

二十三：《二金台》一卷、《俄国情史》一卷；

二十四：《埃司兰情侠传》二卷；

二十五：《冶工轶事》一卷、《血手印》一卷；

二十六：《四名案》一卷、《黑奴吁天录》四卷；

六月：

初二：读《十五小豪杰》一卷、《妖塔奇谈》二卷、《髑髅杯》三卷；

初三：读《女狱花》一卷、《秘密电光艇》一卷；

初四：《月界旅行》一卷、《母夜叉》一卷；

初五：《三字狱》一卷、《火里罪人》二卷、《澳洲历险记》一卷；

初六：《禽海石》一卷、《多少头颅》一卷、《恨海春秋》一卷、《双碑记》一卷、《谷间莺》一卷、《未来战国志》一卷；

初七：《新孽镜》一卷、《新稗海》一卷、《大彼得遗嘱》一卷、《游侠风云录》一卷；

十二：读《回头看》一卷、《孟恪孙奇遇记》一卷、《新法螺先生谭》一卷、《黑行星》一卷；

十三：阅《日本剑》二卷、《万里鸳》三卷、《地心旅行》一卷；

十四：阅《双金球》二卷、《新小说》二册（第 2 年 8、9 号）、《白云塔》一卷、《侠恋记》一卷；

十五：阅《秘密隧道》二卷、《一束缘》一卷、《蛮荒志异》二卷、《鸿巢记》一卷；

十六：《绣像小说》二册（第 47、48 期）、《双美人》一卷、《神女缘》一卷、《生死自由》一卷；

十七：《瑞士建国志》一卷、《银山女王》二卷（卷上、中）；

十八：《绣像小说》三册（第 52、53、54 期）；

十九：《绣像小说》二册（第 55、56 期）；

二十一：《昕夕闲谈》二卷；

二十二：读《双线记》六卷；

二十三：阅《绣像小说》一册（第 57 期）、《狱中花》二卷；

二十四：《空中飞艇》二卷（卷上、中）；

二十五：《哑旅行》二卷；

二十六：《贫子奇缘》一卷。

在短短三个月时间中，徐兆玮共计阅读了 122 部新小说，另加《新小说》《新新小说》《绣像小说》等小说杂志 3 种 16 册，数量颇为惊人。不仅如此，他还在日记中记下了对新小说的种种评述，譬如：关于林译小说，徐兆玮谓"林琴南小说以奥折见长，是深有得于唐宋人说部书者"①。关于新小说丛书，他指出文明书局"所译小说，其版大小不一，不及商务印书馆、小说林之为丛书体，罗列书目，便于购读也"②。关于国人自撰小说，徐兆玮借王妙如《女狱花》小说批评道："虽思力甚新，而薄弱不能动目，此近日自著新小说之通病也。"③关于翻译小说，他感叹曰：

---

① 见《燕台日记》光绪三十二年闰四月二十五日（1906 年 6 月 16 日）。
② 见《燕台日记》光绪三十二年五月二十五日（1906 年 7 月 16 日）。
③ 见《燕台日记》光绪三十二年六月三日（1906 年 7 月 23 日）。

"近时小说日出不穷,其思想之奇辟,佐我脑力不浅,然亦全在译笔之佳与否?倘译笔平常,便味如嚼蜡矣。"①"近二年所出小说多侦探、言情二类,而于社会风俗毫无观感,不能不叹为美犹有憾也。"②

事实上,徐兆玮不仅偏爱阅读小说文本,对于小说杂志和小说研究论著,也兴趣浓厚。虹隐楼日记载及的小说报纸杂志,多达数十种,诸如《新小说》《小说林》《绣像小说》《小说月报》《小说时报》《小说新报》《中华小说界》《小说丛报》《小说海》《小说大观》《小说画报》《说丛》《小说季报》《小说世界》《小说日报》等,他均曾认真购阅,尤其是《新小说》《绣像小说》《小说月报》等重要杂志,基本上一期不漏。特别是进入民国以后,几乎每天都有阅读小说杂志的记载,他曾经写信告诉乡友孙雄:"近日湿癣大发,不出门者两月余矣,日以新出小说杂志为惟一之生命,案头累累皆是物也。足下当亦闵其志之荒矣。"③徐兆玮阅读小说杂志,除了阅读杂志登载的小说作品之外,还颇多留意各类小说研究文章,虹隐楼日记著录、摘抄了数量众多的小说论文,包括范烟桥《宋江与方腊》、董康《日本内阁藏小说戏曲书目》、郑振铎《巴黎国家图书馆中之中国小说与戏曲》《敦煌的俗文学》、向达《关于三宝太监下西洋的几种资料》、长泽规矩也《京本通俗小说与清平山堂》、盐谷温《记全相平话三国志》、马廉《旧本三国志演义板本的调查》、孙楷第《中国通俗小说提要》、傅惜华《〈樵史演义〉之发见》等等。

此外,徐兆玮还曾先后购阅了蒋瑞藻《小说考证》《小说考证拾遗》《小说考证续编》《小说枝谈》、雷瑨《小说丛谈》、钱静方《小说丛考》、曹聚仁《平民文学概论》、胡怀琛《中国小说研

---

① 见《燕台日记》光绪三十二年六月五日(1906 年 7 月 25 日)。
② 见《燕台日记》光绪三十二年六月六日(1906 年 7 月 26 日)。
③ 见《剑心簃日记》民国四年(1915)四月十八日所录与孙雄札。

究》、郭希汾《中国小说史略》、陈景新《小说学》、鲁迅《中国小说史略》、金慧莲《小说学大纲》、沈苏约《小说通论》、盐谷温《中国文学概论讲话》、孙楷第《东京大连所见中国小说书目提要》《中国通俗小说书目》、孔另境《中国小说史料》、阿英《弹词小说评考》《小说闲谈》《晚清小说史》、解弢《小说话》、徐慕云《中国戏剧史》、赵景深《小说戏曲新考》等小说史专书。合而观之，徐兆玮所见所录，庶可拼接成一部20世纪中国小说学术史，他数十年如一日紧跟学术前沿，孜孜矻矻，锲而不舍，博览群书，着实令人钦佩。

徐兆玮所阅小说作品及研究著作，其文本来源不外乎两个途径：

其一是购买。虹隐楼日记中关于购书的记载，比比皆是，家乡常熟之寺前、图书馆、学福堂书肆、江南特有之书船（徐兆玮称之"脚划船"）、沪上小说林社、新旅社书摊、四马路世界书局、京师琉璃厂、商务印书馆支馆，还有日本东京神保町、上野群益书社，处处留下过徐兆玮淘书、购书的身影。有时，他也会托书商觅购。《己亥日记》光绪二十五年七月初五（1899年8月10日）载："王聘三丈来函云：近东乡旧家携来书百种求售，已为学福堂所得，芸生交来书目，属钞录寄览。如蒙采收示下，代留数种可也。予视其所寄书目多说部书，如《癸辛杂识》《少室山房笔丛》《何氏语林》《居易录》《分甘余话》之类，拟作书嘱其酌留数种。"在徐氏的购书经历中，最有意思的是他曾经得到了同乡黄摩西的说部旧藏，《剑心簃日记》民国五年（1916）二月十二日录与孙雄札云："下走近况无可告语，岁秒得黄摩西家中申报馆聚珍板丛刊百余册短书小说，借以销磨残暑，亦可见志气之颓唐矣。"

其二是租赁。小说租赁业[①]起源甚早，至清末民国时期则大盛于上海，朱文炳《海上竹枝词》（1909）云："时新小说价诚

[①] 参阅拙文《古代小说租赁业漫话》，《文史知识》2001年第5期。

昂,数页无非几角洋。幸有赁书新社出,看完照价一分偿。"陆士谔《新上海》(1909)第九回《新小说灌输新知识　臭出丧縻费臭铜钱》,借魏赞营与雨香的一段对话,详细描述了当时小说赁书社的经营方式、收费标准等情况。1955年至1956年,上海市曾对私营书籍摊铺进行整顿与改造,经调查登记,全市共有书刊租赁业2357户,其中出租连环画者2253户,出租小说者104户①。徐兆玮晚年定居上海,时常至"兄弟书店""拉都书店"等处租阅小说,数量多至百余部,《丛书草堂日记》民国二十八年(1939)十一月二十二日录与翰叔札:"去岁曾租阅小说,武侠侦探、社会家庭靡不罗致,凡百余部。"他甚至还写下了《租书》诗:"租书月费仅千钱,小说虞初日一编。脂夜人妖空即色,灵山道侣侠疑仙。文言退舍更通俗,泛览终朝胜懒眠。博弈用心宣圣许,蠹鱼生活我犹贤。"徐氏原注:"租费三月一元,每元三千,是月仅一千。"②亦可资近代书林掌故之考证。

　　日积月累,聚沙成塔,徐兆玮曾经藏有十分丰富的小说书籍,尤以翻译小说及小说杂志为夥,所谓"近时译本盖十得六七矣"③"案头累累皆是物也"④。令人遗憾的是,这些珍贵的文献未能完整地保存下来,好在尚有徐氏自编之《演义弹词传奇存目》及《新书目录》存世,让人得以稍窥虹隐楼说部收藏之一斑。关于这两份小说目录的细况,详见下文。

二、《黄车掌录》恣搜罗:徐兆玮与旧小说资料汇编

　　清末孙雄《道咸同光四朝诗史一斑录》(1908)收录徐兆

---

① 《1955—1956年处理反动、淫秽、荒诞书刊工作及对私营书摊铺的安排改造》,《上海图书馆事业志》,上海社科出版社1996年版。
② 见《丛书草堂日记》民国二十七年(1938)十月二十五日。
③ 见《剑心簃日记》民国三年(1914)二月二十日。
④ 见《剑心簃日记》民国四年(1915)四月十八日所录与孙雄札。

玮《游戏报馆杂咏》诗云:"说部荒唐遣睡魔,《黄车掌录》恣搜罗。不谈新学谈红学,谁似蜗庐考索多。"后有徐氏自注:"都人士喜谈《石头记》,谓之红学。新政风行,谈红学者改谈经济;康梁事败,谈经济者又改谈红学。戊戌报章述之,以为笑噱。鄙人著《黄车掌录》十卷,于红学颇多创获,惜未遇深于此道者一证之。"此《黄车掌录》稿本①,现藏常熟图书馆古籍部,凡八册,不分卷,即便以一册为一卷视之,其卷帙也与徐氏自注不同。《黄车掌录》书稿除正文外,尚有增补性质的眉注、夹注、贴笺,其辑录资料的时间,亦远在光绪三十四年(1908)之后,譬如"《品花宝鉴》"条,引及辛亥(1911)四月廿八日《神州日报》有关资料;"查禁淫词小说"条末,抄录了民国四年(1915)六月教育部所颁查禁小说名单;"《玉蜻蜓》"条,引及民国九年(1920)三月江苏淞沪警察厅布告;"《老残游记》"条,引及民国十七年(1928)九月《小说世界》第17卷3期所载范烟桥文;"《儒林外史》"条,引及民国二十年(1931)三月十八日《新闻报》所载杨静庵文。凡此表明:《黄车掌录》的辑纂大概经历了一个较为漫长的过程。

据虹隐楼日记,《黄车掌录》始编于光绪二十五年(1897),这是目前所知时间最早的古代小说资料汇编。《己亥日记》正月十四日载:"余喜阅本朝说部书,取其有资掌故也。四日内阅梁章钜《归田琐记》八卷。时将为《称谓录》《四书文杂事诗》《黄车掌录》三书,未成,虽琐屑不足为大雅道,亦借以养性适情耳。"为搜集资料,在光绪二十五、二十六两年时间中,徐兆玮集中阅读了一大批笔记杂著,其部分书目参见上文。至光绪二十八年(1902)十月,《黄车掌录》已具一定规模,徐氏遂有"写

---

① 笔者曾撰有《徐兆玮与〈黄车掌录〉》一文,《文学遗产》1999年第2期。兹据虹隐楼日记所载资料,进行了较大的补充和改写。

定"①之意,并陆续寄呈友朋阅正,得到肯定和帮助②。光绪三十一年(1905)底,徐兆玮致函小说林社的丁芝孙,声称《黄车掌录》"正二月间亦可脱稿,如尊处能代印,当邮稿就正"③,但由于他未能及时"铨次"完稿④,付印之事遂不了了之。

至光绪三十四年(1908)十二月,寓居京师的徐兆玮将《黄车掌录》缮为五册,送交曹元忠⑤阅正;之后,续为增补⑥,至民国

---

① 《剑心簃壬寅日记》光绪二十八年十月三十日(1902 年 11 月 29 日)载:"欲写定《黄车掌录》,向美叔借《三国志旁证》一书,中颇有辨正演义事者。"

② 《剑心簃癸卯日记》光绪二十九年六月初二(1903 年 7 月 25 日)载:"孙希孟来函,云前获读《黄车掌录》稿本,援引详博,心佩之至。兹更录所见三则,似原稿中所未有者,可采入。"此"孙希孟",即《轰天雷》小说作者孙景贤(1880—1919),号龙尾,笔名藤谷古香,常熟人,与徐兆玮关系颇密。另据《剑心簃乙巳日记》光绪三十一年二月十七日(1905 年 3 月 11 日)录孙希孟函云:"前见觉我言,奉尊函托印《黄车掌录》,未知已缮稿否?《癸巳存稿》"颁行销毁演义小说"一则采录否?《水浒》下采入《绥寇经略》"叶子戏"一则、《湖壖杂记》"六和塔"一则否?"可知孙景贤所补三则之内容。

③ 《剑心簃乙巳日记》光绪三十一年十二月二十一日(1906 年 1 月 15 日)录与丁芝孙信札。

④ 《燕台日记》光绪三十二年二月二十二日(1906 年 3 月 16 日)录复孙希孟书:"《黄车掌录》尚未诠次,函述三条都已录入。"

⑤ 《戊申日记》光绪三十四年十二月十六日(1909 年 1 月 7 日)载:"午后,乘车出门,先至胡君黼处,不值,至曹君直处,晤。以希孟集李诗及明人诗棱卷交君直,诗棱卷嘱君直题也。又《黄车掌录》五册,君直欲阅,亦即交彼。"此"曹君直",即曹元忠(1865—1923),字夔一,号君直,苏州吴县人,工诗词,有《笺经室遗集》等著述。

⑥ 《己酉日记》宣统元年四月初四(1909 年 5 月 22 日)载:"午后,至琉璃厂,于文琳堂取《关侯事迹汇编》一部,引证浩繁,多可采入《黄车掌录》。"五月十三日(6 月 30)载:"录《思益堂日札·瞥记》中论小说语三页,编入《黄车掌录》。"五月十四日(7 月 1 日)载:"录《瞥记》编入《黄车掌录》三页。"五月十六日(7 月 3 日)载:"录《片玉山房花笺录》编入《黄车掌录》二页。"五月二十九日(7 月 16 日)载:"录《关侯事迹汇编》中涉及演义者,拟编入《黄车掌录》,录至晚,共得二十五页。"《剑心簃日记》民国二年(1913)十月三十一日载:"以四铜子购得路朝霖《孙夫人考》一册,辨正演义,可入予《黄车掌录》也。"《剑心簃日记》民国五年(1916)九月二十七日载:"《铁笛亭琐记》有李元霸、李存孝条,小说杂(转下页)

八年(1919)二月,《黄车掌录》已达"六厚册",较光绪二十八年(1903)初次写定时"增入几得其半"①,不过,他仍未停止增补②,直至民国二十六年(1937)四月十日,他还在计划重新写定《黄车掌录》③。然天不假年,民国二十九年(1940),徐兆玮病逝于上海,伴随他一生的《黄车掌录》最终竟未及付印,留下了难以弥补的遗憾。

检讨《黄车掌录》的辑纂过程,前后长达五十余年,始终未能杀青定稿,个中原因,除了徐兆玮追求完美、补辑不止之外,也有若干客观因素的干扰。

(接上页)考条、《封神传》用事亦颇有来历条、说部多颠倒条、《飞龙传》条、关胜、关太条,均足入予《黄车掌录》。"《剑心簃日记》民国七年(1918)十二月十九日载:"文勤师《秦辅日记》云,河之下流曰白沟,有六郎堤,宋杨延昭守益津关所筑也。今新城北有孟良营,雄县有焦瓒墓,稗官非尽杜撰,惜史无可考耳。近人诗云,巨马河边古战场,土花埋没绿沉枪。至今村鼓盲词里,威镇三关说六郎。亚古城荒焦瓒墓,桑乾河近孟良营。行人多少兴亡感,落日秋烟画角声。此则可录入《黄车掌录》。"十二月二十二日载:"《心史笔粹》中……唱喏条引《水浒传》唱大大一个肥喏,谓唱喏为古礼,当自元代废之。施耐庵为元人,去宋不远,遗俗当犹有存者。此条可采入《黄车掌录》。"

① 见《棣秋馆日记》民国八年二月八日录徐兆玮与孙龙尾札。
② 《棣秋馆日记》民国八年四月二十八日录二十七日《小时报》陈兆元《肇援杂录》,云"此条可予入《黄车掌录》";七月二十一日录《小说月报》10卷5号《申子梨园丛话》所引黄氏《读史吟评关羽》诗,云"此亦可采入《黄车掌录》";《剑心簃日记》民国十三年(1924)六月十日载:"阅林琴南《铁笛亭琐记》一卷,采数事入《黄车掌录》。"《剑心簃日记》民国十四年(1925)九月八日载:"《三笑因缘》前人力辨子畏无此事,予已辑入《黄车掌录》矣。"十二月十一日录海上漱石生《退醒庐笔记》所载《海上花列传》资料,云"此条可采入《黄车掌录》"。《丛书草堂日记》民国二十二年(1933)九月十二日录《珊瑚》3卷5号四十二梅居士《遯中杂感》诗,云"此诗可采入《黄车掌录》";民国二十六年二月十九日录《南金杂志》一期所载周公旦《〈官场现形记〉之作者》文,云"此二则皆可入《黄车掌录》"。
③ 《丛书草堂日记》民国二十六年四月十日载:"予欲写定《黄车掌录》,取传奇之演《水浒》故事者一一附入,为小说考证,别开生面,因阅《元宵闹》事记此。"

其一，需要适应《黄车掌录》体例的多次调整。该书初编之时，徐兆玮计划收录的对象包括通俗小说、弹词以及杂剧，《己亥日记》光绪二十五年五月初六（1899年6月13日）载："予纂《黄车掌录》，间及杂剧，乃读《茶香室丛钞》卷十七，则乾隆时奉旨，于扬州设局修改曲剧，总校黄文旸著《曲海》二十卷，曲园称所载杂剧、传奇之名多世所未见，则搜采之浩博可知，此书不知有传本否？"但后来关于杂剧部分的书稿不慎遗失，他只能割弃而另起炉灶①。此外，在光绪三十二年（1906）前后，徐兆玮购阅了数量可观的新小说，他准备编制一份目录提要，并将其收入《黄车掌录》之中。《燕邸日记》光绪三十一年十二月二十一日（1906年1月15日）录与丁芝孙札："《黄车掌录》一书，考证旧小说而附以译本小说提要，正二月间亦可脱稿。"《燕台日记》光绪三十二年六月十六日（1906年7月17日）录与孙希孟札："近编译本小说目录，已得百种，归里后再编入《黄车掌录》。此书体例亦略通变，如文话、曲话之例，纯以己意之贯穿之，取能插入新智识，不至枯涩无味也。"但之后情况发生变化，一来译本小说提要撰写不易，进展缓慢，二来其内容渐趋增多，难以与《黄车掌录》所录其他作品取得平衡，因此，徐兆玮决定将译本小说提要单列为一书。体例的多次调整，导致《黄车掌录》的卷数发生变化，徐氏自言该书有"十卷"，但今存稿本仅有八册且未标卷数。此外，徐兆玮不满足于将各种资料进行简单罗列，希望能够"以己意之贯穿之"，达到"插入新智识"的效果，自然也增加了《黄车掌录》的辑纂难度，延缓了其完稿时间。

其二，需要面对同类著作的压力。徐兆玮辑纂《黄车掌录》之时，正是"小说界革命"风起云涌之际，文人对于小说的兴趣

---

① 《燕台日记》光绪三十二年三月初四日（1906年3月28日）录徐兆玮复孙希孟札云："《党人碑》为邱屿雪撰，吾邑人也，见梁廷枏《曲话》，曾考之否？《曲话》征引甚备，嘉道以前略具，补续易易为力。前辑《黄车掌录》时，凡关系乐府、杂剧者另录成帙，稿已失去，今当以此书为定本，而另辑一长编以网罗之。"

与日俱增,小说资料汇编遂应运而生,依据其首次发表时间,主要有蒋瑞藻《小说考证》(1911)、钱静方《小说丛考》(1913)、雷瑨《小说丛谈》(1914)、蒋瑞藻《小说考证拾遗》(1922)、《小说考证续编》(1924)、《小说枝谈》(1926)、鲁迅《小说旧闻钞》(1926)、孔另境《中国小说史料》(1936)等①。对于上述著述,徐兆玮均曾予以及时之关注与评述。譬如:他认为钱静方《小说丛考》"颇与予有同嗜,惜其征引尚未备也"②;认为雷瑨"《小说丛谈》引书均注出处,与予《黄车掌录》体例相近,惟不诠次先后,稍不便于阅者耳"③;认为孔另境《中国小说史料》"所见甚寒俭也"④,还特意引录友人瞿良士书札中的相似看法⑤,以做佐证。玩味徐氏话语,每每将他人著述与《黄车掌录》相比较,可知其内心承受着一定的同行压力。

值得一提的是,徐兆玮还曾与《小说丛谈》编纂者雷瑨⑥有

---

① 参阅胡从经《中国小说史学史长编》第二章第四节"中国小说史料搜集",上海文艺出版社1998年版,第191—199页。
② 《剑心簃日记》民国二年(1913)十一月三十日载:"泖东一蟹之《小说丛考》颇与予有同嗜,惜其征引尚未备也。"
③ 《剑心簃日记》民国三年(1914)九月六日载:"《小说丛谈》引书均注出处,与予《黄车掌录》体例相近,惟不诠次先后,稍不便于阅者耳。"
④ 《丛书草堂日记》民国二十六年(1937)一月二十七日,录郭则沄《寒碧簃琐谈》所引俞曲园笔记资料两则,云:"近见孔另境《中国小说史料》,仅引曲园《小浮梅闲话》,未及此也。予辑《黄车掌录》,引曲园《小繁露》,与郭引同,又引《茶香室续抄》所辑方濬颐《梦园丛说》,与郭引《伊犁杂记》同,孔另境所见甚寒俭也。"
⑤ 《丛书草堂日记》民国二十六年二月六日录瞿良士函:"孔另境《中国小说史料》取材甚博,不杂入传奇、戏剧,此优于蒋瑞藻《小说考证》者,然转引蒋氏所辑书极多,蒋氏采及杂志报章,固不知作者伊谁,然如《景船斋杂记》《桃花圣解盦日记》《菽园赘谈》《新义录》《寄蜗残赘》《春冰室野乘》《娱萱室随笔》,皆章章在耳目间,而亦厕诸不知著者姓名之列,未免见闻太陿耳。"
⑥ 胡从经《中国小说史学史长编》第二章第四节"中国小说史料搜集",云《小说丛谈》之"颠公"或为金捧阊,或为松江雷缙字君曜,未审孰是。今据徐兆玮日记,可知"颠公"确为雷瑨(而非"缙"),字君曜,上海松江人,主编《文艺杂志》,编撰有《骗术奇谈》《满清官场百怪录》《上海之骗术世界》《蓉城闲话》《小说丛谈》等书。

过书札往来,《剑心簃日记》民国四年(1915)一月五日录与雷君曜札:"尊著《小说丛谈》中有《谈瀛室随笔》一种,有无刻本,希于便中示知,拙著《黄车掌录》与丛谈之体为近,尚未写定,俟稍暇录出,就正有道。"雷氏对《黄车掌录》亦有极大兴趣,他几次三番致函徐兆玮:"尊著《黄车掌录》亟思一读,务求转请人录副赐下,至为感盼。"①"前曾示及有《黄车掌录》大著,颇思一读。近于孙师郑所辑《四朝诗》内,有尊著《游戏报馆杂咏》,其注中述此书内容有研究红学之处,益心向往之,倘蒙以原稿赐寄,感无既极。"②"《黄车掌录》尤寤寐不忘,如无清本,可否将原稿由邮挂号寄示,瑨当悉心录出。"③面对雷瑨的急切要求,徐兆玮均以《黄车掌录》尚未完稿为由婉拒,民国四年十一月五日,徐兆玮在回复雷氏的信札中,透露了关于《黄车掌录》辑纂的一个重要细节:

> 拙著《黄车掌录》乃未成之稿,往岁在京师闻曹云瓿言,刘蓢六亦有此作,且《水浒传》已编成,意谓无以胜人,乃辍而弗作。云瓿约予访蓢六,亦未一晤也。自返乡里,忽忽三四年,蓢六之书未见传布,箧中残稿又不忍弃掷,思稍稍整理之,会有人托觅李卓吾评本《三国志》,欲为印行,因以近世通行本校之,颇多异同,爰考得明时有内府本,钱遵王亦有藏本,拉杂疏证,复成《黄车掌录》数卷,然《三国志》外尚未暇涉猎也。

此"曹云瓿"即苏州吴县曹元忠,"刘蓢六"乃安徽贵池刘世瑗,著名藏书家刘世珩之弟,精通古籍文献之学,著有《征访明季遗

---

① 《剑心簃日记》民国四年一月三十一日录雷君曜札。
② 《剑心簃日记》民国四年十一月三日录雷氏十月二十日札。
③ 《剑心簃日记》民国五年(1916)一月二十九日录雷氏民国四年十二月十九日札。

书目》等。如前所述,徐兆玮曾在光绪三十四年(1908)十二月,将《黄车掌录》稿本五册送交曹元忠阅正,并于次年五月初三日(1909年6月20日)取回,大概就在这段时间内,他从曹元忠处得知刘蓨六也在编纂类似著作的信息,自觉"无以胜人,乃辍而弗作",数年后,徐兆玮因未见刘氏之作问世,遂又重整旧稿,续加补辑。然自民国初元(1911)至二十五年(1936),《小说考证》《小说丛考》《小说旧闻钞》《中国小说史料》等书陆续问世,徐兆玮虽然在体例的合理性或资料的丰富性上,仍存有一定自信,但由于小说资料汇编的学术空间相对有限,其《黄车掌录》的价值因此受到冲击和削弱,陷于谋划在先而出版在后的尴尬境地,这或许就是徐兆玮迟迟未将该书付印的主要原因。

今存《黄车掌录》稿本八册,除第一册有"演义原始""弹词原始""评解稗官""小说绣像""翻译小说""小说讲义",第八册有"通考""说部不必妄续""金圣叹批小说""评解稗官""查禁淫词小说"等综合性条目外,余皆为具体小说、弹词作品的资料汇编,共收录72部作品,包括通俗小说61种、弹词10种、戏曲1种(即《万金记》),另有2则以小说人物为条目(即"李存孝"及"八大王")。间有《小说丛考》《小说考证》《小说考证拾遗》《小说考证续编》《小说枝谈》《小说旧闻钞》《中国小说史料》诸书所未收者,其中尤可注意者,有《百子图》《龙舟记》《海烈妇平话》《哀江南》及《玩寇新书》5部珍稀小说:《百子图》《龙舟记》均未见其他书目载录;《海烈妇平话》原书现仅法国巴黎国家图书馆藏有孤本,名为《百炼真海烈妇传》,徐兆玮引录清宗廷辅《壬子秋试行记》有关文字,为此小说研究提供了一则新资料;《哀江南》未见任何书目记载,乃一部成书于咸丰年间的描写太平天国战争的章回小说,凡六十回,徐兆玮引《籀经堂类稿》卷三所载,备抄全书回目及每回内容提要;《玩寇新书》,孙楷第《中国通俗小说书目》仅录书名,徐兆玮引清末醒醉生《庄谐选录》卷十一所载,录存作者原序及全书回目,凡此皆足资考证。

每篇作品所引资料多寡不一,均注明书名卷数,便于引用核查。从单部作品所征引的资料数量来看,《黄车掌录》也多有超出其他诸书者。譬如关于《施公案》,《小说考证》仅引《郎潜纪闻》,《小说旧闻钞》仅录《燕下乡脞录》,而《黄车掌录》引《茶香室三钞》卷四、《燕下乡脞录》卷四、《如是我闻》卷二、《啸亭杂录》卷十、《新义录》卷五十七、《蝶阶外史》卷二、《秋坪新语》卷三、《梵天庐丛录》卷二十八等,多达 8 种。再如关于《儒林外史》,《小说考证》引《桥西杂记》《一叶轩漫笔》《阙名笔记》3 种,《小说旧闻钞》引《茶香室续钞》《茶香室丛钞》2 种,而《黄车掌录》引《茶香室续钞》卷十三、《茶香室丛钞》卷十七、《董潮东皋杂钞》卷二、《茶余客话》卷八、卷十一、《吴门销夏记》卷中、《五余读书廛随笔》卷下、《骨董琐记》卷二、《南亭笔记》卷三、《寄园寄所寄》卷六、《冬余录》卷三十、《觚剩》卷八以及民国二十年三月十八日《新闻报》所载杨静庵论文,凡 12 种。至于《红楼梦》《三国志演义》《水浒传》《西游记》《封神演义》等小说名著,《黄车掌录》引录更为丰富,《红楼梦》占第七册一半以上篇幅①,《水浒传》占第五册大半篇幅,《三国志演义》分量最重,占第二、第三两整册;不仅如此,徐兆玮还将这几部名著分成若干子题,逐类汇编相关资料,如将《封神演义》分为"总论""姜太公""论俗称姜太公之谬""哪吒""杨戬""东狱""赵公明""闻太师申公豹""三姑"等九个子题,引书多达 47 种,已具小说专书资料汇编之雏形。

常熟图书馆另藏徐氏稿本《三国演义回目异同考》一册,首行标"黄车余录卷二",然未见它卷存世,"黄车余录"一名也未见虹隐楼日记载及。此书的主体内容,乃比较《三国志演义》古本(即明末李卓吾评本)与通行本(即清初毛宗岗父子修订本)

---

① 参贾穗《红学史上的首部资料汇编稿——徐兆玮的〈黄车掌录〉》,《红楼梦学刊》1997 年第 4 期。

回目文字差异。前引《剑心簃日记》民国四年(1915)十一月五日所录徐兆玮给雷瑨的复信中,曾提及所谓"有人托觅李卓吾评本《三国志》",指的是徐兆玮与太仓唐海平①共同谋划印行明板《三国志演义》事。民国初期,新小说由于风行已久,后继乏力,令人生厌,旧小说遂重获读者青睐。徐兆玮曾敏锐地指出:"自商务印书馆编辑旧小说后,中华书局效之,亦有旧小说丛书之辑,以《三国志》《红楼梦》《水浒》《西游记》等书十六种为第一辑,然价太廉,内容恐未必精美也。予谓若能将旧小说精校刊行,亦足风行一时,盖自新小说层出,取厌于社会,而旧小说又有代兴之机矣。"②大概就在上述背景下,他向唐海平提议印行明板《三国志演义》③,民国四年一月十八日,徐兆玮得到一部明板《三国志演义》,当即致函唐海平:"《三国志》今日由翰青叔携来,容俟日内检阅后寄呈","《三国志》尚未检查,如有缺页当为补全,但鄙意此书与今本异同之处,最好作一提要,罗列其不同之点,而加以评论,如原本《红楼梦》之有评注,或者更易动目,高见以为何如?"④今存稿本《三国演义回目异同考》,应即为此项提要工作之产物,或因其专事小说版本比勘,与《黄车掌录》辑录史料的体例不合,故徐兆玮另辟《黄车余录》一名。虽然徐氏只是简单比对明李卓吾本与清毛宗岗本的回目差异,但倘若站在民国四年的时间节点上,他对古小说版本的特殊关注,仍弥足珍贵。

需要指出的是,徐兆玮虽然搜集了七十多种明清通俗小说

---

① 唐海平,太仓人,徐兆玮侄子,曾留学日本,经徐兆玮介绍,为小说林社翻译小说多种。
② 《剑心簃日记》民国三年(1914)十月二日。
③ 《剑心簃日记》民国三年十一月十六日录唐海平十月廿七日札云:"明版《三国志》侄已问过书业中人,据云必可获利,唯成本宜稍轻,定价宜稍廉耳,望即日商之前途,将缺页补就寄申,以便付印。"
④ 《剑心簃日记》民国四年一月十八日。

弹词史料,但他实际上并未热衷于购藏明清通俗小说,虹隐楼日记载及的旧小说购买记录,次数甚少,且时间多迟至民国以后。《剑心簃日记》民国三年(1914)七月五日载:"与程邕之函,属觅旧小说数种,《封神传》《列国志》《后水浒》《平四寇》《荡寇志》,均须木板清楚,或排印、石印本之精致者。"《丛书草堂日记》民国十八年(1929)十一月十九日载:"昨日,醉经阁送来商务印书馆所印元至治本《全相平话三国志》三册、明宏(弘)治本《三国志通俗演义》二十四册。今日在常熟书店购海宁陈氏慎初堂校印《古佚小说丛刊》三册,凡三种,《游仙窟》一卷、《三国志评话》三卷、《照世杯》四卷,皆中土佚书,流传于日本者。"虹隐楼收藏明清通俗小说的情形,今惟可从常熟图书馆藏徐兆玮稿本《演义弹词传奇存目》略窥一二。此目著录"演义类"62种、"传奇类"3种、"鼓书类"1种,其中"演义类"收录《绣像三国志演义》《镜花缘》《西游真诠》《西游补》《红楼梦》《儒林外史》等旧小说仅有20种,其余42种则皆为新小说;所录诸旧小说之版本,亦多为清代坊刻本或清末民国时期的铅石印本,不足为重。由此可知:徐兆玮的小说购藏重心,乃在新小说而非旧小说。

三、时新小说多魔力:徐兆玮与译本小说提要

如前文所述,光绪三十一至三十二年间(1905—1906),乃徐兆玮阅读新小说最为热情高涨的时期,其编撰译本小说提要的想法,亦萌发于此时。《剑心簃乙巳日记》光绪三十一年一月十七日(1905年2月20日)载:"作诗。《少年军一》两绝句。时欲为译本小说提要,每书一种赋数绝句,而掇其大略于后。"按照徐兆玮最初设定的编撰体例,每篇小说提要包括题咏绝句及情节摘要两部分文字。兹据光绪三十一年(1905)《剑心簃乙巳日记》所载,列举其所作小说题咏绝句之时间及名目如下:

一月：
十七日(2月20日):《少年军一》两绝句；
十八日:《专制虎》三绝句；
十九日:《义勇军》二绝句；
二十日:《摄魂花》二绝句；
二十一日:《摄魂花》二绝句；
二十二日:《哀尘》一绝句；
二十三日:《少年军二》三绝句；
二十四日:《雌雄蜥》二绝句；
二十五日:《雌雄蜥》三绝句；
二十六日:《梦游二十一世纪》三绝句；
二十七日:《梦游二十一世纪》四绝句；
二十八日:《小仙源》二绝句；
二十九日:《新译华生包探案》三绝句；
三十日:《新译华生包探案》三绝句。
二月：
十四日:《斯巴达之魂》二绝句；
十六日:《忏悔录》二绝句；
十八日:《返魂香》二绝句；
二十二日:《秘密使者》五绝句；
二十三日:《秘密使者》五绝句；
三十日:《秘密使者》四绝句。
四月：
初五日:《秘密使者》四绝句；
初六日:《秘密使者》四绝句；
初七日:《秘密使者》五绝句。
八月：
初七日:《世界末日记》二绝句；
初八日:《二勇少年》二绝句、《离魂病》二绝句；

初九日:《俄皇宫中之人鬼》二绝句;
初十日:《宜春苑》三绝句;
十一日:《白丝线记》二绝句;
十二日:《十五小豪杰》一绝句;
十三日:《十五小豪杰》一绝句;
十四日:《十五小豪杰》一绝句;
十五日:《十五小豪杰》一绝句。

常熟图书馆今存徐兆玮稿本《读译本小说诗》[①]一卷,收录翻译小说题咏绝句凡20种81首,包括"军事"4种、"地理"1种、"外交"1种、"社会"1种、"冒险"2种、"法律"1种、"侦探"7种、"理想"2种、"怪异"1种。每种小说皆"赋数绝句,而掇其大略于后"。譬如:

斯巴达之魂

军歌争唱从军乐,一士生还实汗颜。
儿女爱情拼一割,鬼雄羞上望夫山。
誓抉心肝奉至尊,不甘乘眉入生门。
青年艳说斯巴达,唤起西欧武士魂。

《斯巴达之魂》一卷,自树译,《浙江潮》附刊本。述西历纪元前四百八十年,波斯王泽耳士大举侵希腊,斯巴达王黎河尼佗将市民三百、同盟军数千,扼温泉门。敌由间道至,斯巴达将士殊死战,全军歼焉。一武士名亚里士多德,

---

[①] 需要说明的是,此手稿原未题书名,常熟图书馆藏徐兆玮稿本《北松庐杂著》丛书收入此书时题为《读译本小说诗》,整理者盖据之采录。此外,该书卷首有徐兆玮识语云:"甲辰里居多暇,日读译本小说,意有感触,辄赋数截句,得二十种而中辍。丙午来京师,小说日出益夥,最录其目,殆逾百种。是区区者,管窥蠡测,婥陋不足数,而以其颇费日力也,不忍焚弃。古人所谓鸡肋者,近之矣。弁此数言,愿与嗜鸡肋者共惜之。虹隐楼主人记。"据日记所载,此"甲辰"应为"乙巳",徐氏误记。

由爱尔俾尼目病院而生还。其妻涘烈娜不纳,且以死谏。亚里士多德卒战死于浦累皆。将军柏撒纽闻而壮之,为涘烈娜立纪念碑焉。

其全部20种小说名目与各书题咏绝句数目,均与上列《剑心簃乙巳日记》所载一致,唯缺少《十五小豪杰》1种4首而已,由此可知:所谓《读译本小说诗》实即译本小说提要之初稿。

随着译本小说购阅数量的不断增加,徐兆玮很快意识到无法为每部小说题写绝句,遂不得不更改编撰体例。光绪三十一年(1905)十二月十五日(1906年1月9日),徐兆玮函告唐海平"近并思编一译本小说提要",关于其体例,他仅云"分别门类,各加评语"①,已无"赋数绝句"之语。后来,徐兆玮又发现自己不通外语,难以准确评估译本小说的优劣异同,故欲"各加评语"亦非易事,因此,他最终决定把编撰体例调整为:"将所阅之各书先为编目,分别门目,其重复者一一注明,以俟异日通东西文后再加考索,有原序、原跋一一录存,仿各家藏书目录例也。"②并一度计划将其编入《黄车掌录》③。

值得庆幸的是,这部凝聚着徐兆玮多年心血的译本小说提要,目前尚存于常熟图书馆古籍部,封面另题为《新书目录》,凡上下两卷,二册,共计著录新小说18类120种,包括"理想政治"类6种、"历史"类4种、"地理"类1种、"游记"类1种、"科学"类5种、"理想"类2种、"伦理"类2种、"道德"类2种、"教育"类3种、"军事"类3种、"武侠"类3种、"侦探"类41种、"言情"类28种、"家庭"类2种、"国民"类2种、"社会"类5种、"冒险"

---

① 《剑心簃乙巳日记》光绪三十一年(1905)十二月十五日(1906年1月9日)录徐兆玮致唐海平函。
② 《燕台日记》光绪三十二年闰四月二十三日(1906年6月14日)。
③ 《燕台日记》光绪三十二年六月十六日(1906年7月17日)录与孙希孟札:"近编译本小说目录,已得百种,归里后再编入《黄车掌录》。"

类 8 种、"滑稽"类 2 种。每种小说之提要文字颇为丰富,包含书名、出版机构、出版时间、撰者、译者、原书序跋及小说情节摘要等项。此乃目前所知时间最早的晚清翻译小说目录,较阿英《晚清小说目·翻译之部》(1954)早出近半个世纪,具有重要的学术文献价值。

翻译小说是晚清小说研究中较为薄弱的部分,其文献史料的搜集整理也相对滞后。阿英《晚清小说目》(1954)、〔日〕樽本照雄《新编增补清末民初小说目录》(2002)、刘永文《晚清小说目录》(2008)虽然著录了数量可观的翻译小说,但均仅记录书名、撰译者及出版机构、出版时间四项,稍嫌简单;《中国通俗小说总目提要》(1990)虽属提要类目录,但于晚清小说收录甚少,且"专收创作小说,不收译作";已出版的两套近代小说文本库,即台湾文雅出版社 1984 年出版的"晚清小说大系"(凡 37 册 78 种)、江西人民出版社与南昌百花洲文艺出版社出版的"中国近代小说大系"(凡 79 卷 405 部),也只收创作小说。因此,《新书目录》实际上乃迄今唯一的晚清翻译小说提要类目录,在目前晚清翻译小说文本不易查阅的情况下,此目摘录的 120 种小说情节提要,倍显珍贵,而其抄录的众多原书序跋,更是晚清翻译小说研究的重要史料。譬如华洋书局本、广东郑哲贯公译《瑞士建国志》,提要抄录赵必振序、李继耀序、郑哲自序、"例言"七则;明权社本、海天独啸子译《空中飞艇》,提要抄录长篇"弁言",包括"小说之益""小说之于社会国家""我国小说之力""是书之特色""译述之方法"等五个部分;小说林社本、会稽碧罗译述、常熟初我润辞《玉虫缘》,提要抄录萍云序、"例言"三则、译者附识、丁初我跋。凡此种种,多涉及小说翻译母本、译介过程、译者小说观念诸方面,甚有裨于晚清翻译小说研究。

值得一提的是,徐兆玮对于林纾的小说翻译极为赞赏,"林琴南所著细腻熨贴,别开胜境,每为神往,辄思效颦"①,"近译小说除林琴南所译外,多嚼蜡无味"②,故《新书目录》于林译小说著录尤夥,计有《黑奴吁天录》《美洲童子万里寻亲记》《英孝子火山报仇录》《埃司兰情侠传》《鬼山狼仙传》《撒克逊劫后英雄略》《足本迦茵小传》《埃及金塔剖尸记》《玉雪留痕》《洪罕女郎传》《红礁画桨录》《蛮荒志异》《足本鲁滨孙飘流记》《斐洲烟水愁城录》等 14 种,抄录林纾所撰序、跋、"译余剩语""题词"19 篇,庶可视为最早的林译小说资料汇编。

此外,《新书目录》还颇为关注晚清小说的重复翻译现象,并予以标注说明。譬如小说林社本《银山女王》提要云:"此书即时报馆所译之《白云塔》,因避复制,故中卷以下颇与原本不同。第七回之《春风得胜歌》、第八回之《离岛老人歌》,皆摩西自撰。郭象注庄又一庄,可与《白云塔》称二妙。"小说林社本《恩雠血》提要云:"此书与《大复仇》复出,后半所述,互有详略。而福联父女被难之历史,为前书所无,惟福与华生相遇事,又此书所阙。可据《大复仇》补之,首尾始完具耳。"广智书局本《侦探案汇刻》之一"知新子"译《窃毁拿破仑遗像案》提要云:"小说林社《福尔摩斯再生后探案》之六,为《毁拿破仑像案》,与此篇复出。"之三"无歆羡斋主"译《毒药案》提要云:"《浙江潮》有喋血生所译《摄魂花》一卷,《绣像小说》有《俄国包探案》一卷,均与此本复出。"事实上,晚清小说重复翻译现象颇为严重,著名翻译家周桂笙曾于光绪三十二年(1906)倡议建立"译书交通公会"③,规定所有会员凡"开译一书,无论正书小说及无论何国文字,均须先将原书书名、译定书名以及著书人之姓名,用中西文详细开列,寄交本会书记注册,按月列表刊单分送各会友,俾

---

① 《燕台日记》光绪三十二年一月初五日(1906 年 1 月 29 日)录复唐海平函。
② 《己酉日记》宣统元年三月二十日(1909 年 5 月 9 日)。
③ 见《译书交通公会试办简章》,《月月小说》光绪三十二年九月第 1 号。

在会之人详悉某人现译某书,以除重复同译之弊"。此一设想虽好,但最终未能实施推广,小说翻译基本上处于无序竞争状态,翻译不注出处以及重复翻译,乃其最为突出的两大弊端。徐兆玮对此殊为究心,他在写给友人的书札中感叹道:"近编译本小说目录,约计将及百种,惟中多重复,如海平所译之《小公子》,华美书局有译本名《小英雄》,于光绪二十九年出版,是复制矣。此次回至沪上,拟详细搜罗,编一提要,既便读者,亦免重译。近时往往不注译本所自出,遂有疑其杜撰者,如徐念慈之《美人妆》类,令人无从考索,最为译界蟊贼。"①由此可知:搜检标注"重译"作品,实乃徐兆玮当年编撰译本小说提要的目的之一,而时至今日,它已成为《新书目录》学术文献价值的重要组成部分。

四、小说虞初富五车②:徐兆玮之小说人生及其意义

徐兆玮在虹隐楼日记中曾多次言及自己的小说癖,所谓"惟嗜书积习,颇不能忘,小说家言尤所笃好"③,"日惟以小说书报消遣永日,饱食终日,无所用心"④,"日来笔墨荒芜,除小说外几几束书不观"⑤;当他晨起感觉气闷,辄驱车至公园,"静卧偶阅小说数页,颇有怡然自得之乐"⑥;当他由京师返乡或从上海赴日,"舟车劳顿,惟以小说度日"⑦;当他癖病发作,闭门不出

---

① 《燕台日记》光绪三十二年闰四月二十七日(1906年6月18日)录复蠡叔函。
② 孙雄为徐兆玮五十寿辰作诗《倚虹前辈五十正寿,谨赋四律以祝,即希政和》,有"搜奇驱使到虫鱼,小说虞初富五车"句,见《剑心簃日记》民国五年(1916)八月十九日。
③ 《癸卯日记》光绪二十九年十一月初八日(1903年12月26日)录与汪兰楣书。
④ 《剑心簃日记》民国三年(1914)九月三十日录与孙雄书。
⑤ 《剑心簃日记》民国四年(1915)八月一日录与孙雄书。
⑥ 《剑心簃日记》民国十二年(1923)五月三十一日。
⑦ 《剑心簃日记》民国十一年(1922)九月十八日。

两月余,则"日以新出小说杂志为惟一之生命,案头累累皆是物也"①;甚至在他经受政局动荡、内心充满惶恐之际,"幸有小说及书卷慰我寂寥,否则万难自遣也"②。可以毫不夸张地说,小说阅读对于徐兆玮来说,已不仅仅是知识的获取,而是内化成了一种惬意的生活方式。

检阅徐兆玮的小说人生,除前文所述之博览说部、辑纂《黄车掌录》以及编制译本小说提要(包括《新书目录》与《读译本小说诗》两稿)外,实际上他还做过许多与小说相关的事情:

譬如他曾计划与孙景贤、唐海平共同创办一份小说报刊,刊载东西方小说及弹词③;他曾经"戏集商务印书馆出版小说为偶,得二字者二,三字者二十三,四字者十九,五字者七,六字者三,七字者一,共五十五联,拟投稿时报馆以助余兴"④;他曾从译本小说中摘取修身养性之警句,编为"小说格言",如从林译《块肉余生述前编》卷上摘出三句:"少年人居世界中必任以事,断无闲居此世界中而无事者","凡人每年进款至二十镑者,或糜费至十九镑十九先零六辨士,此即为世上福人,以所余者尚六辨士也,若费至二十镑以外,则即为穷困之人","今日所宜为之事,勿贻留至于明日,缓忽者,光阴之蟊贼也,当力擒之勿释",可谓别具一格。

他甚至还曾创作过一篇名为《小茶馆》的选举小说,并投寄给时报馆,可惜未见刊出。今据《己酉日记》宣统元年闰二月初八日(1909年3月29日)所载,转录于下:

清溪一曲,茅舍三间,垂柳四五株,掩映户外,临水竹窗

---

① 《剑心簃日记》民国四年(1915)六月十八日录与孙雄书。
② 《剑心簃日记》民国六年(1917)五月十日录与桂儿书。
③ 《剑心簃壬寅日记》光绪二十八年十一月十九日(1902年12月18日)录与孙希孟书。
④ 《剑心簃日记》民国三年(1914)三月五日。

半启,有七八人团坐谈天者,三家村小茶馆也。有一人衣长衫,昂然入,须发半白,手长烟管,众杂起迎曰:"老爷,请坐。"老爷略一点首,坐上坐,无所屈。众中一人卒然起问曰:"前日某镇开会,老爷到否?"老爷抬须曰:"尔何知?前日投票选举,非开会也。旧年所发告示,我至今犹能背诵也。"众曰:"然则投票者为何人?"老爷曰:"村中某富户、某富户,皆有投票之资格者也。"众曰:"前日风雨,路少行人,某某素不出门,何不惮十余里之往返而亲往投票乎?"老爷曰:"尔何知?董事某老爷亲谕我曰,奉官面谕,凡册上列名而不亲到投票者,当出差提究。虽疾风甚雨,敢躲懒邪?"众曰:"然则选举者又何人?"老爷曰:"我闻此次所选即为皇帝办事之人,谈何容易?如董事某老爷者,庶足当之无愧耳。"众曰:"吾村中某某所选,其即董事某老爷乎?"老爷曰:"既为此镇之百姓,安得不举此镇之董事邪?"众曰:"某老爷既为皇帝办事,将不能久居此乡矣。"老爷曰:"尔又何知?我所谓为皇帝办事,即办本乡之事也,某老爷何为而去此乡?且汝等不知,某老爷前日为州县官办事,实与我地方老爷等肩乎。不见谕单上每称董保乎?此后为皇帝办事,则将与州县官等肩,衣服不可不华丽,不华丽不足以壮观瞻也;饮食不可不讲究,不讲究不足以养身体也;鸦片瘾不可不增多,不增多不足以提精神也。夫以某老爷如此之清廉,而有如此之费用,汝等小百姓苟有良心,当必思所以孝敬之。我知某老爷选举后必将开筵庆贺,汝等当按照家资公拼一重大分子,我代汝等送去。"众唯唯,老爷拖烟管,大踏步出门去,众各鸟兽散。楚雨曰:地方老爷之智识如许,可谓开通矣。吾独痛董事某老爷之随地皆是也,呜呼!

事实上,就在小说创作的前几天,徐兆玮刚刚参加了江苏咨议局议员的常熟地方选举,对于选举中的种种弊端,正有切身之感。

该小说通篇俱为人物对话，篇末以"楚雨曰"引出作者议论，虽无曲折之情节，然其讽刺清季地方选举之荒唐、官吏士绅之腐败，则殊为及时与深刻。

徐兆玮所生活的 19 世纪末至 20 世纪中，正是中国小说社会、文学及学术地位跃升、小说学科逐渐形成并兴盛的时期，喜爱小说、阅读小说、撰译小说、研究小说的文人，较之明清两代大为增加。需要强调的是，即便置身于上述时代文化背景，徐兆玮也仍然是一个可圈可点的人物，他对于新旧说部的一往情深，对于小说阅读的如饥似渴，对于稗史研考的坚持不懈，罕有出其右者。虽然，徐兆玮的绝大部分著述未及刊印问世，如今知者甚少，而曾经让他呕心沥血、颇为自得的《黄车掌录》，也由于小说研究的推进以及电子检索工具的发明，其文献资料价值大为削弱。但是，徐兆玮的人生却注定因为小说而改变，因为小说而精彩，因为《黄车掌录》与译本小说提要（包括《读译本小说诗》《新书目录》两稿）而在中国小说学术史上留下其应有的印迹。

（原载《明清小说研究》2013 年第 3 期，又收录为苏醒整理《徐兆玮杂著七种》之"前言"，江苏凤凰出版社 2014 年版。）

近代小说的研究现状与学术空间

近代小说研究,曾经是中国文学研究领域十分寂寞的园地,近数十年来,随着思想的开放与学术的繁荣,研究界对其关注渐趋增多,并取得了颇为可观的学术成果,包括研究专著、学术论文及硕士、博士学位论文等。然而,近代小说研究也存在不少需要调整的问题,当然更拥有非常宽广的学术空间。笔者拟从四个方面,略陈愚见,供大家批评指正。

一、目录·文本·资料:关于近代小说研究的文献基础

古代通俗小说的学术史已经表明,建设一个完备、扎实的文献基础,对于该学科的研究具有重要意义。试想:如果没有孙楷第《中国通俗小说书目》(1933)、《中国通俗小说总目提要》(1990)及《中国古代小说总目》(2004)等目录;没有《古本小说集成》(上海古籍)、《古本小说丛刊》(中华书局)等文本库;没有《三国演义》《水浒传》《西游记》《金瓶梅》《红楼梦》《三言二拍》《儒林外史》等系列资料汇编,古代通俗小说研究,恐怕难以取得今天的成绩。正鉴于此,近代小说研究,也应首先建立自己的文献基础,唯其如此,其学术发展,才能获得足够的支持。

迄今为止,近代小说的目录,主要有阿英《晚清小说目》(1954)、王继权等《中国近代小说目录》(1990)、〔日〕樽本照雄《新编增补清末民初小说目录》(2002)。前两者缺漏甚多(阿英

主要是记录自己的藏书,王目则不收翻译小说);后者虽著录的小说数量很大,然亦有明显不足,即多据二次文献编成,未及查核原书,误收误记不在少数,且不注藏处,使用不便。因此,很有必要重新组织团队,在实地调查图书馆藏书的基础上,编撰一部真正完整、可靠的《中国近代小说总目提要》,它应兼收翻译与创作,单行本与连载本,并遵循严格的学术规范与精善的编撰体例。

近代小说的文本,目前主要有两套,其一是台湾文雅出版社1984年出版的"晚清小说大系",凡37册78种;其二是江西人民出版社与南昌百花洲文艺出版社陆续出版的"中国近代小说大系",凡79卷405部(长篇206部、短篇199部)。尽管这两套丛书广为研究者所使用,但作为文本资料库,它们的数量仍然有限。故亦有必要在此基础上编印更为完备的《中国近代小说集成》,可分为"近代翻译小说集成"(单行本)、"近代创作小说集成"(单行本)、"近代报刊小说集成"(连载本)等系列。凡是单行本均应附以版权页书影;若是连载小说,则可依期刊或报纸为单位分别编排,以便进行相关的专题研究。

研究资料方面,阿英《晚清文学丛钞·小说戏曲研究卷》,魏绍昌《李伯元研究资料》《吴趼人研究资料》《孽海花资料》《老残游记资料》《鸳鸯蝴蝶派研究资料》,陈平原、夏晓虹《二十世纪中国小说理论资料》等,均曾嘉惠学林良多。但数十年过去了,近代小说研究取得了不少新成果,亟待补入;更为重要的是,除四大小说家、四大谴责小说外,其他小说家如包天笑、陆士谔、周桂笙、陈景韩、损公等,也有编辑资料汇编的必要;甚至若干重要的期刊与报纸,也应编辑相应的资料汇编,譬如《新小说研究资料》《时报小说研究资料》等。

虽然,上述三项工作均十分烦琐,且工程浩大,但它们事关整个近代小说学科的学术未来,必须予以足够的重视;而且要坚守学术原则,不浮躁,不贪功,不做学术豆腐渣工程。只要确立了学术目标,聚沙成塔,集腋成裘,就总有实现目标的那天。

二、海外·口岸·京都：关于近代小说研究的地理范畴

仔细检阅数十年来的近代小说研究成果，可以发现：其中绝大部分探讨的乃是上海的近代小说史。当然，上海作为近代中国的文化重镇，尤其是近代小说的生产中心（包括编撰、刊载及出版），它成为研究者的关注焦点，有其现实合理性。但是，如果研究的目光过于集中，则可能会导致近代小说研究失去应有的学术丰富性与完整性。事实上，近代小说产生与流传的空间，十分宽广。笔者认为至少要将如下三个区域，纳入近代小说研究的地理范畴：

要关注海外。这里所说的"海外"，有两层意思：其一是指中国文人留学或旅居日本、南洋、夏威夷、旧金山等地时，撰写及发表的近代小说，包括一切与近代小说有关的活动（如创办报刊、开设出版机构等）；其二是指海外人士（尤其是传教士）用中文撰译的近代小说。

要关注口岸城市，特别是上海之外的口岸城市，如香港、澳门、广州、天津、汉口、青岛、厦门、宁波等，研究这些口岸城市近代小说的编撰、出版及流通情况，并进行彼此的比较研究，考察其中的历史共性与区域差异。

要关注京都以及其他内陆大城市。作为传统文化之象征的北京，虽然近代小说的发展步伐较上海迟缓，也不如上海那么繁盛，但是《京话日报》《北京女报》《白话国民报》《爱国白话报》等清末的北京报刊上，也刊载过许多近代小说，并形成了独特的"京味"小说流派，涌现出损公、剑胆、冷佛、自了生、市隐等一批多产的小说家，值得进行系统的调查与研究。更何况，有了"京都"的与"洋场"的对峙与交流，对中国近代小说的审视与评估，才会愈加客观，愈加细致。

三、翻译小说・创作小说:关于近代小说研究的具体对象

就具体对象而言,目前的近代小说研究基本上集中于创作小说,而甚少涉及翻译小说。有些学者已经意识到了这一格局的偏颇,譬如日本的樽本照雄教授、山东大学的郭延礼教授,均曾予以指出。造成此现象的原因盖在于:传统观念认为翻译小说只是外国小说的译介,研究价值不大;翻译小说文本的整理与出版,十分薄弱,研究者检阅使用不便;此外,翻译小说的相关研究资料,特别是外文资料,搜检不易,也制约着翻译小说研究的学术发展。

不过,对于中国近代小说史来说,翻译小说却具有非同寻常的意义。从作品数量看,翻译小说几乎可与创作小说等量齐观;从产生时间看,近代小说的繁盛始兴于翻译小说;从实际作品看,晚清的文人并不认为翻译只是一种技术性的语言转换,故翻译之时,往往融入了自己的改编和创造,时曰"译述"或"撰译";从历史影响看,翻译小说不仅传播了西方的政治社会法律文化,也对近代创作小说文体的形成与演变,发挥了特殊的作用。

近代翻译小说研究的学术空间颇为宽广,再加上年轻一代研究者外文水平的整体提高,对外学术交流的机会日渐增多,凡此,均有利于此课题研究的深入展开。哈佛大学韩南教授曾经找到第一部汉译小说《昕夕闲谈》的英文原本,即英国作家爱德华·布威·利顿(Edward Bulwer Lytton,1803—1873)的小说《夜与晨》(*Night And Morning*),通过中英文本的比较来考察晚清中国文人对西方文化及文艺观念的吸收、改造及排斥等情况。韩南教授的个案研究,富有学术启发意义。当然,进行母本与译本的文学文化比较,只不过是近代翻译小说研究的一个块面,事实上,此领域仍有许多基础性工作亟待进行,譬如近代翻译小说

目录的编制、近代小说译者群体研究、近代翻译小说底本来源研究、近代翻译小说类型研究等等。

四、政治·文学·技术:关于近代小说研究的切入层面

近代小说的兴起和繁盛,是政治因素、文学因素及物质技术因素共同作用的结果。因此,这三者理应成为近代小说研究的三个主要切入层面。数十年的研究史,经历了偏重政治因素——→偏重文学因素——→偏重物质技术因素的变化过程,迄今而言,各层面又出现了若干值得关注的新动向。

政治因素层面。不再停留于对"文学革命""小说界革命"的阐述,而是将近代小说置于中国近代化的进程之中,作为历史转型期中国政治社会文化的综合载体来予以剖析考察。譬如从文学"现代性"的角度,探讨近代小说所蕴含的思想史意义;从传播西方科学法律的角度,来审读近代侦探小说的盛衰史;从城市近代化的角度,来考察近代文人的城市生活与城市写作等。

文学因素层面。将近代小说视为古代小说与现代小说的纵向环节、中国小说与西方小说的横向环节,从单一的小说文体研究,渐趋多样化的专体研究(如侦探小说史、言情小说史、滑稽小说史等);从笼统的文体研究,转入具体的文体元素研究(如语言、结构、情节模式等)。

物质技术层面。此是目前近代小说研究的热点,随着学术力量的增强,其研究课题呈现出分工化、微观化的特征,譬如对小说期刊、小说报纸、各地区出版业、重要的出版机构及著名出版者,均有不同的研究者群体,在进行着较为细致的个案研究,这对于梳理近代小说的生产史与传播史,至关重要。

上述各层面的新动向,庶可视为未来较长的时间内近代小说研究的又一学术空间所在。值得指出的是:所谓"政治""文

学""技术"三个切入层面,目前似存在着某种程度的疏离与脱节。而实际上它们乃是关系密切的一个整体,就具体的微观课题来说,无妨各自为政;但对于整个近代小说学科,对于近代小说史研究来说,此三者必须兼蓄并包,互为学术支撑。

(原载《文学遗产》2006年第1期)

【附注】此文撰写于十年前的2006年,这十年来近代小说研究成果丰硕,其内容涵盖了本文所述的四个方面,仅以第一个方面"目录·文本·资料"为例,即有刘永文《晚清小说目录》(2008)、《民国小说目录》(2011)、付建舟《清末民初小说版本经眼录》(2010)、二集(2013)、三集(2013)、习斌《晚清稀见小说经眼录》(2012)、《晚清稀见小说鉴藏录》(2013)、陈大康主编《中国近代小说编年史》(2013)、王燕主编《晚清小说期刊辑存》(2015)等重要著述,有裨于近代小说研究亦多矣。2015年7月7日酉堂补记。

后　记

　　我对于近代出版与小说的兴趣，乃始于1999年至复旦大学古籍所跟随章培恒先生从事博士后研究。犹忆某个午后，章先生命我汇报出站报告选题，我准备了两个题目，一个为"晚明出版文化与通俗小说"，另一个是"晚清出版文化与新小说"，章先生说：古籍没有版权页，出版史料总体不足且分布零散，相关研究不易落到实处；但晚清出版史料较为丰富，而且你又在上海，占地利之优势，不如就做后一个吧。我遵从了章先生的建议，开始着手搜集基本资料，主要包括三大来源：清末报纸杂志、晚清小说单行本以及上海档案馆所藏清末民初书业档案。这是一段"暗无天日"的时光，仅仅《申报》影印本（创刊至1911年）我就足足看了五个月，真正是逐页看过的，上海师范大学图书馆阅览室阴冷的水泥地，使我受多了寒气以致落下胃病，但收获也颇为丰足。2002年夏，我以《清代后期上海地区的书局与晚清小说》一文，通过了复旦的博士后出站审查。

　　就在考察上海地区出版文化与晚清小说关系的时候，我便意识到，有必要继续考察北京的相关情况，借助洋场与京师的对比映衬，这一学术论题的呈现才算是完整的。因此，2004年8月31日，我中断了上海师范大学的工作，来到北京大学中文系，追随袁行霈先生开始第二个博士后研究。刚开始的半年间，我的工作重心都在搜集阅读北京地区的近代小说出版资料，已大体看完了北大所藏《京华日报》《北京女报》《北京时事画报》《启蒙画报》《北京日日画报》《中华报》等报刊，但后来情况发生了意想不到的变化：起因是我在北大图书馆翻查藏书目录时，看到了一个同治抄本《野叟曝言》，追考之际，又惊讶地发现这部清代早期的通俗小说在近代备受关注：申报馆曾连续三年多次登载访求广告，而另一份重要报纸《字林沪报》竟费时两年六个月零三天全文连载了此书。这迫使我思考一个问题，即以铅石印刷术、公共传媒及新式书局为核心的近代出版文化，对于明清章回小说的近代传播，究竟意味着什么？于是，我暂停了关于近代北京出版文化的探究，转向考察近代出版与明清章回小说的学术关系。2006年夏，我以《近代书局与白话小说》一文，通过了北大的博士后出站审查。

前后五年的光阴，两篇博士后报告，还有电脑中无数的资料文件包和一大堆论文"烂尾楼"，这似乎就是我与近代出版、近代小说的全部缘分了，因为自从北大博士后出站之后，我的学术兴趣便离开了近代，而流连忘返于明清小说文献、古籍版本以及海外汉籍等领域，且大有一去难回之势。然而，在我的内心深处，却始终期待着能以一种庄重的方式，来和自己曾经热爱并倾注了心血的学术论题道别。数年前，陈平原教授打来电话，说他留意到我发表的几篇关于近代出版与小说的论文，觉得蛮有意思，希望将我的书稿收入由他主编的"文学史研究丛书"。我非常感谢平原老师的抬爱，觉得这大概就是我想象中的庄重的道别方式，就一口答应了。孰料修订书稿《近代书局与白话小说》竟如此艰难，一拖再拖，一方面不断发现的小说新文献，牢牢吸引着我的目光，不容我有回望旧作的机会和时间；另一方面，关于近代出版和近代文学的研究日新月异，成果丰硕，我这份完成于十多年前的书稿，需要修订和补充的内容也越来越多，说实话，我颇有些"不胜其烦"甚至是畏难情绪了。2015年初，北大出版社徐丹丽女士再次写来催稿邮件，并且温和地下达了"最后通牒"。于是，我决定调整原有书稿的章节设置，改而编刊一部以具体问题为中心、关于近代出版与小说的专题论集。实际上,这组论文中的绝大部分,即据《近代书局与白话小说》书稿的某些章节改写或删略而成,并先后发表于《文学遗产》《文学评论》《中华文史论丛》《档案与史学》《上海师范大学学报》《学术研究》(广州)、《荣宝斋》《中国文学研究》等学术刊物上。本次编辑时文字一仍其旧,偶以脚注或文末"附注"方式,就相关事项进行说明,希望能在保持论文原貌的同时,也对其所涉问题的新进展作出必要的补充和回应。

在此,我要衷心感谢两届博士后指导老师——章培恒先生和袁行霈先生,正是他们给我提供了专心研究近代出版与小说的难得机会,两位先生的道德文章,更令我仰慕不已,虽不能至而心向往之。不幸的是,章先生已于 2011 年骑鹤归山,我竟来不及向他面呈这份迟交的作业。感谢一路栽培爱护我的孙逊老师,远在天国却仍宛在目前的师母菊园老师,他们在我心中的位置无可替代。我还要特别感谢陈平原教授、徐丹丽女士及北大出版社,没有他们的支持和帮助,也就不会有本书的面世。

2006 年 11 月,我离开母校上海师范大学,正式调入北大中文系工作,迄今恰为十年。居京十载,感慨良多。京师浓郁的学术气氛,丰富的古籍藏书,夏之爽朗,秋之缤纷,冬之清瑟,令人于不知不觉之中,心生留恋,也庶几消解了干燥、雾霾、拥堵所带来的不适和郁闷。而让我特别感恩的是,无论身在何方,内子雯靖总是无怨无悔地陪伴在身旁,默默给予我无尽的关爱,两靖室内不时弥漫的烘焙甜香,薄暮下北语校园的舒心快走,还有这份越来越强烈的相濡以沫相依为命之感,一起构成了我生命中最真实,也是最重要的意义。这部小书既是我们京华客居的纪念,也是我献给她的爱的礼物。

十年前的 2005 年,我在《中国古代小说书目研究·后记》中满怀憧憬地写道:"我有许多的人生梦想,也有许多的学术计划,那么,就以勤勉与期待的姿态迎接下一个十年吧。"那时候,觉得十年会是多么多么漫长啊!谁曾想轻轻弹指,十年就这么转瞬即逝了,我似乎还未做好要送走它的准备。我将这十年间撰写的学术论文,编成了三部专题论文集,即本书和《古代小说版本探考》《古代文学文献丛稿》。我知道这些文字,根本无法抵偿失去十年时光的代价,但它们又未尝不是一帖安慰剂,令我庆幸自己终究还能将一部分的光阴永远凝固在纸上。

2015 年 7 月 13 日海虞潘酉堂识于两靖室灯下

作者小传

潘建国,别号酉堂,江苏常熟人,1999年毕业于上海师范大学,获文学博士学位。现为北京大学中文系教授、博士生导师。主要研究方向涉及古代小说文献学、明清文学史、近现代出版文化、海外汉籍、古典文献学等项。已刊学术论著有:《中国古代小说书目研究》(专著,2005)、《古代小说书目简论》(专著,2005年中文版,2010年韩文版)、《古代小说文献丛考》(论文集,2006)以及《晚明七种争奇小说的作者与版本》(2007)、《〈世说新语〉元刻本考》(2009)、《〈酉阳杂俎〉明初刻本考——兼论其在东亚地区的版本传承》(2010)、《孔尚任艺术鉴藏与文学创作之关系考论——以孔氏题明陈洪绶〈饮酒读书图〉跋文为缘起》(2011)、《日本尊经阁文库藏宋本〈世说新语〉考辨》(2012)、《新见法国巴黎藏明刊〈新刻全像批评西游记〉考》(2014)、《明说唱词话〈新刊宋朝故事五鼠大闹东京记〉考——再论"五鼠闹东京"之故事流变及其学术意义》(2015)等学术论文90余篇;古籍整理类作品有《新评新注〈西游记〉》(2011)、《虞虞斋丛书·〈五鼠闹东京〉》(2011,韩国版);另与师友联合主编《朝鲜所刊珍本中国小说丛刊》(九册,2014)、《日本古钞本与五山版汉籍研究论丛》(2015)等书。

学术史丛书

中国禅思想史	葛兆光 著
——从6世纪到9世纪	
士大夫政治演生史稿	阎步克 著
中国文学研究现代化进程	王　瑶 主编
中国现代学术之建立	陈平原 著
——以章太炎、胡适之为中心	
陈寅恪先生史学述略稿	王永兴 著
明清之际士大夫研究	赵　园 著
儒学南传史	何成轩 著
西潮激荡下的晚清地理学	郭双林 著
中国文学研究现代化进程二编	陈平原 主编
文学史的权力	戴　燕 著
《齐物论》及其影响	陈少明 著
文学史书写形态与文化政治	陈国球 著
晚清女性与近代中国	夏晓虹 著
北京：都市想像与文化记忆	陈平原　王德威 编
中国民间文学研究的现代轨辙	陈泳超 著
触摸历史与进入五四	陈平原 著
制度·言论·心态	赵　园 著
——《明清之际士大夫研究》续编	
近代中国的百科辞书	陈平原　米列娜 主编
清末民初的晚明想象	秦艳春 著
德语文学研究与现代中国	叶　隽 著
作为学科的文学史	陈平原 著
儒学转型与文化新命	彭春凌 著
——以康有为、章太炎为中心（1898—1927）	
政教存续与文教转型	陆　胤 著
——近代学术史上的张之洞学人圈	
世运推移与文章兴替	王　风 著

——中国近代文学论集
晚清文人妇女观（增订本）　　　　　　　　　夏晓虹　著
晚清女子国民常识的建构　　　　　　　　　　夏晓虹　著
＊文化制度和汉语史　　　　　　　　　〔日〕平田昌司　著
＊现代中国述学文体　　　　　　　　　　　　陈平原　著

文学史研究丛书

中国现代主义诗潮史论　　　　　　　　　　　孙玉石　著
小说史：理论与实践　　　　　　　　　　　　陈平原　著
上海摩登　　　　　　　　　〔美〕李欧梵　著　毛　尖　译
　　——一种新都市文化在中国 1930—1945
北京：城与人　　　　　　　　　　　　　　　赵　园　著
中国小说叙事模式的转变　　　　　　　　　　陈平原　著
晚清至五四：中国文学现代性的发生　　　　　杨联芬　著
词与文类研究　　　　　　　　〔美〕孙康宜　著　李奭学　译
二十世纪中国文学三人谈·漫说文化
　　　　　　　　　　　　钱理群　黄子平　陈平原　著
唐代乐舞新论　　　　　　　　　　　　　　　沈　冬　著
文学复古与文学革命　　　　　〔日〕木山英雄　著　赵京华　译
鲁迅·革命·历史　　　　　　　〔日〕丸山昇　著　王俊文　译
　　——丸山昇现代中国文学论集
鲁迅、创造社与日本文学
　　　　　〔日〕伊藤虎丸　著　孙　猛　徐　江　李冬木　译
被压抑的现代性　　　　　　　〔美〕王德威　著　宋伟杰　译
　　——晚清小说新论
汉魏六朝文学新论　　　　　　　　　　　　　梅家玲　著
　　——拟代与赠答篇
重建美国文学史　　　　　　　　　　　　　　单德兴　著
明代复古派唐诗论研究　　　　　　　　　　　陈国球　著

新文学现实主义的流变	温儒敏 著
丰富的痛苦	钱理群 著
——堂吉诃德与哈姆雷特的东移	
大小舞台之间	钱理群 著
——曹禺戏剧新论	
地之子	赵园 著
《野草》研究	孙玉石 著
中国祭祀戏剧研究	〔日〕田仲一成 著 布和 译
韩南中国小说论集	〔美〕韩南 著
才女彻夜未眠	胡晓真 著
——近代中国女性叙事文学的兴起	
中国现代小说的起点	陈平原 著
——清末民初小说研究	
朱有燉的杂剧	〔美〕伊维德 著 张惠英 译
后殖民理论	赵稀方 著
耻辱与恢复	〔日〕丸尾常喜 著 张中良 孙丽华 编译
——《呐喊》与《野草》	
鲁迅与中国现代文学批评	陈方竞 著
鲁迅:中国"温和"的尼采	张钊贻 著
左翼文学的时代	王风 〔日〕白井重范 编
——日本"中国三十年代文学研究会"论文选	
中国戏剧史	〔日〕田仲一成 著 布和 译
上海抗战时期的话剧	邵迎建 著
屈原及其诗歌研究	常森 著
鲁迅:无意识的存在主义	〔日〕山田敬三 著 秦刚 译
情与忠:陈子龙、柳如是诗词姻缘	〔美〕孙康宜 著 李奭学 译
知识与抒情	张健 著
——宋代诗学研究	
唐代传奇小说论	〔日〕小南一郎 著 童岭 译
史事与传奇	黄湘金 著
——清末民初小说内外的女学生	

美人与书	魏爱莲 著
——19世纪中国的女性与小说	
临水的纳蕤思：中国现代派诗歌的艺术母题	吴晓东 著
物质技术视阈中的文学景观	潘建国 著
——近代出版与小说研究	
*屈原及楚辞学论考	常 森 著

其中画*者即将出版。